AF891670

Hans-Gerd Böker
Die Mietsicherungs- oder Mieterdienstbarkeit

Schriften zum deutschen,
europäischen und internationalen
Insolvenzrecht

S-INSO Band 14

Schriften zum deutschen, europäischen und internationalen Insolvenzrecht

Herausgegeben von

Professor Dr. Stefan Smid, Kiel
Rechtsanwalt Dr. Mark Zeuner, Hamburg
Rechtsanwalt Michael Schmidt, Berlin

S-INSO Band 14

W DE G RECHT
De Gruyter Recht · Berlin

Hans-Gerd Böker

Die Mietsicherungs- oder Mieterdienstbarkeit

Verhinderung des
Sonderkündigungsrechts
nach § 111 InsO/§ 57 a ZVG

W DE G RECHT De Gruyter Recht · Berlin

Dr. iur. *Hans-Gerd Böker*, Geschäftsführer bei der Firma Kaufland, Unternehmensgruppe Schwarz

∞ Gedruckt auf säurefreiem Papier,
das die US-ANSI-Norm über Haltbarkeit erfüllt.

ISBN 978-3-89949-557-7

Bibliografische Information der Deutschen Nationalbibliothek

Die Deutsche Nationalbibliothek verzeichnet diese Publikation in der Deutschen Nationalbibliografie; detaillierte bibliografische Daten sind im Internet über http://dnb.d-nb.de abrufbar.

© Copyright 2008 by De Gruyter Rechtswissenschaften Verlags-GmbH, D-10785 Berlin

Dieses Werk einschließlich aller seiner Teile ist urheberrechtlich geschützt. Jede Verwertung außerhalb der engen Grenzen des Urheberrechtsgesetzes ist ohne Zustimmung des Verlages unzulässig und strafbar. Das gilt insbesondere für Vervielfältigungen, Übersetzungen, Mikroverfilmungen und die Einspeicherung und Verarbeitung in elektronischen Systemen.

Printed in Germany
Umschlaggestaltung: Christopher Schneider, Laufen
Datenkonvertierung/Satz: jürgen ullrich typosatz, Nördlingen
Druck und Bindung: Hubert & Co., Göttingen

Vorwort

Diese Arbeit widme ich meinen verstorbenen Eltern. Sie haben mir das Selbstvertrauen gegeben, auch ferne und schwierige Ziele zu verfolgen. Sie ermöglichten mir Abitur und Studium.

Mein Dank gilt zunächst meiner Frau Ira, die sich in dieser anstrengenden Zeit, trotz eigener selbständiger Tätigkeit als Rechtsanwältin, um die Familie kümmerte und mir zur Seite stand.

Ferner bedanke ich mich bei meinem Doktorvater Prof. Dr. Stefan Smid, welcher mir bei der Erstellung der Arbeit verlässlich Rat gab. Mein weiterer Dank gilt Herrn Prof. Dr. Werner Schubert, für die Erstellung des Zweitgutachtens.

Meinen Kindern Fabian und Paula soll diese Arbeit Ansporn sein, eigene Ziele zu verfolgen und nicht aufzugeben.

Hannover, im September 2007 Hans-Gerd Böker

Inhaltsverzeichnis

Einleitung

Das Interesse eines Mieters von Gewerbeflächen am Erhalt seiner Mietsache kann von überragender Bedeutung sein. Seine Verbundenheit mit einem Gewerbebetrieb, in den er zu investieren bereit ist und der ihm Grundlage seiner wirtschaftlichen Existenz ist, stärkt seinen Wunsch nach einer langfristigen Sicherung. Das Gesetz gibt ihm mit § 542 Abs. 2 BGB die Möglichkeit, einen zeitlich befristeten Mietvertrag abzuschließen. Der Mieter kann damit der jederzeitigen Kündigung des Mietvertrages nach § 542 Abs. 1 BGB ein starkes einzelvertraglich vereinbartes Recht entgegensetzen. Dem Interesse des Vermieters am Erhalt des Mietgegenstandes und der verlässlichen Mietzahlung wird durch entsprechende Vereinbarungen bzw. die Gesetzeslage Rechnung getragen. Selbst eine in den vergangenen Jahren stets gegebene Inflationsrate kann durch entsprechende Indexierungen, d.h. Anpassungen des Mietzinses, in ihren Auswirkungen für beide Parteien gemildert werden. Auch der Vermieter wird also einen Mieter, der großen Wert auf den Erhalt seines Gewerbe-/Geschäftsbetriebes legt, zu schätzen wissen. Gleichwohl können im Laufe der Zeit Veränderungen eintreten, die die Interessenlage auf Seiten des Vermieters grundlegend verändern. Wenn dieser den Mietgegenstand verkauft, wird dem Interesse des Mieters an einem Fortbestand des Mietvertrages durch die Regelung des § 566 BGB entsprochen, wonach der Kauf nicht die Miete bricht.

Im Falle einer Insolvenz des Vermieters rückt aber dessen Interesse in den Hintergrund, und die Ansprüche seiner Gläubiger treten nach vorn. Die Insolvenzordnung gibt mit § 111 dem Erwerber eines Mietobjektes das Recht zur Kündigung des Vertrages zum nächstmöglichen Termin. Diese für den Mieter nicht vorhersehbare Entwicklung kann seine Existenz durch Entzug der Mietsache, d.h. seines Geschäftes/Ladens oder Betriebes bedrohen. Mindestens führt es jedoch zu einem nicht unerheblichen wirtschaftlichen Risiko. So muss er sich möglicherweise in einer Phase, in der auf dem Markt hohe Mieten zu zahlen sind, einen Standort vergleichbarer Lage und möglichst nicht schlechterer Rahmenbedingungen bezüglich Größe, Zuschnitt, Belieferungsmöglichkeiten etc. suchen. All dies verursacht (ungeplante) Mehrkosten, wie Renovierung, Umzug, Maklerkosten, und beinhaltet insbesondere bei Ladengeschäften das Risiko von teils existenzgefährdenden Umsatzrückgängen.

Wenn der Mieter in der Vergangenheit nach kaufmännischen Regeln gewirtschaftet hat, hat er in das Geschäft, d.h. in den Standort, investiert. Vereinzelt hat er Letzteren erst entwickelt und zu dem von dritter Seite begehrten Mietobjekt gemacht. Wenn das Gebäude für ihn nach seinen Vorgaben gebaut wurde und heute noch marktgerecht ist, hat er mit seiner Erfahrung und seinen Kenntnissen die

Werthaltigkeit des Mietobjektes maßgeblich bestimmt. Je erfolgreicher dieser Standort ist und je mehr Geld der Mieter in die Entwicklung eines solchen Standortes investiert hat, umso stärker ist er daran interessiert, sich den Mietgegenstand vor dem Zugriff von Wettbewerbern zu erhalten und eine frühzeitige Auflösung des Mietvertrages zu verhindern.

Unter dem Geltungsbereich der Konkursordnung hatte sich eine Vertragspraxis entwickelt, die darin bestand, langfristige Gewerberaummietverträge abzusichern, indem zwischen dem Vermieter und dem Mieter zeitgleich mit Abschluss des Mietvertrages eine Standortsicherungsvereinbarung getroffen wurde, in deren Vollzug eine beschränkte persönliche Dienstbarkeit bestellt wurde. Hiernach durfte der Mieter das Mietgrundstück in einem der Mietnutzung entsprechenden Umfang nutzen, und zwar insbesondere dann, wenn der Mietvertrag infolge Konkurses und eines hierdurch entstehenden Sonderkündigungsrechtes beendet wurde. Sinn und Zweck dieser Mietsicherungsdienstbarkeit war es, der Kündigung des Mietvertrages infolge eines Konkurses (oder einer Zwangsversteigerung) ein Recht entgegen zu halten, das dem (bisherigen) Mietvertrag entsprach und das Recht zum Besitz gegenüber Erwerbern und Ersteigerern, d.h. bislang nicht am mietvertraglichen Rechtsgeschäft beteiligten Dritten, einräumte.

Ende der Achtziger Jahre erregte namentlich der Fall eines Einkaufszentrums in einer westdeutschen Großstadt Aufsehen, bei dem, wohl in Folge gezielten Handelns, der bisherige Großmieter seine Mietfläche verlor. Es handelte sich hierbei um einen der wenigen SB-Warenhausstandorte, die seinerzeit genehmigt und gebaut wurden. Aufgrund der restriktiven Handhabung seitens der Baugenehmigungsbehörden, die wiederum auf zunehmende Verschärfungen der planungsrechtlichen Anforderungen im Zusammenhang mit § 11 Absatz 3 BauNVO zurückging, waren derartige Standorte für die Betreiber und Vermieter äußerst selten und daher sehr begehrt. Diese Verknappungspolitik wirkte sowohl auf Seiten der potenziellen Mieter, als auch der Vermieter preistreibend. Der mit dem ursprünglichen Mieter vereinbarte und langfristig festgelegte Mietzins wirkte somit außerordentlich günstig und weckte Begehrlichkeiten. Eine im Ausland angesiedelte GmbH erwarb das Einkaufszentrum, der hinter dem Geschäft stehende Geschäftsmann versicherte sich zeitgleich bei potenziellen Mietern, dass diese bereit seien, die SB-Warenhausfläche zu einer deutlich höheren Miete anzumieten. Nach der Eigentumsumschreibung wurde die Zwangsversteigerung aufgrund einer Grundschuld eingeleitet, die zu Gunsten einer mit dem Geschäftsmann verbundenen Bank eingetragen war. Mit Hilfe einer Ausbietungsvereinbarung zwischen Bank und Geschäftsmann wurde dieser schließlich der neue Vermieter. Mit Zuschlagserteilung stand ihm gegenüber dem bisherigen Mieter das Sonderkündigungsrecht des § 57a ZVG zu, d.h. er konnte den bisherigen Mietvertrag als Ersteigerer weit vor Ablauf der noch laufenden Festmietzeit kündigen. Nach Abschluss des neuen Mietvertrags mit dem neuen Mieter zu der deutlich höheren Miete war das Geschäft abgeschlossen; der Mietgegenstand konnte nun entweder an einen Dritten veräußert werden, wobei sich aufgrund des höheren Mietzinses ein deutlich erhöhter Veräußerungserlös ergab, oder bei dem Geschäftsmann verblieb eine verbesserte Rendite seines eingesetzten Kapitals. Obwohl sich genügend Ansätze für eine gerichtliche Überprüfung dieses Vorgangs unter den Gesichtspunkten der §§ 242, 826 BGB aufdrängten, kam es nicht zu einem gerichtlichen Verfahren. Mit zunehmender Kenntnis dieses Geschehens in Branchenkreisen sann man in den juristischen Fachabteilungen der Filialbetriebe und in den hiermit beauftragten Rechtsanwaltskanzleien auf Abhilfe.

Mit Inkrafttreten der Insolvenzordnung haben sich Änderungen gegenüber der bisherigen Rechtslage ergeben, die Gegenstand dieser Arbeit sind. Die zu untersuchende Frage lautet, ob das Sonderkündigungsrecht nach § 111 InsO (oder § 57a ZVG) durch die Vereinbarung eines Nutzungsrechtes und Eintragung dieses Rechtes als beschränkte persönliche Dienstbarkeit im Grundbuch verhindert werden kann.

In der Praxis kommt dieser Frage große Bedeutung zu, wenn auch erkennbar wenige Gerichtsentscheidungen hierzu ergangen sind. Die zunehmende Bedeutung, die so genannte Filialunternehmen in allen Bereichen des Einzelhandels einnehmen, wird nicht allein durch deren marktkonforme Konzepte bestimmt, sondern auch durch Lagevorteile des Mietgegenstandes, sprich des Standortes. Der Wettstreit um begehrte Standorte rückt in den Mittelpunkt vieler Aktivitäten. Die Abwehr von Begehrlichkeiten, die sich auf gut gehende Ladenlokale und Geschäfte richten, sowie langfristige Standortsicherungsstrategien und erhebliche Investitionen, die beim Wegfall des Standortes verloren gingen, haben zu Handhabungen in der Vertragspraxis geführt, von denen nicht nur potentielle Vermieter und Mieter betroffen sind. Auch Banken, die mit Grundstücken zu tun haben, die um solche Mietdienstbarkeiten belastet sind, werden davon berührt, wenn sie nicht vollkommen auf das Kreditgeschäft verzichten wollen. Überdies sind die von der Insolvenz Betroffenen, d.h. die Gläubiger und die Insolvenzverwalter, von dieser Praxis berührt. Der Umstand, dass es trotz der häufigen Anwendungsfälle kaum Rechtsprechung zu der eingebürgerten Praxis gibt, mag damit zusammen hängen, dass dem Vermieter neben einem großen Prozessrisiko (bei Jahresmieten von mehr als einer Million Euro und Laufzeiten von über 20 Jahren sind rasch erhebliche Streitwerte erreicht) mit mehrjähriger Prozessdauer ein starker Gegner entgegentritt. Ein Erwerber, dem ein Mieter gegenüber steht, der nicht nur regelmäßig seine Mieten zahlt, sondern darüber hinaus erhebliche Anstrengungen unternimmt, den Standort nicht vorzeitig durch das Kündigungsrecht zu verlieren, wird ein solches Prozessrisiko nur dann eingehen können, wenn die derzeit gezahlte Miete marktunüblich gering ist und ihm ein konkretes Angebot vorgelegt wurde, das seine wirtschaftliche Position erheblich verbessern kann. In Zeiten stagnierender oder sogar rückläufiger Mieten scheint daher die Bereitschaft groß zu sein, die eingetragene Mietsicherungsdienstbarkeit zu akzeptieren und keine gerichtliche Klärung der hier im Raum stehenden Frage zu erzwingen.

Zurzeit macht allerdings eine ganz andere Entwicklung die Bedeutung der Mietsicherungsdienstbarkeit in der Praxis deutlich. Vornehmlich ausländische Großinvestoren haben großes Interesse an deutschen Immobilien und sind auf „Einkaufstour“. Einige Portfolios von deutschen Handelsunternehmen gingen als große Paketverkäufe (Karstadt-Warenhäuser, BAHR- Baumärkte, Lidl) an neue Eigentümer.[1] Der Sinn dieser Verkäufe ist in der Regel nicht die Aufgabe des Handelgeschäfts, sondern im Gegenteil die Beschaffung neuer Geldmittel für die weitere Expansion, ohne hierfür Kredite in Anspruch nehmen zu müssen. Neben außergewöhnlichen Kaufpreisen als Anreiz, die Immobilien überhaupt zu verkaufen, steht aus der Sicht der verkaufenden Filialbetriebe die langfristige Sicherung der Standorte im Mittelpunkt derartiger Transaktionen. Im Zuge eines solchen als „sale-and-lease-back“ bekannten Geschäftes gewinnt die dingliche Absicherung dieser Mietverträge aus Sicht des Filialunternehmens ihre überragende Bedeutung. Auf keinen Fall sollen infolge

---

1 Welt am Sonntag vom 31. 12. 2006; Frankfurter Allgemeine Zeitung 15. 1. 2001; 19. 1. 2001; GfK GeoMarketing, Jahresrückblick 2006 S. 2.

der Insolvenz eines Großvermieters Standorte für den Mieter verloren gehen, deren Eigentümer er zuvor war.

Die vorliegende Arbeit wird die typischen Fallkonstellationen abhandeln und im Ergebnis die Frage beantworten, ob das Sonderkündigungsrecht nach § 111 InsO wirksam verhindert werden kann. Im ersten Teil wird die mietvertragliche Ausgangssituation dargestellt, der zweite befasst sich mit der Vorschrift des § 111 InsO, der dritte mit der Kündigung des Erstehers in der Zwangsversteigerung (§ 57a ZVG). Daran anknüpfend widmen sich die Kapitel IV–VI der Mietsicherungsdienstbarkeit in der Praxis sowie dem Thema Sicherungszweck. Im Kapitel VII wird dann der Sicherungsvertrag behandelt. Als Anlage sind schließlich Musterformulierungen aus der Praxis beigefügt worden.

I. Durch Mietsicherungsdienstbarkeit zu sichernde Mietverträge

1. Der Gewerberaummietvertrag

a) Definition

Der Mietvertrag verpflichtet den Vermieter zur Gebrauchsüberlassung und Erhaltung des Mietgegenstandes. Der Mieter ist zur Entrichtung des vereinbarten Mietzinses verpflichtet.[1] Abweichend von den Mietverträgen über Wohnräume, für die das BGB eine Vielzahl von Sonderregelungen vorsieht, lässt der Mietvertrag über Geschäftsräume beiden Parteien weitgehende Gestaltungsfreiheit.[2] Unter Gewerbe- und Geschäftsräume werden diejenigen Räume verstanden, die nicht dem Bewohnen durch die Mieter selbst dienen[3], wohingegen unter Wohnraum die Flächen verstanden werden, die von jedermann zum Wohnen, insbesondere Schlafen, Kochen, Essen, zur dauernden privaten Nutzung etc. genutzt werden können.[4] Für die Einordnung des Vertrages ist der verfolgte Vertragszweck nach übereinstimmenden Vorstellungen der Vertragsparteien maßgebend.[5]

Gewerberaummietflächen können die Anmietung einer (kleinen) Ladenfläche in einem bestehenden Gebäude, die Büroflächen in einem Geschäftshaus, aber auch die (Neu-)Errichtung eines Logistikgebäudes speziell nach den Wünschen und Vorstellungen einschließlich der mieterseitig erstellten Baubeschreibung umfassen. Entsprechend unterschiedlich können die Interessen der Mietparteien sein. Der letztgenannte (Logistik-)Mieter wird sehr großen Wert darauf legen, dass er das Mietobjekt im geplanten Umfang fast wie ein Eigentümer nutzen kann; er wird möglicherweise bereit sein, viel Geld in die Instandhaltung und Instandsetzung zu investieren und klaglos einen Großteil der Nebenkosten zu tragen. Er ist auch daran interessiert, eine lange (feste) Laufzeit vertraglich zu vereinbaren. Der Vermieter dieser Spezialimmobilie wird diese wiederum so ansehen müssen, dass er während der Festlaufzeit seine Investition amortisiert erhält, weil eine Nachnutzung für Dritte nicht ohne weiteres erfolgen kann.

Das Gewerberaummietrecht lässt im Rahmen der Vertragsfreiheit genügend Spielraum, die jeweiligen Interessen in Übereinstimmung zu bringen. Sind beispielsweise großflächige Einzelhandelsobjekte oder Einkaufszentren im Sinne des § 11 BauNVO baurechtlich genehmigt worden, liegt hierin wie auch in der planungs-

---

1 § 535 Abs. 1 Ziffer. 1 und Abs. 2 BGB.

2 Weidenkaff, in: Palandt, Bürgerliches Gesetzbuch, bearb. von Bassenge, 66., neu bearb. Aufl., München 2007, Einf. v. § 535 Rdn. 93 (zitiert: Palandt/Bearbeiter); Horst, Praxis des Mietrechts. Wohnraum- und Geschäftsraummiete (Schriftenreihe der Neuen juristischen Wochenschrift, 19), München 2003, Rdn. 17.

3 Horst, Praxis des Mietrechts, Rdn. 212, BayObLG, in: WM 1986, S. 205.

4 Palandt/Weidenkaff, Einf. v. § 535, Rdn. 89.

5 Schmidt-Futterer/*Blank* (Hrsg.), Mietrecht. Großkommentar des Wohn- und Gewerberaummietrechts, 9. völlig neu bearb. Aufl., München 2007, Vor § 535, Rdn. 98 (zitiert: Schmidt-Futterer/*Bearbeiter*).

rechtlichen Sondergebietsausweisung ein entscheidender wertsteigernder Faktor. Auf Grund der relativen Einzigartigkeit eines solchen Mietgegenstandes entwickelt sich ein Wettbewerb zwischen mehreren Betreibern als Mietinteressenten um den Abschluss eines Mietvertrages. So wie der Vermieter daran interessiert ist, die optimale Miete, die weitestgehende Übertragung der Nebenkosten auf den Mieter und eine möglichst hohe Anpassung der Miete an die Inflationsrate zu erhalten (Wertsicherungsklausel oder Indexierung), wird der Mieter umgekehrt zu all diesen Forderungen wenigstens eines in den Mittelpunkt seiner Verhandlung stellen, nämlich die möglichst lange (feste) Laufzeit des Vertrages.[1] Der Gegenstand eines Gewerberaummietvertrages ist also nicht allein Räume zu geschäftlichen, insbesondere gewerblichen oder freiberuflichen Zwecken. Denn die besondere Interessenlage bei einer Vielzahl von Mietern besteht zusätzlich darin, einen Geschäftsbetrieb, einen Laden, eine Büroniederlassung, einen Zweigbetrieb, eine Filiale, kurzum ein Unternehmen gründen und betreiben zu wollen.

b) Vermieterwechsel

aa) Gesetzliche Regelungen bei Verkauf des Mietgegenstandes (Kauf bricht nicht Miete)

Im Fall eines Verkaufs des Mietgegenstandes stellt sich die Frage nach dem Schicksal des Mietvertrages. Nach § 566 BGB geht dieser auf den Erwerber über. Für Geschäfts- und Gewerberäume ist § 566 BGB über § 578 BGB entsprechend anwendbar. Da der Mieter von Gewerberaumflächen in erster Linie an dem Mietgegenstand und nicht so sehr an einer persönlichen Beziehung zum Vermieter interessiert ist, wird er Wert auf die Verlässlichkeit der eingegangenen Bindung legen. Das Gesetz gibt ihm in der Regel eine ausreichende Sicherheit. Der Mietvertrag kann aus der Sicht des Rechtsverkehrs in zahlreichen Fällen als der entscheidende wertbestimmende Faktor eines Grundstückes verstanden werden. Ist er wirtschaftlich passend, d.h. die Mietfläche/Miethöhe steht aus der Sicht eines Käufers in einem attraktiven Verhältnis zum Wert des Gebäudes und des Grundstückes, so bestimmt dieser Mietvertrag im wesentlichen den Kaufpreis einer Liegenschaft. Der Wert des Grundstücks und die Errichtungskosten des Gebäudes können hiergegen relativ unbedeutend werden. Wenn sich der Eigentümer also um eine Veräußerung des Mietobjektes bemüht, wird ihm in der Regel der Markt bei seinen Kaufpreisvorstellungen weiter entgegen kommen, wenn der Mietvertrag die richtige Miete, eine weitgehende Nebenkostenübertragung auf den Mieter und eine passende Indexierung aufweist. Wenn dann noch der Betreiber, beispielsweise ein Filialunternehmen, namhaft ist und den Kundenzulauf sicherstellt, wird faktisch mit dem Grundstücks- bzw. Gebäudekaufvertrag auch der Mietvertrag mit verkauft. Aber ebenso der „schwächere“ Mieter, der möglicherweise aus heutiger Sicht eine günstige Miete zahlt und nicht unbedingt das beste Betreiberkonzept

---

1 Ostermann, Standortsicherung ertragreicher Märkte. Beschränkte persönliche Dienstbarkeit. Rechtswirkung und Kosten, in: GuT 2 (2002), 5, S. 99–102, hier S. 90.

verfolgt, genießt den Schutz des § 566 BGB. In dessen Überschrift heißt es: „Kauf bricht nicht Miete." Zwar wird hierin bereits vereinzelt eine zunehmende Verdinglichung der Miete gesehen.[1] Doch nach der überwiegenden Meinung regelt § 566 BGB lediglich den Eintritt des Erwerbers in das Mietverhältnis an die Stelle des Veräußerers für die Dauer seines Eigentums.[2] Der Eigentumsübergang durch Auflassung und Übergabe muss erfolgt sein, der bloße Kaufvertragsabschluss und die Eintragung der Auflassungsvormerkung reichen hierzu nicht aus.[3] Mit der Regelung des § 566 BGB soll sichergestellt werden, dass der Erwerber bereits anhand der Besitzlage feststellen kann, in welche Mietverhältnisse er eintreten muss.[4]

bb) Eingeschränkter Schutz bei Vermieterwechsel vor Übergabe

§ 566 Abs. 1 BGB in Verbindung mit § 578 BGB bestimmt jedoch, dass der Mieter in der Zeit zwischen Vertragsabschluss und Überlassung des Mietgegenstandes nur eingeschränkten Schutz genießt.[5] Wenn der Vermieter den Mietgegenstand in dieser Zeit an einen Dritten veräußert und der Erwerber die Mietvertragspflichten nicht übernimmt, entstehen zwischen Erwerber und Mieter keine Rechtsbeziehungen, es sei denn, dass der Erwerber dem Vermieter gegenüber die Erfüllung der sich aus dem Mietverhältnis ergebenden Pflichten übernommen hat (§§ 578, 567a BGB).[6] In seltenen Fällen kann allenfalls an Ansprüche aus § 826 BGB gedacht werden, wenn beispielsweise der Kaufvertrag nur geschlossen wurde, um die Realisierung des Mietvertrages zu verhindern. Im Regelfall hat der Mieter jedoch nur Schadensersatzansprüche gemäß §§ 276 Abs. 1, 283 BGB gegen den bisherigen Vermieter[7]. Der Mieter hat daher damit zu rechnen, dass ihm der Standort solange nicht sicher ist, wie ihm der Mietgegenstand noch nicht überlassen wurde. In dieser Phase hat er zwar gleichfalls ein starkes Sicherungsbedürfnis. In der Regel hat der Mieter jedoch zu diesem Zeitpunkt noch keine erheblichen Investitionen in den Standort getätigt, also weder Personal eingestellt noch Ware und Einrichtungen bestellt. Daher wird er sich vom Vermieter vertraglich zusichern lassen, dass dieser den Mietvertrag auch auf den Erwerber überträgt. Und er wird, wenn ihm das Verhalten des Vermieters oder dessen Bonität zum Zeitpunkt der Auslösung

---

1 Canaris, in: Festschrift für Werner Flume zum 70. Geburtstag, 12. Sept. 1978, hrsg. von Jakobs, Köln 1978, S. 371, 392ff.

2 Emmerich, (Bearb.), J. von Staudingers Kommentar zum Bürgerlichen Gesetzbuch, 2. Buch: Recht der Schuldverhältnisse, §§ 563–580a (Mietrecht 2), Berlin 2003, § 566 Rdn. 4 (zitiert: Staudinger/Bearbeiter (2003); BGH 12. 3. 2003, in: NJW 2003, S. 2158, 2160 zu §§ 578, 571 BGB a. F.

3 Staudinger/Emmerich (2003), § 566 Rdn. 26.

4 Staudinger/Emmerich (2003), § 566, Rdn. 33; BGH 21. 1. 1999, in: NJW 1999, S. 1104, 1105.

5 Blank/Börstinghaus, Miete, 2. Aufl., München 2004, § 566, Rdn. 21.

6 Stapenhorst/Voß, Mieterdienstbarkeit als dingliche Absicherung gewerblicher Mietverträge, in: NZM 6 (2003), 22, S. 873–881, hier S. 873.

7 Eckert, Sonderprobleme der Vermietung vom Reißbrett, in: ZInsO 9 (2005), 22, S. 789–799, hier S. 789, 795; Rademacher, Vertragsgestaltung im Gewerberaummietrecht, in: MDR 2/2000, S. 57–62, hier S. 57, 62; Maaß/Oprée, Die dingliche Sicherung des Mieters, in: ZNotP 1 (1997), S. 8–16, hier S. 8, 9.

erheblicher Kosten Anlass hierzu geben, über eine Mietsicherungsdienstbarkeit nachdenken müssen.

cc) Vermieterwechsel durch Tod des Vermieters

Auch im Fall eines Wechsels des Vermieters durch dessen Tod ist der Mieter darin sichergestellt, dass der Mietvertrag Bestand hat. Der Erbe des bisherigen Vermieters tritt gemäß § 1922 BGB in den Mietvertrag ein[1], und dieser behält grundsätzlich seinen bisherigen Inhalt.[2]

dd) Vermieterwechsel durch Umwandlung und personelle Veränderungen der Gesellschafter

Neben der BGB-Gesellschaft können unter anderem auch eine OHG oder KG unter ihrer Firma die Partei eines Mietvertrages werden (§ 124 HGB).[3] Sollte sich die Rechtsform der Personengesellschaft ändern, hätte dies keine Auswirkungen auf den Mietvertrag. Die Umwandlung der KG in eine GbR und dann in eine GmbH führt selbst bei Gesellschafterwechsel nicht zu einer Änderung der Identität der Gesellschaft; bestehende Mietverträge werden daher nicht berührt.[4] Zum gleichen Ergebnis gelangt man bei der Umwandlung einer GbR in eine OHG oder KG.[5]

ee) Gewillkürter Vermieterwechsel

Häufig wird bereits im Mietvertrag dessen Übertragung auf einen Dritten durch den Mieter zugestimmt. Insbesondere in Fällen, in denen ein so genannter Bauträger oder Projektentwickler ein Gebäude erst noch errichten und anschließend veräußern will, wird er sich im Mietvertrag diese Zustimmung erteilen lassen. Zumindest im Bereich des Gewerberaummietrechts begegnet diese Handhabung keinen rechtlichen Bedenken.[6] Auf den Schutz der §§ 566/578 BGB, d.h. den Übergang des Mietvertrags auf den Erwerber vor Überlassung des Mietgegenstandes, muss der Mieter im Interesse eines Vertragsabschlusses notgedrungen verzichten. Helfen könnte ihm eventuell aber die bereits eingetragene Mietsicherungsdienstbarkeit.

ff) Zwischenergebnis

Der vom bisherigen Vermieter vorgenommene gewillkürte Wechsel auf einen Dritten, aber auch der ungeplante Wechsel in der Person des Vermieters führt nicht da-

---

1 Horst, Praxis des Mietrechts, Rdn. 244; Tischler in: Lindner-Figura/Oprée/Stellmann, Geschäftsraummiete, München 2006, Kap. 2, Rdn. 243.
2 Palandt/Weidenkaff, § 535, Rdn. 10.
3 Tischler in: Lindner-Figura/Oprée/Stellmann, Geschäftsraummiete, Kap. 2, Rdn. 60, 64.
4 Horst, Praxis des Mietrechts, Rdn. 237; Kammergericht Berlin 26. 1. 2001, in: NZM (2001), S. 520; BGH 25. 4. 2001, in: NJW 2001, S. 2251; Palandt/Weidenkaff, § 535, Rdn. 12.
5 Tischler in: Lindner-Figura/Oprée/Stellmann, Geschäftsraummiete, Kap. 2, Rdn. 183.
6 Palandt/Weidenkaff, § 535, Rdn. 9; Tischler in: Lindner-Figura/Oprée/Stellmann, Geschäftsraummiete, Kap. 2, Rdn. 267.

zu, dass der Mieter den Mietgegenstand verliert. So wie § 566 BGB als Ausnahmeregel den allgemeinen Grundsatz durchbricht, dass Rechte und Pflichten nur zwischen den an dem jeweiligen Schuldverhältnis beteiligten Personen entstehen können[1], wird hierdurch die besondere Bedeutung ersichtlich, die der Gesetzgeber dem Erhalt des Mietgegenstandes beimisst. Im Umkehrschluss muss sich der Mieter allerdings mit einem Vermieterwechsel abfinden, unabhängig von der Person des Vermieters. Ein strategisch planender Marktteilnehmer könnte ohne weiteres in die Vermieterposition seines Wettbewerbers gelangen, indem er die ihm passend erscheinende Mietfläche, die zurzeit noch vom Wettbewerber gemietet ist, käuflich erwirbt. Sollte der Mietvertrag unter anderem auch die Verpflichtung enthalten, dass der Mieter die Umsätze an den jeweiligen Vermieter zu melden hat (was in Einkaufscentern die Regel ist), bringt eine solche Mietsache dem Erwerber noch weitere Vorteile. Neben der Bekanntgabe von derartigen, für den Kauf wichtigen Kennziffern, schafft der Erwerber im Falle der tatsächlichen Übernahme der Mietsache nicht nur eigenen Umsatz, sondern er schädigt den Wettbewerber durch die Wegnahme von dessen Umsatz.

Der aus Sicht des Mieters in der Regel ungewollte Wechsel des Vermieters birgt aufgrund der vorgenannten Rechtsfolgeregelungen des BGB (§§ 578, 566) allenfalls erkennbare Risiken. Der Gesetzgeber erkennt mit der Regelung der §§ 566, 578 BGB die besondere Bedeutung der Mietverträge für den Mieter an, und zwar unabhängig von der juristischen oder natürlichen Person, die ursprünglich auf der Vermieterseite stand.

c) Abgrenzung zu anderen Vertragstypen und -formen der Nutzungsüberlassung

Die entgeltliche Gebrauchsgewährung ist im BGB umfassend in den §§ 535ff. geregelt. Ergänzt wird das Regelwerk durch eine ebenso umfangreiche Rechtsprechung, insbesondere zur Wohnraummiete.

aa) Unentgeltliche Verträge

Unentgeltliche Verträge, beispielsweise die Leihe (§§ 598ff. BGB), unterscheiden sich von Mietverträgen dadurch, dass der Gebrauchsgewährung keine Gegenleistung (Synallagma) gegenüber steht.[2] Sie genießen nur geringen Bestandsschutz.[3] Ihr Nachteil für den Mieter liegt daher auf der Hand. Der Wert, den derartige Verträge für die Vermieterseite haben, wird ebenfalls begrenzt sein. In der Regel reduziert er sich auf die Verhinderung von Leerstand und die damit verbundenen wirtschaftlichen Nachteile. Bei der ersten Gelegenheit wird der wirtschaftlich denkende Vermieter/Verleiher in der Regel dem Entleiher den Vertrag kündigen, d.h. dem Mietvertrag den Vorzug geben. Der Vorteil der unentgeltlichen Gebrauchs-

1 BGH 22. 5. 1989, in: BGHZ 107, S. 315, 320.
2 *Lindner-Figura*/Oprée/*Stellmann*, Geschäftsraummiete, Kap. 1, Rdn. 28.
3 Häsemeyer, Insolvenzrecht, 3. vollst. überarb. Aufl., Köln u.a. 2003, Rdn. 20.45.

überlassung liegt aus seiner Sicht in der jederzeitigen Verfügbarkeit, d.h. in der fehlenden Festlegung auf einen bestimmten Mieter. Dies mag im Verkaufsfall an einen Eigennutzer oder einen Interessenten, der an Neu- und Umbauten denkt und größtmögliche Flexibilität benötigt, entscheidend sein. Ein unbefristeter, kündbarer Vertrag wird ihm in den Fällen der Gewerberaummiete aber genauso die gewünschte Flexibilität ermöglichen. Im Fall der Wohnraummiete werden ihm jedoch die Schutzvorschriften zugunsten des Mieters eine derartige Planung erheblich erschweren. Hier wird oftmals der Verzicht auf eine auch unentgeltliche Zurverfügungstellung die einzige Lösung sein. Die unentgeltliche Gebrauchsüberlassung stellt aufgrund ihrer begrenzten Anzahl von Einsatzmöglichkeiten keine Alternative zur bewährten Systematik der Mietverträge dar.

bb) Gebrauchsüberlassung von Mietflächen, insbesondere Gewerberaumflächen gegen regelmäßige Geldzahlungen aufgrund von dinglichen Rechten

Anstelle des Abschlusses von Mietverträgen käme die Bestellung eines dinglichen Rechts in Frage. Zu denken wäre an ein Dauernutzungsrecht nach §§ 31 ff. WEG, die Einräumung eines Nießbrauchs nach §§ 1030 ff. BGB oder die Bestellung eines Erbbaurechts nach der Erbbauverordnung. Schließlich muss auch die Bestellung der beschränkten persönlichen Dienstbarkeit (§ 1090 Abs. 1 BGB), eines Wohnungsrechts nach § 1093 BGB sowie eine Grunddienstbarkeit nach § 1018 BGB in Betracht gezogen werden. Allen dinglichen Rechten gemeinsam ist, dass der Berechtigte ein eigenes, nämlich dingliches Recht zur Nutzung geltend machen kann, wohingegen der Mietvertrag dem Mieter lediglich einen schuldrechtlichen Anspruch auf Gebrauchsgewährung während der Mietzeit einräumt.[1]

Für die Bestellung eines dinglichen Rechts ist der Wille zur Grundstücksbelastung kennzeichnend.[2] Dem dinglichen Nutzungsrecht liegt immer eine schuldrechtliche Abrede über die Verpflichtung zur Bestellung zugrunde[3], die schuldrechtliche Vereinbarung stellt den Rechtsgrund für die Bestellung und den Fortbestand des dinglichen Rechts dar. Die Gegenleistung kann nicht zum Inhalt des dinglichen Rechts gemacht werden.[4] Bei der Bestellung des Rechts wird die Gegenleistung jedoch eine wertbestimmende Rolle spielen. So sehen die genannten dinglichen Rechte als Gegenleistungen Heimfallklauseln (bei den Erbbau-/Dauernutzungsrechten), regelmäßige Zahlungen (beim Erbbaurecht), mindestens jedoch Einschränkungen bei der Ausübung der Rechte (Wohnungsrecht/Nießbrauch) vor. Auch das Recht auf Bestellung der beschränkten persönlichen Dienstbarkeit wird vom Nutzungsberechtigten bei ihrer Ausübung zu bezahlen sein. Das dingliche

---

1 Kroll, Das dingliche Wohnungsrecht im Verhältnis zum Mietrecht, Köln 2004, S. 7, 69; Albert, Das dingliche Wohnungsrecht. Unterhaltungspflicht und Aufwendungsersatz, Berlin 1996, S. 27.

2 Palandt/Bassenge, § 1093, Rdn. 2.

3 Frank, Anmerkungen zum Urteil des BGH vom 13. 11. 1998, in: DNotZ 1999, S. 500–507, hier S. 500, 502.

4 Kroll, Das dingliche Wohnungsrecht im Verhältnis zum Mietrecht, S. 67; Frank, Anmerkungen zum Urteil des BGH, DNotZ 1999, S. 500–507, hier S. 504.

Nutzungsrecht gibt dem Nutzer größtmögliche Sicherheit.[1] Es wirkt gegenüber jedermann und bedarf zur Wirksamkeit der Einigung und Eintragung im Grundbuch (§ 873 BGB). Es ist üblich und auch zulässig, gleichzeitig oder nachträglich zu einem Mietvertrag ein dingliches Nutzungsrecht zu begründen und zu bestellen.[2] Die Vor- und Nachteile eines dinglichen Rechts gegenüber dem (Gewerberaum-)Mietrecht sind gegeneinander abzuwägen.

(1) Vorteile des Mietvertrages

Für den Gewerbemietvertrag ist davon auszugehen, dass die gesetzliche Regelung sowohl die Interessenlage des Vermieters als auch des Mieters trifft. Der Wohnraummietvertrag, für den zahlreiche Schutzvorschriften zugunsten des Mieters existieren,[3] soll in dieser Arbeit außer Betracht bleiben. Im Gegensatz zum Gewerbemietvertrag hat der Wohnungsmieter den Mietvertrag nur für den eigentlichen persönlichen Wohnbedarf abgeschlossen. Damit wird auch die sich infolge Einführung des Verbraucherinsolvenzverfahrens ergebende Problematik der Anwendung von Insolvenzvorschriften, die auf rein wirtschaftlichen Überlegungen basieren, auf das private Mietrecht nicht behandelt.

Zu untersuchen ist zunächst die Interessenlage des Vermieters. Dieser erhält für die Gebrauchsüberlassung der ihm gehörenden Räume das vereinbarte Entgelt, den Mietzins. Die umfangreiche Regelungsdichte des BGB in Bezug auf das Wohnraummietrecht kann jedoch seiner Interessenlage kaum entsprechen.

Die weitgehende Vertragsfreiheit im Bereich des Gewerberaummietrechts ermöglicht ihm aber, eine Vielzahl von eigentlich den Eigentümer betreffenden Lasten auf den Mieter zu übertragen. So wird er bemüht sein, die Nebenkosten entgegen der gesetzlichen Regelung auf den Mieter zu übertragen. Gleichfalls ist ihm regelmäßig an umfangreichen Instandhaltungs- und Instandsetzungspflichten des Mieters gelegen. Auch den Zustand, in dem das Mietobjekt ihm nach Ablauf der Mietzeit übergeben werden soll, kann der Vermieter mietvertraglich beschreiben. Wenn er den Mietgegenstand erst nach den Vorstellungen des Mieters errichten soll, wird er umfangreiche Planunterlagen und eine spezifische Beschreibung der Bauausstattung einschließlich der dazugehörigen Termine zum Bestandteil des Mietvertrages machen. Ergänzt um eine Regelung zum Konkurrenzschutz sowie zur Rechtsnachfolge, ergibt sich für den Vermieter eine denkbar große Bandbreite der Gestaltungsmöglichkeiten zur Sicherung seiner Interessen.

Die vorgenannten dinglichen Nutzungsrechte bieten dem Vermieter nicht nur keinen entsprechenden Gestaltungsraum. Im Gegenteil lässt der so genannte sachenrechtliche Typenzwang, man spricht auch vom Prinzip des sachenrechtlichen

---

1 Kroll, a. a. O. S. 7; BFH 3. 2. 1998 in: NZM 1 (1998), S. 543, 544.

2 Zur Darstellung des Streitstands: Kroll, a. a. O. S. 91, 137; Albert, Das dingliche Wohnungsrecht, S. 31; Ahrens, Dingliche Nutzungsrechte. Nießbrauch – Dienstbarkeiten – Wohnungsrechte, Berlin 2004, S. 205.

3 Franken, Mietverhältnisse in der Insolvenz, München 2002, Rdn. 501, 502.

numerus clausus[1], eine Gestaltung der dinglichen Rechte nur ganz beschränkt zu. Besonders deutlich wird der Nachteil der dinglichen Rechte (aus der Sicht des Vermieters), wenn man sich Verstöße des Mieters gegen die Hauptpflicht, d.h. die Entgeltzahlung, vergegenwärtigt. Denn in diesem Fall muss über Hilfskonstruktionen der zugrunde liegenden schuldrechtlichen Vereinbarung eine Kündigungsmöglichkeit des Eigentümers abgeleitet werden. Die Rechtsverfolgung mit Kündigung der schuldrechtlichen Vereinbarung als ersten Schritt sowie die anschließende Verfolgung über einen Grundbuchberichtigungsanspruch sind ungleich komplizierter als die schlanke Regelung des § 543 Abs. 2 BGB, der dem Vermieter eine Mietvertragskündigung bei Zahlungsverzug des Mieters mit zwei Monatsmieten ermöglicht.

Aber auch aus der Sicht des Mieters von Gewerberaumflächen hat ein Mietvertrag gegenüber dinglichen Rechten Vorteile. Zwar gewährt ihm das dingliche Recht ein Recht gegenüber jedermann und nicht nur gegenüber seinem Vertragspartner zur Nutzung des belasteten Grundstückes oder der belasteten Räume. Darüber hinaus wird der Mieter aber unter anderem das weitergehende Interesse haben, dass der Vermieter für den Erhalt des Mietobjektes im Ganzen sorgt. Hat er nur Teilflächen angemietet, wird er Wert darauf legen, dass die Gemeinschaftsflächen sich sauber darstellen, die Mietflächen erreichbar sind, sein Mietgegenstand beschildert ist, die Aufzüge funktionieren, mitvermietete Parkplätze tatsächlich zur Verfügung stehen, in einem größeren Gebäude beispielsweise kein Konkurrenzbetrieb entsteht, die Nebenkostenabrechnung entsprechend dem vereinbarten Umlegungsschlüssel zu den zeitlich vereinbarten Terminen vorgelegt wird etc. All dies ist nur mit rechtlichen Hilfskonstruktionen in die enge Systematik der dinglichen Rechte unterzubringen. Das Mietrecht gibt hingegen auch dem Mieter eine Vielzahl von günstigen Gestaltungsmöglichkeiten, die er im Gegenzug zu den Vorschlägen und Forderungen des Vermieters als vertragliche Nebenpflichten einbringen kann. Selbst bei Nichteinbringen in einen Individualvertrag ermöglicht ihm eine Teilhabe aufgrund der umfangreichen gesetzlichen Ausgangssituation, d.h. der umfangreichen Regelungsdichte und der Vielzahl von gerichtlichen Entscheidungen, erhebliche Vorteile. Keine der oben genannten dinglichen Nutzungsrechte lässt so wie die Miete eine annähernde Gestaltungsfreiheit zu.

(2) Sicherungsdefizite des Mietvertrages

Im Fall der Insolvenz des Vermieters kann der Erwerber das Miet- oder Pachtverhältnis unter Einhaltung der gesetzlichen Frist kündigen, wenn ihm der Insolvenzverwalter das Mietobjekt veräußert hat (§ 111 InsO). Der gesetzliche Vertragsübergang (§§ 566, 578 BGB) wird hierdurch unterbrochen. Hierin ist ein entscheidender Nachteil gegenüber den dinglichen Nutzungsrechten zu sehen, weil bei diesen eine vergleichbare Regelung nicht besteht. Die dinglichen Nutzungsrechte hängen aber entscheidend von ihrer grundbuchmäßigen Position ab. Je nach Rang können sie

1 Wilhelm, Sachenrecht, 2. Aufl., Passau 2001, Rdn. 9; Stapenhorst/Voß, Mieterdienstbarkeit als dingliche Absicherung gewerblicher Mietverträge NZM 6/2003, S. 873, 874.

verdrängt oder beeinträchtigt werden und gegebenenfalls sogar erlöschen. Nicht jedes (nachrangige) dingliche Nutzungsrecht sichert den Berechtigten gegenüber denjenigen, vorrangigen Gläubigern, die die Zwangsversteigerung betreiben.[1]

Ein weiterer Nachteil des Mietvertrages ist in der gesetzlichen Befristung nach § 544 BGB zu sehen. In der Regel werden die dinglichen Rechte unbefristet erteilt, wohingegen auch eine übereinstimmende Willenserklärung von Vermieter und Mieter an der Unabdingbarkeit der 30-jährigen Befristung nach § 544 BGB nichts ändern kann. Schließlich gibt es für den Mieter ein erhebliches Risiko der Vertragsvereitelung vor Überlassen des Mietgegenstandes, so etwa dann, wenn ein böswilliger Vermieter nach Vertragsabschluss einen zweiten Mietvertrag über denselben Mietgegenstand abschließt. Die Situation ist vergleichbar mit dem Eigentümer eines Grundstückes, der das vertraglich vereinbarte (dingliche) Recht nicht bestellt oder vor der Eintragung noch anderweitig verfügt. Auch in diesen Fällen eines sich nicht vertragstreu verhaltenden Vermieters ist sein Vertragspartner auf die Verfolgung von Schadensersatzansprüchen verwiesen. Gefährlich können für den Mieter in der Praxis vor allem lange Zeiträume zwischen dem Vertragsabschluss und der Überlassung im Falle der Errichtung neuer Gebäude sein. Hier wird die spezifische Schwäche des (nur) schuldrechtlichen Mietvertrages deutlich. Bei Veräußerung des Mietgegenstandes an Dritte, ohne dass die Pflichten aus dem Mietvertrag auf den Erwerber übertragen werden, ist der Mieter vor einer Übergabe des Mietgegenstandes nicht geschützt (s. oben) und bedarf noch weiterer Sicherungen.

Auch bei so genannten Anschlussmietverträgen zeigen sich die Schwächen des Mietvertrages im Vergleich zur dinglichen Absicherung. In diesen Fällen werden Mietflächen bereits zu einem frühen Zeitpunkt, wenn der Mietvertrag zwischen dem jetzigen Mieter und dem Vermieter noch existiert, angemietet, um möglichst frühzeitig diesen Standort für den (neuen) Mieter zu sichern.

(3) Ergebnis und Entwicklung der Praxis

Bei Abwägung der Vor- und Nachteile überwiegen die Vorteile des Mietvertrages. Nur in seltenen Fällen wird eine Partei auf eine der dinglichen Sicherungsmöglichen ausweichen, und zwar nur dann, wenn eine atypische Situation gegeben ist. Die Nachteile des Mietvertrages bei der Insolvenz haben aber gerade dazu geführt, dass die Praxis versucht, die Vorteile der Mietsicherungsdienstbarkeit mit den Vorzügen des Mietvertrages zu verknüpfen oder andersherum gesagt, die spezifischen Nachteile des Mietvertrages hierdurch zu vermeiden.

---

1 Baur/Stürner, Sachenrecht, 17. Aufl., München 1999, § 17 B I Rdn. 13, 15; Wilhelm, Sachenrecht, 2. Aufl., Rdn. 540, 541.

cc) Pacht

Zusätzlich zur Nutzung der Sache sieht die Pacht die so genannte Fruchtziehung vor (§ 581 Abs. 1 Satz 1 BGB). Sie bezieht sich auf Gegenstände, nämlich Sachen und Rechte.[1] Damit von einer Pacht gesprochen werden kann, muss für eine Gewerberaumnutzung die Ausstattung und Einrichtung so erfolgt sein, dass sie für den Betrieb alsbald mit Gewinn genutzt werden kann.[2] Mindestens muss jedoch der Vertragspartner des Pächters in irgendeiner Weise zur Beschaffung des Inventars beigetragen haben.[3] Da dies in der Regel nicht der Fall ist, wird nur ausnahmsweise von der Miete auf die Pacht auszuweichen sein.

dd) Sicherungsleistung des Immobilienleasings

Das Immobilienleasing (nur an dieses wäre als Alternative zum Mietvertrag zu denken) wird als eine besondere Form des Finanzierungsleasings verstanden, wobei der Leasingnehmer für die Kosten der Aufwendungen, d.h. die Vollamortisation des Leasinggebers, zu sorgen hat.

Das Besondere beim Immobilienleasing ist die lange Vertragsdauer, nämlich bis zu 30 Jahren mit Kaufoption zugunsten des Leasingnehmers. Die Option kann jederzeit und im Anschluss an die Vertragslaufzeit ausgeübt werden; sie ist in der Regel grundbuchlich gesichert.[4] Mit Ausnahme der nicht übertragbaren Rechte des Leasinggebers werden alle eigentümertypischen Rechte vertraglich auf den Leasingnehmer übertragen. Die Finanzierung durch den Leasinggeber zur Schonung des Kreditrahmens des Mieters und Leasingnehmers ist die wesentliche Motivation der Vertragspartner zum Abschluss des Immobilienleasings. Ansonsten verhält sich der Leasingnehmer wie ein Eigentümer, d.h. er übernimmt beispielsweise die Planung und Realisierung des Mietgegenstandes. Zwar gibt es durchaus Situationen, in denen ein Eigentümer ein Gewerbemietverhältnis mit weitgehender Übertragung aller typischen Aufgaben des Vermieters auf den Mieter im Sinne eines „Triple-net" abschließt und zusätzlich zu allen infrage kommenden Sicherheiten auch noch ein Vorkaufs- oder Andienungsrecht zugunsten des Mieters im Mietvertrag vorsieht. Gleichwohl wird es trotz aller inhaltlichen Übereinstimmungen beider Vertragsausgestaltungen in keinem Fall zu einem Ausweichen vom Mietvertrag auf den Leasingvertrag kommen. Ausschlaggebend beim Mietvertrag ist das Interesse des Vermieters in jedem Fall, Eigentümer sein zu wollen und das Mietobjekt zu einem von ihm zu bestimmenden Zeitpunkt zu veräußern oder es andernfalls zu behalten, zu belasten oder zu vererben. Sollte sich der Vermieter auf Drängen des Mieters jedoch mit der Eigentumsübertragung auf den Mieter einverstanden erklären, so wird die Lösung in der Regel Verkauf lauten.

---

1 Palandt/Weidenkaff, Einf. v. § 535, Rdn. 16.
2 *Lindner-Figura*/Oprée/*Stellmann*, Geschäftsraummiete, Kap. 1, Rdn. 23.
3 BGH 7. 11. 1990, in: NJW-RR 1991, S. 205 f.
4 Palandt/Weidenkaff, Einf. v. § 535, Rdn. 67; Gabele/Dannenberg/Kroll, Immobilienleasing, 4. Aufl., Lichtenfels 2001, S. 7.

Die Interessenlage der Parteien des Leasings unterscheidet sich wesentlich von denen eines Mietvertrages. Selbst in den Fällen, in denen der Vermieter den Mietgegenstand erst nach Plänen und Vorgaben des Mieters hinsichtlich der Bauausstattung errichten wird, ist der Vermieter der „wirtschaftliche" Eigentümer des Mietgegenstandes; er entscheidet, ob und wann er zu welchen Konditionen verkauft. Nach Ablauf des Mietvertrages kann er die Gebäude abreißen und neu planen. Der Leasinggeber hingegen kann nicht beliebig verfügen. Er hat dem ausgeübten Ankaufsrecht durch den Leasingnehmer nichts entgegenzusetzen.

Die Unterhaltung des Mietgegenstandes obliegt komplett dem Leasingnehmer. Der Leasinggeber ähnelt in seiner Funktion eher einem (grundbuchlich gesicherten) Kreditgeber. Das Immobilienleasing stellt daher keine geeignete Alternative für die Parteien dar.

ee) Zwischenergebnis

Keine der betrachteten Vertragstypen beziehungsweise dinglichen Rechte stellt eine geeignete Alternative für die Gewerberaummietverhältnisse dar. Wenngleich das Mietrecht des BGB hinsichtlich zahlreicher Bereiche entgegen der gesetzgeberischen Wertung individuell anders gestaltet werden muss, um den Interessen der Parteien eines Gewerberaummietgegenstandes zu entsprechen, bietet doch „das Mietrecht" die geeigneten Vorschriften an.

d) Schriftform

Nach § 550 BGB ist die Schriftform eines Mietvertrages erforderlich, wenn er für länger als ein Jahr gelten soll. § 550 BGB ist über § 578 BGB auch bei Mietverträgen für Gewerberäume anwendbar. Zuvorderst soll durch die Schriftform der Erwerber, auf den der Mietvertrag nach § 566 BGB übergeht, geschützt werden. Sie muss den Anforderungen des § 126 BGB entsprechen. Der Umfang der dem Schriftformerfordernis unterworfenen vertraglichen Verabredungen hat zu einer umfangreichen Rechtsprechung geführt.

In der Regel entzündet sich der Streit an dem Kündigungsrecht des § 550 BGB. Hierbei entfaltet sich die tatsächliche Bedeutung des Schriftformerfordernisses. In Fällen von Vertragsreue oder bei Prüfung eines Alternativ- beziehungsweise besseren Angebotes wird der Vermieter prüfen, ob aus einem befristeten Vertrag, der vor Ablauf der Festlaufzeit keinen vermieterseitigen Ausstieg ermöglicht, nicht doch ein Mietvertrag auf unbestimmte Zeit „gemacht" beziehungsweise interpretiert werden kann, und zwar mit der Folge der gesetzlichen Kündigung, die erheblich kürzer sein dürfte als die bisherige feste Laufzeit. Allerdings hat der BGH mit seiner Entscheidung vom 24. 9. 1997 die überzogenen Anforderungen an die Einheitlichkeit der Vertragsurkunde gelockert.[1] Den Parteien, die ein solches Verhalten bei ihrem Vertragspartner erwarten können, sind also gut beraten, auf die (forma-

---

1 BGH 24. 9. 1997, in: WM, 1997, S. 2361.

len) Anforderungen, die § 550, § 126 BGB an den Abschluss eines (befristeten) wirksamen Mietvertrages stellen, großes Augenmerk zu legen. So ungewöhnlich die neue Fassung des am 1. 9. 2001 inkraftgetretenen § 550 BGB auch ist, indem sie Verstöße gegen die Schriftform nicht mit der Rechtsfolge der Nichtigkeit nach § 125 BGB belegt, sondern den befristeten Mietvertrag zu einem Mietvertrag auf unbestimmte Zeit werden lässt, darf ihre große Bedeutung – insbesondere für den Mieter – im Falle ihrer Geringschätzung nicht übersehen werden.

Mancher Mieter, der größten Wert auf die Absicherung seines Mietvertrages über die Mieterdienstbarkeit legt und hier viel Energie und Kosten investiert, verlor durch diese Vorschrift bereits seinen Standort.[1]

f) Ergebnis

Bei den mit der vorliegenden Arbeit zu untersuchenden Mietverträgen handelt es sich um Gewerberaummietverträge mit zahlreichen Besonderheiten, bei denen die Absicherung des Mieters am Bestand des Mietvertrages eine wesentliche Rolle spielt. Andere Formen der Vertragsgestaltung werden den Interessen der Parteien regelmäßig nicht gerecht. Weder der Verkauf der Mietsache noch ein sonstiger Wechsel auf Vermieterseite gefährden den Mietvertrag.

Das Mietrecht des BGB stellt das richtige Regelungswerk zur Verfügung. Die Parteien sind gut beraten, die Schriftform zu beachten.

2. Kautelarjuristische Sicherungsmöglichkeiten

Das Gewerberaummietverhältnis kennt zahlreiche Abweichungen vom Standardmietvertrag entsprechend der gesetzlichen Regelung. Neben den bereits erwähnten Aspekten werden häufig Fragen der Kaution, des Betretens der Mieträume, der baulichen Veränderungen, der Wegnahme von Einrichtungen, des Wertersatzes bei Einrichtungen, aber auch der Kündigungsmodalitäten, der Rückgabe der Mietsache sowie der Gestattung von Untervermietungen geregelt. Wie bereits ausgeführt, kommt der langfristigen Standortabsicherung große Bedeutung zu. Hierbei spielen der langfristige Abschluss von Mietverträgen inklusive Optionen, aber auch spezifische Standortsicherungsvereinbarungen eine Rolle.

a) Interessenlage beider Parteien

Der Gewerberaummieter braucht eine längere Festlaufzeit. Er will in den Standort investieren und braucht als Planungsgrundlage die Sicherheit, dass die Mietsache, d.h. das von ihm eingerichtete Geschäft, ihm auch tatsächlich zur Verfügung

---

1 Maaß/Oprée, Die dingliche Sicherung des Mieters, in: ZNotP 1 (1997), S. 8–16, hier S. 8.

steht.[1] Auch der Vermieter hat ein spezifisches Interesse an festen Vertragslaufzeiten. Oft gelingt es ihm nicht, eine Finanzierung für ein neu zu errichtendes Gebäude zu erhalten, wenn er nicht der Bank eine Festlaufzeit, häufig mit einem namhaften Mieter, vorweisen kann. Auch ein eventuell beabsichtigter Verkauf des Mietobjektes wird im Wesentlichen nicht allein von der Qualität des Gebäudes, sondern auch von der Qualität des Mieters und der Festlaufzeit des Mietvertrages abhängen. Nach § 542 Abs. 2 BGB endet ein Mietvertrag, der auf bestimmte Zeit eingegangen ist, mit dem Ablauf dieser Zeit. Wenn der Vertrag keine Mietzeit bestimmt, kann jede Partei das Mietverhältnis nach den gesetzlichen Vorschriften kündigen. Im Gewerbemietrecht ist kein besonderes (berechtigtes) Interesse hierzu erforderlich.[2] Gemäß § 580a Abs. 2 BGB beträgt die Kündigungsfrist bei dem Mietverhältnis über Geschäftsräume sechs Monate, weil die Kündigung spätestens am dritten Werktag eines Kalendervierteljahres zum Ablauf des nächsten Kalendervierteljahres zulässig ist. Da dies den Parteien in der Regel zu kurz ist, werden sie eine bestimmte Zeit im Sinne von § 542 Abs. 2 BGB und möglicherweise von § 580a Abs. 2 BGB abweichende, nämlich längere Kündigungsfristen vereinbaren. Der Mieter verlangt häufig eine so genannte Option, den für eine feste Laufzeit geschlossenen Mietvertrag durch einseitige Erklärung zu verlängern. Dem Mieter wird hier trotz anfänglicher Festschreibung die Möglichkeit der langfristigen weiteren Sicherung des Mietobjektes eingeräumt.[3] Da die sonstigen mietvertraglichen Regelungen hierbei – soweit gewollt – weiterlaufen, insbesondere die für den Vermieter wichtige Mietzinsindexierung, liegt der Nachteil für den Vermieter darin, dass er das Mietobjekt für die durch die Option verlängerte Mietzeit nicht anderweitig nutzen kann.

Die Anforderungen bezüglich der Schriftform der Optionsausübung sind umstritten. Dass ihre Ausübung jedoch spätestens bis zum Ablauf der im Mietvertrag festgelegten Laufzeit vorgenommen sein muss, scheint unstrittig.[4] Nach § 544 Satz 1 BGB kann weder über § 542 Abs. 2 BGB noch über eine Option eine Festlaufzeit von mehr als 30 Jahren begründet werden.[5] 30 Jahre nach Überlassung der Mietsache – nicht des Mietvertragsabschlusses – kann jedoch jede Partei den Mietvertrag außerordentlich mit der gesetzlichen Frist kündigen. § 544 BGB will nicht Verträge von über 30 Jahren Laufzeit, sondern lediglich eine darüber hinausgehende unlösbare Bindung verhindern.

Eine gleichfalls häufig in Gewerberaummietverträgen zu findende Regelung schließt § 543 Abs. 2 Ziffer. 3 a und b BGB aus oder modifiziert ihn[6]. Nach der entsprechenden Vorschrift kann der Vermieter den Mieter außerordentlich (fristlos)

---

1 Maaß/Oprée, a. a. O.

2 Anders bei Wohnraum, vgl. Horst, Praxis des Mietrechts, Rdn. 388.

3 Horst, a. a. O. Rdn. 68; OLG Düsseldorf, in: ZMR 1995, S. 347; Fritz, Gewerberaummietrecht, 4. Aufl., München 2005, Rdn. 90.

4 Bub/Treier (Hrsg.), Handbuch der Geschäfts- und Wohnraummiete, 3. Aufl., München 1999, II, Rdn. 213.

5 § 544 gilt jedoch nicht für das so genannte Kausalgeschäft bei der Mieterdienstbarkeit, vgl. Palandt/Weidenkaff, § 544, Rdn. 1.

6 § 550 BGB gilt für alle Mietverhältnisse, Schmidt-Futterer/*Blank*, Mietrecht, § 543 Rdn. 1.

aus wichtigem Grund kündigen, wenn dieser mit der Mietzinszahlung für mehr als zwei Monate im Verzug ist. Da es sich bei diesem Kündigungsgrund um den „wichtigsten“ im Sinne des § 543 BGB handelt, nämlich eine Verletzung der Hauptleistungspflicht des Mieters, wird aus Sicht des Vermieters immer nur eine geringfügige Änderung des § 543 BGB möglich sein. Aus Sicht des Mieters soll in erster Linie der Fall der versehentlichen Nichtzahlung erfasst werden. Regelmäßig kann dies durch eine entsprechende Vereinbarung erfolgen, wonach das Kündigungsrecht erst dann ausgeübt werden darf, wenn der Mieter über die Mietrückstände förmlich informiert wird und er trotzdem diese nicht kurzfristig ausgleicht. Mit Erhalt einer solchen Warnung hat der Mieter die Möglichkeit, das Kündigungsrecht durch sofortige Zahlung auszuschließen.[1]

Zwischenergebnis:

Der langfristig planende Mieter dürfte auf einen formgültig geschlossenen Mietvertrag mit maximaler Laufzeit inklusive Optionen (30 Jahre) Wert legen. Er wird sich vor einer Kündigung aufgrund von versehentlich unterlassenen Mietzahlungen schützen. Auch der Vermieter, der sich in wirtschaftlich härteren Zeiten um die Werthaltigkeit seines Grundstückes sorgt, wird wenigstens auf eine Mindestlaufzeit Wert legen, um bei einem Neubauvorhaben das Gebäude finanziert zu erhalten und es ggf. auch werthaltig verkaufen zu können.

b) Standortsicherung

Wenn sich der Mieter trotz der vorstehend aufgeführten Möglichkeiten, die ihm bis zu 30 Jahre lang erfolgreiches ungestörtes Wirtschaften gewährleisten sollten, veranlasst sieht, weitergehende Überlegungen zur Sicherung seines Standortes anzustellen, kann dies nicht allein in einer abstrakten Gefährdung des Mietvertrages liegen. Vielmehr muss es konkrete wirtschaftliche Nachteile zu befürchten geben.

Der Unternehmer auf der Suche nach dem geeigneten Standort, d. h. der richtigen Lage und dem richtigen Gebäude, schaltet eine Vielzahl von Spezialisten ein. Neben eigenen Fachleuten werden Gutachter, Planer, Controller, Juristen und Unternehmensstrategen beauftragt, den richtigen Standort zu lokalisieren. Ist dieser entdeckt, beginnt das Ringen um die Realisierung. Der Eigentümer muss gefunden und verkaufs- oder investitionswillig gestimmt werden. Konzepte müssen entwickelt, geprüft und berechnet werden. Die Genehmigungsfähigkeit ist in vielen Fällen nicht gegeben. Selbst bei positiven Ansätzen einer möglichen Realisierungsfähigkeit dauert die tatsächliche Umsetzung (ohne Bauzeit) oftmals 3–5 Jahre. Wenn dann der Wettstreit mit Wettbewerbern um den Standort gewonnen und der Mietvertrag abgeschlossen wurde, die Baugenehmigung erwirkt, der Vermieter eine finanzierende Bank für das Vorhaben gefunden hat, muss sich der Betrieb

---

1 § 543 Abs. 2 S. 2 BGB.

am Markt behaupten und durchsetzen. Gelingt dies, in der Regel nach mehrjährigem Anlauf, und erwirtschaftet er ein positives Betriebsergebnis, hat sich das unternehmerische Risiko gelohnt. Der Unternehmer, d.h. der Mieter, will auf keinen Fall um die Früchte dieser Arbeit gebracht werden. Als Gefahr erscheint ihm deshalb das mögliche Kündigungsrecht im Insolvenzfall (oder Zwangsversteigerungsfall) aufseiten des Vermieters. An dessen Entstehen trifft ihn keinerlei Verantwortung. Anders als bei der Nichtzahlung der Miete oder sonstigen hartnäckigen Verstößen gegen mietvertragliche Pflichten, die eine Kündigung nach sich ziehen, trifft ihn in diesen Fällen unverantwortet ein Ereignis, das ihn, wenn er nur dieses eine Geschäft hat, möglicherweise die Existenz kostet, bei mehreren ihm mindestens einen erheblichen wirtschaftlichen Schaden zufügt. Nicht einmal ein körperlicher Untergang des Mietgegenstandes wird ihn ähnlich hart treffen, weil er in diesem Fall im Mietvertrag eine entsprechende Wiederaufbauklausel vorgesehen haben dürfte.

Diese Überlegungen treffen auf eine Vielzahl von Mietsachen im heutigen Geschäftsleben zu. Sie betreffen beispielsweise Betreiber von Ladenlokalen in Fußgängerzonen, die heute dort typischerweise vorherrschend sind, aber auch den klassischen Discounter genauso wie andere filialisierende Betriebe (Baumärkte, Unterhaltungselektronikmärkte, Tiernahrungs- und Getränkemärkte etc.). Der Verlust eines solchen Standortes (Mietgegenstandes) lässt sich wertmäßig bemessen. Im Verkaufsfall wird der Wert eines Standortes, der so genannte good will, durch Angebot und Nachfrage bestimmt. Gibt ein Ladeninhaber zwecks Alterssicherung sein Geschäft an einen Nachfolger ab, hat es sich eingebürgert, dass dieser ihm jenen Wert zahlen muss. Auch bei Übernahmen eines filialisierenden Betriebes durch einen Wettbewerber ist es üblich, dass in solchen Fällen (möglicherweise zusätzlich zur Übernahme der Ware und des Mitarbeiterstammes) ein so genannter good will gezahlt werden muss. Dieser bewegt sich in zweistelligen Prozentsätzen der Jahresumsätze und kann leicht mehrere Jahresmieten umfassen. Die Rechtsprechung hat mit der Anerkennung des eingerichteten und ausgeübten Gewerbebetriebs als sonstiges Recht im Sinne von § 823 BGB die Werthaltigkeit eines derart beschriebenen Betriebes anerkannt.[1] Besonders verständlich wird das Ringen um die Sicherung des Standortes, wenn die vorstehend beschriebenen Investitionen und Aktivitäten fehlschlagen und nicht den gewünschten wirtschaftlichen Erfolg nach sich ziehen. In diesen Fällen wird der Mieter allenfalls seiner Verpflichtung zur Mietzahlung und eventuell der Betreiberverpflichtung nachkommen und die erste Möglichkeit zur Vertragsaufhebung nutzen, gegebenenfalls über Untervermietung, in jedem Fall aber pünktlich zum Auslaufen der Festlaufzeit den Standort schließen.[2]

---

1 Palandt/Sprau, § 823, Rdn. 126.

2 In diesen Fällen wird deutlich, dass auch der Vermieter nicht nur an den so genannten Festlaufzeiten, sondern auch an Betreiberverpflichtungen ein starkes Interesse haben muss, will er verhindern, dass ihm die Mietsache wirtschaftlich entwertet wird, beispielsweise durch Leerstand.

I. Durch Mietsicherungsdienstbarkeit zu sichernde Mietverträge

Im Bemühen, Kündigungsrechte aufgrund von Insolvenzen auf Vermieterseite zu verhindern, sind in der Praxis vier Gestaltungsmöglichkeiten anzutreffen, die nachfolgend dargestellt werden. Es handelt sich um die Vereinbarung eines Vorkaufsrechts/Ankaufsrechts, die Vereinbarung eines Dauernutzungsrechts nach § 31 WEG, die Vereinbarung eines Baukostenzuschusses und schließlich die Mietsicherungsdienstbarkeit.

aa) Vorkaufsrecht/Ankaufsrecht

Die Erwerbsrechte in Form von Vorkaufs- und Ankaufsrechten können dem Bedürfnis des Mieters an einer langfristigen Sicherung des Standortes entgegen kommen.

(1) Vorkaufsrecht

Das Vorkaufsrecht kann schuldrechtlich (§ 463 BGB) oder dinglich (§ 1094 BGB) vereinbart werden. Es ermöglicht dem Berechtigten, d.h. dem Mieter, den Einstieg in den zwischen dem Verkäufer/Vermieter und einem dritten Käufer abgeschlossenen Vertrag. Voraussetzung ist daher, dass der Verkäufer sich endgültig zum Verkauf entschlossen und mit dem Käufer wirtschaftlich verständigt hat, aufseiten des Vorkaufsberechtigten, d.h. des Mieters, das Interesse vorhanden ist, aus einem Mietgegenstand ein Kaufobjekt zu machen. Dies gelingt nur dann, wenn dem Mieter hierzu auch die wirtschaftlichen Möglichkeiten gegeben sind. Bedenken, die bislang den Kauf aufseiten des Mieters verhindert haben, wie beispielsweise ein begrenzter Kreditrahmen oder der Liquiditätserhalt für ein anderes unternehmerisches Engagement, müssen in den Hintergrund treten. Diese Variante der Standortsicherung durch den Mieter wird also nur in den Fällen in Frage kommen, in denen bislang der Erwerb und der Abschluss des Kaufvertrages daran scheiterte, dass der Vermieter und jetzige Verkäufer bei Abschluss des Mietvertrages nicht verkaufen wollte oder aus steuerrechtlichen Gründen nicht durfte. In der Regel wird diese Variante daher nur selten auf den Mieter zutreffen. Ihr Nachteil ist darin zu sehen, dass die Vereinbarung des Vorkaufsrechts zum Zeitpunkt des Mietvertragsabschlusses zur Beurkundungsbedürftigkeit des Gesamtvertrages, d.h. auch des Mietvertrages, gemäß § 311 b BGB führt.[1]

Nach § 1098 Abs. 1 Satz 1 BGB bestimmt sich das Rechtsverhältnis zwischen dem Berechtigten und dem Verpflichteten des dinglichen Vorkaufsrechts nach den Vorschriften der §§ 463 bis 473 BGB. Nach § 471 BGB ist das Vorkaufsrecht ausgeschlossen, wenn der Verkauf im Wege der Zwangsvollstreckung oder aus der Insolvenzmasse erfolgt. Da aber die Vorschrift des § 1098 Abs. 1 Satz 2 BGB im Falle des freihändigen Verkaufs nach § 111 InsO gilt, kann das dingliche Vorkaufsrecht al-

---

1 Stiegele, Die Mietsicherungsdienstbarkeit. Ein fiduziarisches Sicherungsrecht zur dinglichen Sicherung von Mietverhältnissen (Europäische Hochschulschriften, R. 2: Rechtswissenschaft, 1725), Frankfurt/M. u.a. 1995, S. 104; *Lindner-Figura*/Oprée/Stellmann, Geschäftsraummiete, Kap. 6, Rdn. 135; BGH 7. 11. 1990, in: NJW-RR 1991, S. 205 f.

lerdings den Verlust des Standortes in der Insolvenz verhindern.[1] In den Fällen der Zwangsversteigerung nach dem ZVG hingegen ist der Mieter nicht geschützt.[2] Aus der Sicht des Vermieters wird man berücksichtigen müssen, dass jedes Vorkaufsrecht die Verwertung des Grundstücks erschwert. Jeder (dritte) Kaufinteressent scheut die Mühen und die eigenen Kosten eines notariellen Kaufvertrages, wenn ihm der Vorkaufsberechtigte dann mit einer einfachen Rechtsausübung die Früchte seiner Arbeit nehmen kann. Diskreten Kaufabwicklungen – in der Grundstücksbranche nicht selten – droht deren Veröffentlichung in der Branche. Das Vorkaufsrecht stellt also aus der Sicht des Mieters kein geeignetes Mittel zur Absicherung des Mietvertrages dar.

(2) Ankaufsrecht

Ein Ankaufsrecht kann auf verschiedene Weise begründet werden, entweder als bindendes Verkaufsangebot nach § 145 BGB, als aufschiebend bedingter Kaufvertrag oder als Optionsvertrag.[3] Es kann zur Sicherung in den Mietsicherungsfällen nur um die Variante gehen, in denen einseitig der Mieter das alleinige Recht der Optionsausübung hat. Es ist sowohl eine schuldrechtliche als auch dingliche Einräumung (§§ 463, 1094 BGB) möglich.[4] Bei der schuldrechtlichen Ankaufsrechtsvereinbarung ist die Eintragung einer Vormerkung möglich.[5] Wenn das Ankaufsrecht derart gestaltet wird, dass der Berechtigte, d.h. der Mieter, entscheiden kann, wann er es ausüben will, kann es aus seiner Sicht eine wirksame Möglichkeit sein, den Standortsicherungseffekt zu erzielen.

Im Fall der Insolvenz und bei Eintragung einer Auflassungsvormerkung im Grundbuch nach § 883 BGB kann der Gläubiger, d.h. der Mieter, nach § 106 InsO von dem Insolvenzverwalter die Befriedigung seines Anspruches verlangen, d.h. der Anspruch wird voll aus der Insolvenzmasse erfüllt.[6] Nach Satz 2 gilt dies auch dann, wenn sich der Anspruch auf einen noch nicht vollständig erfüllten – gegenseitigen – Vertrag gründet und der Vertrag vom Schuldner, d.h. dem Vermieter, noch nicht vollständig erfüllt ist.[7] Damit ein solches Ankaufsrecht die rechtliche Wirkung entfaltet, muss, mit Ausnahme der vom Berechtigten auszuübenden Erklärung, ein kompletter Kaufvertrag, nämlich der Ankaufsvertrag zwischen Vermieter und Mieter, vereinbart werden.

Neben den Gründen, die aus der Sicht des Mieters gegen einen zeitgleichen Abschluss eines Mietvertrages und der Ankaufsvereinbarung sprechen, fehlt es nicht

---

1 Hörndler in: Lindner-Figura/Oprée/Stellmann, Geschäftsraummiete, Kap. 20, Rdn. 99.
2 Rademacher, Vertragsgestaltung im Gewerberaummietrecht, in: MDR 2, 1981/99 (2000) S. 57 (62).
3 Palandt/Weidenkaff, Vorbemerkung vor § 463, Rdn. 14ff.
4 Palandt/Weidenkaff, Vorbemerkung vor § 463, Rdn. 5–7.
5 Palandt/Weidenkaff, a.a.O., Rdn. 6, und BayObLG, in: NJW 78, S. 700.
6 Smid, Insolvenzordnung (InsO). Kommentar, 2. völlig neu bearb. Aufl., Stuttgart u.a., 2001, § 106, Rdn. 1.
7 Marotzke, Gegenseitige Verträge im neuen Insolvenzrecht, 3. völlig neu bearb. Aufl., Neuwied u.a. 2001, Rdn. 319ff., 324.

an der dem Vorkaufsrecht vergleichbaren Situation, nämlich der Bereitschaft des Eigentümers, den Mietgegenstand zu veräußern. Im Gegenteil: Der Verkäufer/Ankaufsverpflichtete begibt sich vollständig jeder eigenen Dispositionsfreiheit. Unabhängig von seiner künftigen Interessenlage hat es der Mieter und Ankaufsberechtigte allein in der Hand, wann er dieses Recht ausübt, der Vermieter statt der regelmäßig wiederkehrenden Mietzahlungen den einmaligen Kaufpreis erhält und der Eigentumsübergang des Mietgegenstandes erfolgt. Diese Situation ähnelt stark der des oben beschriebenen Immobilien-/Finanzierungsleasings. Es sind nur wenige Konstellationen denkbar, in denen die Vertragsparteien aus anderen Gründen als denen des Finanzierungsleasings gleichzeitig die Interessenlage des jederzeitigen Ankaufsrechts zugunsten des Mieters haben. In der Regel muss die Gewährung des Rechtes durch einen (marktunüblich) hohen Kaufpreis „erkauft" werden, und der Käufer favorisiert die für ihn wirtschaftlich günstigere Miete. Lediglich aus dem gleichzeitig von ihm verfolgten Zweck der Standortsicherung legt er zum Zeitpunkt des Mietvertragsabschlusses einen Kaufpreis fest, den er nur dann zu zahlen bereit ist, wenn ihm ansonsten der Standort verloren ginge.

Ein Vermieter und Eigentümer würde für die Laufzeit des Mietvertrages durch ein Ankaufsrecht bewirken, dass er nicht mehr über sein Grundstück anderweitig verfügen kann, obwohl ihm ein Verkauf nicht sicher ist. Im Gegenteil: Auf Grund des strategisch zu hohen Kaufpreises wird ihm der Kaufpreis nur dann zufließen, wenn der Sicherungsfall eintritt, d.h. durch Insolvenz dem Mieter der Standortverlust droht. Tritt dieser Sicherungsfall jedoch nicht ein, wird aus der Sicht des Vermieters die Ausübung des Ankaufsrechts unwahrscheinlich sein. Er wäre also gut beraten, ein Ankaufsrecht nicht allein durch einen hohen im Vorhinein festgelegten Kaufpreis zu rechtfertigen, sondern die Einräumung eines solchen Rechtes regelmäßig mit einem so genannten Bindungsentgelt „bezahlen" zu lassen. Sinnvollerweise wird er sich stattdessen das Recht einräumen lassen, den Mieter zur Ausübung des Ankaufsrechts aufzufordern, und für den Fall, dass es nicht ausgeübt wird, dieses mit der Rechtsfolge des Erlöschens zu verknüpfen. Beide Varianten treffen jedoch nicht das Interesse des Mieters. Die Variante des Bindungsentgeltes verteuert die Miete und schafft im Gegenteil neue Begehrlichkeiten auf Vermieterseite, weil die bislang vereinbarte Miete möglicherweise zu günstig war. Die zweite Variante zwingt den Mieter, entweder auf die Standortsicherung zu verzichten oder den hohen Kaufpreis zu zahlen, obwohl die eigentlich zu sichernde Situation, nämlich die drohende Insolvenz, nicht gegeben ist und eventuell gar nicht eintritt. Wenn also das Ankaufsrecht zwar von der rechtlichen Konstruktion den Mieter seinem Ziel der Standortsicherung nahe bringt, sind es doch die wirtschaftlichen Zwänge, die diesen Lösungsweg in der Praxis verhindern.[1] Sollten sich die Vertragsparteien gleichwohl auf ein Ankaufsrecht verständigen, muss auch in diesem Fall der gesamte Vertrag beurkundet werden, wobei die Kosten üblicherweise vom Käufer zu tragen sind.

---

1 Stiegele, Die Mietsicherungsdienstbarkeit, S. 105, zur praktischen Relevanz vgl. Fußnote 111, a.a.O.

(3) Zwischenergebnis

Das Vorkaufs- und das Ankaufsrecht könnten den Mieter in der Insolvenz zwar gegen den Verlust des Standortes sichern, sie treffen jedoch aus wirtschaftlichen Gründen in der Regel nicht die Interessen der Parteien. Gerade bei Filialunternehmen würde zudem die Beurkundung sämtlicher Mietverträge zu einer außergewöhnlichen wirtschaftlichen Belastung führen.[1] Dies hat dazu geführt, dass in der Praxis weder das Vorkaufs- noch das Ankaufsrecht als Sicherungsinstrument der Gewerberaummietverträge eine Rolle spielen.

bb) Dauernutzungsrecht nach § 31 WEG

Nach § 31 WEG kann ein Dauernutzungsrecht bestellt werden durch eine Grundstücksbelastung mit dem Inhalt, dass der Berechtigte unter Ausschluss des Eigentümers bestimmte Räume, die nicht Wohnzwecken dienen, oder auch das Gebäude insgesamt nutzen darf. Das WEG unterscheidet zwischen dem Dauerwohnrecht für Wohnungen (§ 31 Abs. 1) und dem Dauernutzungsrecht für Räume, die anderen Zwecken dienen (§ 31 Abs. 2). Beide Arten werden gleich behandelt (§ 31 Abs. 3). Mit dem Dauernutzungsrecht sollten Baukostenzuschüsse abgesichert und genossenschaftliche Rechtsgestaltungen ermöglicht werden.[2] Eine Eintragung in das Grundbuch macht das Vorliegen der Abgeschlossenheitsbescheinigung erforderlich. Den Inhalt können die Parteien frei bestimmen, das Recht darf nur nicht unter eine Bedingung gestellt werden. Der Miete ähnlich dient das Dauernutzungsrecht häufig dem „Abwohnen" eines Baukostenzuschusses.[3] Es ist vererblich wie veräußerlich und kann an einem ganzen Gebäude begründet werden[4], selbst dann, wenn dieses noch nicht errichtet ist.[5] Die Parteien werden in der Regel eine Nutzungsentschädigung, die auch indexiert werden kann, und für den Fall des Zahlungsverzuges einen so genannten Heimfall, d. h. die Rückübertragung des Rechts unter bestimmten Gründen, vereinbaren. Gleichwohl handelt es sich nicht um einen Mietvertrag, sondern um einen (Rechts-)Kaufvertrag oder einen kaufähnlichen Vertrag.[6] Die Parteien können auch zeitgleich keinen Mietvertrag abschließen. Das Dauernutzungsrecht gemäß § 31 WEG und eine inhaltsgleiche mietvertragliche Vereinbarung schließen sich aus.[7]

Insbesondere der von Maaß/Oprée unterbreitete Vorschlag aus dem Jahr 1997 hätte dem Dauernutzungsrecht eine größere Verbreitung ermöglichen können. Sie empfehlen die Vorschaltung eines auflösend bedingten Vertrages bis zur Eintra-

---

1 Vgl. Ostermann, Standortsicherung ertragreicher Märkte, in: GuT 2 (2002), 5, S. 99, 101, zu den Kosten für eine Filialkette in den Fällen der Eintragung der Mietsicherungsdienstbarkeiten.
2 Niedenführ/Schulze, WEG. Handbuch und Kommentar zum Wohnungseigentumsgesetz, 6., neu bearb. Aufl., Heidelberg 2002, § 31 Rdn. 3.
3 Niedenführ/Schulze, WEG, § 31 Rdn. 5; Weitnauer/Mansel, Wohnungseigentumsgesetz, 9. Aufl., München 2005, vor § 31, Rdn. 6.
4 BGH, Urteil vom 23. 4. 1958, in: BGHZ 27, S. 158, 161.
5 Niedenführ/Schulze, WEG, § 31, Rdn. 15; Ahrens, Nutzungsrechte, S. 218, Rdn. 256.
6 Pick, Wohnungseigentumsgesetz, 16. Aufl., München 2005, § 31, Rdn. 20.
7 Pick, Wohnungseigentumsgesetz, vor § 31, Rdn. 11.

gung des Dauernutzungsrechtes, gegebenenfalls noch verknüpft mit einem aufschiebend bedingten Mietvertrag, der wirksam werden soll, wenn das Dauernutzungsrecht aus irgendeinem Grund entfallen sollte.[1]

Dies hat den Vorteil eines quasidinglichen Mietvertrages, der sogar für noch zu errichtende Gebäude abgeschlossen werden kann. Damit wären die Mieter mit einem sehr starken Sicherungsbedürfnis ihrem Ziel nach einem verdinglichten Mietvertrag sehr nahe. Gleichwohl hat sich das Dauernutzungsrecht in der heutigen Praxis nicht durchgesetzt. Über die Gründe der entsprechenden Zurückhaltung beim Abschluss von Verträgen gibt es keine Erhebungen.

Im Zusammenhang mit der Abgrenzung der Mietverträge zur Gebrauchsüberlassung wurden bereits die entscheidenden Nachteile der dinglichen Rechte im Verhältnis zu den mietvertraglichen Gestaltungsspielräumen und Rechten insbesondere auf der Vermieterseite dargestellt.[2] So müsste ein Vermieter gegen einen das Nutzungsentgelt schuldigen Vertragspartner zunächst auf Zahlung vorgehen. Das Sonderkündigungsrecht des § 543 BGB stünde ihm nur zu, wenn er es ausdrücklich zum Gegenstand der Bestellung gemacht hätte. Gegen den Abschluss einer entsprechenden Vereinbarung spricht in der Praxis weiterhin das etwaige Rangverhältnis mit sonstigen dinglichen Rechten und Belastungen, insbesondere hätte der Eigentümer Schwierigkeiten in der Beleihung des Grundstücks.[3] Er wird kaum einen Kreditgeber finden, der mit einer Absicherung im Range nach dem Dauernutzungsrecht einverstanden sein wird.[4] Im anderen Fall aber, wenn das Dauernutzungsrecht nachrangig eingetragen ist, erlischt es nach den gesetzlichen Versteigerungsbedingungen, wenn ein gleich- oder vorrangiger Gläubiger die Zwangsversteigerung betreibt.[5] Von der Möglichkeit, mit dem Kreditgeber eine Vereinbarung über die Rechtswahrung auch im Fall der Zwangsversteigerung zu treffen, wurde in der Wiederaufbauzeit nach dem II. Weltkrieg auch Gebrauch gemacht.[6] Um den grundbuchlichen Anforderungen zu entsprechen, muss jede nachträgliche Änderung des Dauernutzungsrechts, die bei baulichen Änderungen erforderlich wird, im Grundbuch eingetragen werden. Da die Verpflichtung zur Erbringung einer Gegenleistung durch den Berechtigten nur mit schuldrechtlicher Wirkung vereinbart werden kann, ist eine Eintragung im Grundbuch unzulässig.[7] Im Falle der Veräußerung geht der Anspruch auf die Gegenleistung nicht kraft Gesetzes auf den Erwerber

---

1 Maaß/Oprée, Die dingliche Sicherung des Mieters, in: ZNotP 1 (1997) S. 8, 11; so auch Lindner-Figura/*Oprée*/Stellmann, Geschäftsraummiete, Kap. 21, Rdn. 28, die allerdings die praktische Relevanz dieser Konstruktion gleich auf die Fälle reduzieren, in denen dies durch die Bonität und Zuverlässigkeit des Dauernutzungsberechtigten gerechtfertigt sei.

2 S. I 1. c) bb) dieser Arbeit

3 Pick, Wohnungseigentumsgesetz, 16. Aufl. München 2005, vor § 31, Rdn. 6.

4 Weitnauer/Mansel, Wohnungseigentumsgesetz, vor § 31, Rdn. 9.

5 Vgl. die Ausführungen des Bundesjustizministeriums vom 10. 11. 1959, abgedruckt in: Weitnauer/Mansel, Wohnungseigentumsgesetz, vor § 31, Rdn. 17 ff.; Ahrens, Dingliche Nutzungsrechte, S. 227, Rdn. 264.

6 Hierauf weisen sowohl Pick, Wohnungseigentumsgesetz, § 31, Rdn. 30, Ahrens, Nutzungsrechte, S. 231, Rdn. 268, als auch Weitnauer/Mansel, Wohnungseigentumsgesetz, vor § 31, Rdn. 17 ff. und 28, hin.

7 Schöner/Stöber, Grundbuchrecht, Bd. 4, 13. Aufl., München 2004, Rdn. 1279.

über, sondern bedarf der rechtsgeschäftlichen Vereinbarung. Dies mögen die wesentlichen Gründe dafür sein, dass sich das Dauernutzungsrecht bis heute in der Praxis auch nicht ansatzweise gegen die Sicherung durch Mietvertrag in Kombination mit der beschränkten persönlichen Dienstbarkeit durchgesetzt hat.[1]

Ferner gibt es auf der Vermieterseite, in einem Teilbereich der Wirtschaft, der häufig mittelständisch und auch konservativ geprägt ist, ein Bemühen an der herkömmlichen Struktur von Vermieter und Mieter festzuhalten, d.h. sich als Eigentümer nicht völlig von der Vermieterposition zu verabschieden. Wenn sich der Eigentümer auf die Hergabe des Grundstücks gegen eine regelmäßige Entgeltgewährung beschränken möchte und nicht das Risiko der Herstellung des Gebäudes einzugehen bereit ist, steht das bewährte Erbbaurecht zur Verfügung. Schließlich haben beide Vertragsbeteiligten kein Interesse daran, die zwischen ihnen festgelegten wirtschaftlichen Mietvertragsbedingungen im Grundbuchamt hinterlegt zu wissen, wo es findigen Wettbewerbern leicht gelingen kann, die Daten zu erhalten.

cc) Baukostenzuschuss

Der Erwerber eines Grundstückes könnte an der Ausübung seines Kündigungsrechts nach § 111 InsO gehindert sein durch die Vereinbarung eines Baukostenzuschusses im Sinne von § 57c ZVG. § 57g ZVG ist nach § 111 Satz 3 InsO entsprechend anwendbar. § 57c Abs. 1 besagt, dass der Erwerber im Sinne des § 111 InsO von dem Kündigungsrecht keinen Gebrauch machen kann, wenn der Mieter entweder Mietvorauszahlungen im Sinne des § 57g Abs. 1 Ziffer. 1 ZVG oder einen verlorenen Baukostenzuschuss im Sinne des § 57g Abs. 1 Ziffer. 2 ZVG geleistet hat. Eine Geldleistung des Mieters an den Vermieter zum Zwecke der Erweiterung, Wiederherstellung und Instandsetzung des Mietobjektes wird als Mietvorauszahlung im Sinne des § 547 BGB bewertet, wenn die Rückzahlung vereinbarungsgemäß gegen einzelne Mietforderungen aufgerechnet werden soll.[2] Nicht um eine Mietvorauszahlung im Sinne des § 547 BGB handelt es sich bei Geldleistungen, bei denen der Vermieter nicht zur vollen oder teilweisen Erstattung verpflichtet ist.[3] Durch Auslegung ist zu ermitteln, ob es sich um eine Mietvorauszahlung oder um einen verlorenen Baukostenzuschuss handelt.[4] Die Mietvorauszahlung ist nach Beendigung des Mietverhältnisses nach Maßgabe des § 547 BGB zu erstatten.[5] § 57g Abs. 2 Satz 2 ZVG begrenzt den Zeitraum, der sich aus der Zahlung des verlorenen Baukostenzuschusses ergeben kann, jedoch auf maximal zwölf Jahre. Die Mietvorauszahlung kennt diese zeitliche Begrenzung nicht; sie kann zusätzlich zu dem Zeitraum nach § 57g Abs. 2 ZVG hinzu gerechnet werden. Nach Auffassung von Stiegele wird sie von Vermietern jedoch vielfach aus wirtschaftlichen Gründen

---

1 Kroll, Das dingliche Wohnungsrecht im Verhältnis zum Mietrecht, (S. 9) führt dies auf seine zeitliche Unbegrenztheit zurück.
2 Bub/Treier, Handbuch der Geschäfts- und Wohnraummiete, V B Rdn. 347.
3 Schmidt-Futterer/*Gather*, Mietrecht, § 547, Rdn. 15.
4 OLG Düsseldorf, NZN 2001, S. 1093.
5 Horst, Praxis des Mietrechts, Rdn. 1767.

abgelehnt. Die Variante des verlorenen Baukostenzuschusses sei wegen ihrer Begrenzung auf zwölf Jahre gleichfalls uninteressant. In der Praxis würden sowohl die eine als auch die andere Variante abgelehnt.[1]

Im Fall der Mietvorauszahlung mag aus der Sicht des Mieters die Absicherungsfrage der im Voraus zu zahlenden Miete im Mittelpunkt seiner Überlegungen stehen. Ohne Bürgschaften oder grundbuchliche Absicherungen, die unter Umständen mit Finanzierungsgrundschulden kollidieren, wird ein umsichtiger Mieter nicht imstande und bereit sein, erhebliche Vorauszahlungen zu leisten. All die Argumente, die bereits gegen den Kauf sprechen, sind an dieser Stelle doppelt gewichtig, da der Mieter dem Vermieter auch bei grundbuchlicher Absicherung quasi ein Darlehen gewährt, ohne jemals Eigentümer zu werden. Die Refinanzierung wird dementsprechend schwierig sein. In ganz seltenen Fällen, wenn ihm die Liquidität die Mietvorauszahlung ermöglicht und der Vermieter aufgrund des hierdurch geleisteten Darlehens keine Bankfinanzierung beanspruchen muss, kommt diese Variante in Frage. Beide Varianten haben den Nachteil, dass sie die Liquidität des Mieters binden.

dd) Beschränkte persönliche Dienstbarkeit/Mietsicherungsdienstbarkeit

Als weitere Möglichkeit zur Absicherung von Gewerberaummietverträgen hat sich in der Praxis die Vereinbarung eines Nutzungsrechts und Eintragung desselben als beschränkte persönliche Dienstbarkeit zugunsten des Mieters eingebürgert.[2] Regelmäßig besteht sie darin, dem Mieter und Dienstleistungsberechtigten das Recht einzuräumen, auf dem mietgegenständlichen Grundstück ein bestimmtes und näher beschriebenes Gewerbe betreiben zu können. Diese Dienstbarkeit soll trotz des Sonderkündigungsrechts nach § 111 InsO (bzw. § 57a ZVG) dem Berechtigten ein Recht zur Nutzung einräumen und damit die Folge der Kündigung verhindern. Die Bedeutung dieser Mietsicherungsdienstbarkeit im Gewerbemietrecht ist in der Praxis groß.[3] Ob sie wirksam die Kündigung nach § 111 InsO verhindern kann, wird im Folgenden untersucht.

ee) Ergebnis Standortsicherung

In der Praxis hat sich in Gewerberaummietverträgen statt anderer Sicherungen die Mietsicherungsdienstbarkeit als Absicherung gegen insolvenzbedingte Kündigungen nach § 111 InsO (und § 57a ZVG) durchgesetzt.

---

1 Stiegele, Die Mietsicherungsdienstbarkeit, S. 106, mit Verweis auf die Fußnoten 119 und 120.
2 Rademacher, Vertragsgestaltung im Gewerberaummietrecht in: MDR 2, 1981/99 (2000), S. 57, 62; Horst, Praxis des Mietrechts, Rdn. 398; Lindner-Figura/*Oprée*/Stellmann, Geschäftsraummiete, Kap. 21, Rdn. 29; Stapenhorst/Voß, Mieterdienstbarkeit als dingliche Absicherung gewerblicher Mietverträge in: NZM 6 (2003), 22, S. 873.
3 Soweit von Stiegele, Die Mietsicherungsdienstbarkeit, S. 77ff., auf eine Notarumfrage abgestellt wird, ist diese jedoch nicht repräsentativ. Wie er selbst einräumt, wird eine Vielzahl der Fälle administrativ und statistisch nicht im Bereich der Mietsicherungsdienstbarkeit durch Notare erfasst, da nur die notarielle Beglaubigung der Unterschrift unter die Bewilligung erforderlich ist.

II. Sonderkündigungsrecht nach § 111 InsO

1. Entwicklung der gesetzlichen Regelung

Die neue Insolvenzordnung trat am 1. Januar 1999 in Kraft, und damit an die Stelle der Konkurs- und Vergleichsordnung. Eines der Ziele bestand in verschiedenen Maßnahmen gegen die Massearmut. Die Verfahrenseröffnung sollte nicht, wie zuvor häufig geschehen, mangels Masse unterbleiben.[1] Daher wurde der neue Eröffnungsgrund der drohenden Zahlungsunfähigkeit (§ 18 InsO) eingeführt. Geblieben ist es bei den Eröffnungsgründen der Zahlungsunfähigkeit (§ 17 InsO) sowie der Überschuldung (§ 19 InsO). Ferner sollte erreicht werden, dass das einmal eröffnete Verfahren nicht wieder eingestellt werden muss und eine möglichst hohe Verteilungsmasse zur Verfügung steht. Mit Inkrafttreten der Insolvenzordnung gibt es noch 3 Varianten nämlich:

1. die aussonderungsberechtigten Gläubiger (§ 47 InsO),
2. die absonderungsberechtigten Gläubiger (§§ 49 ff. InsO) sowie
3. die Insolvenzgläubiger (§ 38 InsO).

Die Insolvenzordnung von 1999 wurde insbesondere durch das Verbraucherinsolvenzverfahren im Jahre 2001 grundlegend geändert.

2. Mieterinsolvenz

Bei der Mieterinsolvenz nach Abschluss des Mietvertrages ist zwischen der Insolvenz vor (§ 109 Abs. 2 InsO) und nach der Übergabe der Mietsache (§ 109 Abs. 1 InsO) zu unterscheiden.

a) Waren dem Schuldner als Mieter die Mieträume noch nicht überlassen, gibt § 109 Abs. 2 Satz 1 InsO sowohl dem Vermieter als auch dem Insolvenzverwalter (für den Schuldner als Mieter) ein Rücktrittsrecht. Die Überlassung der Miet- oder Pachtsache bedeutet die Verschaffung der tatsächlichen Gebrauchsmöglichkeit. Sie ist vollendet, wenn der Schuldner, d.h. der Mieter, das Objekt ohne weiteres Zutun des Vertragspartners nutzen, insbesondere selbständig den Besitz ergreifen kann.[2] Im Fall des Rücktritts müssen schon erbrachte Leistungen wechselseitig herausgegeben werden. Dem Vertragspartner steht bei Rücktritt seitens des Verwalters (für den Mieter als Schuldner) ein Schadensersatzanspruch zu, allerdings nur als Insolvenzgläubiger.[3]

b) Nach der Überlassung kann nur noch der Insolvenzverwalter für den Mieter als Schuldner das Nutzungsverhältnis ohne Rücksicht auf die vereinbarte Vertrags-

---

1 Smid, Praxishandbuch Insolvenzrecht, 5., Auflage, Berlin 2007, § 1, Rdn. 38.

2 Jaeger, Konkursordnung. Großkommentar, §§ 1–42, bearb. v. Henckel, 9. Aufl., Berlin u.a. 1997, § 19 KO, Rdn. 41; Hess, Kommentar zur Konkursordnung, 6. Aufl., Neuwied u.a. 1998, § 21, Rdn. 3; sowie Häsemeyer, Insolvenzrecht, 3. Aufl., 2003, Rdn. 2051.

3 Häsemeyer, Insolvenzrecht, a.a.O.

dauer gesetzlich kündigen (§ 109 Abs. 1 Satz 1 InsO). Der Vermieter kann sich dagegen nach Besitzübergabe an den Mieter auf kein insolvenzbedingtes Sonderkündigungsrecht beziehen. Er ist auf die allgemeinen Kündigungsbestimmungen des BGB verwiesen. Es gelten die Kündigungssperren nach § 112 InsO, die gemäß § 119 InsO unabdingbar sind.[1] Keine nähere Betrachtung soll die Frage nach dem Umfang der Schadensersatzansprüche des Vertragspartners erfahren.[2]

3. Vermieterinsolvenz

a) Entwicklung der gesetzlichen Regelung/Bisherige Regelung (§ 21 Abs. 4 KO)

§ 111 InsO ersetzt den bisherigen § 21 Abs. 4 Konkursordnung in redaktionell vereinfachter Form.[3] Letzterem gemäß wirkte eine von dem Konkursverwalter vorgenommene freiwillige Veräußerung des vom Gemeinschuldner vermieteten oder verpachteten Grundstücks – sofern dieses dem Mieter oder dem Pächter vor der Eröffnung des Verfahrens überlassen war – auf das Miet- oder Pachtverhältnis wie eine Zwangsversteigerung. Diese Vorschrift, die mit ihrem Vorgänger § 17 Nr. 2 KO im Einklang stand, berechtigte denjenigen, der das Miet- oder Pachtgrundstück durch eine rechtsgeschäftliche Verfügung des Konkursverwalters erwarb, das auf ihn übergegangene Miet- oder Pachtverhältnis nach § 571 a.F. BGB zu kündigen.[4] Sein Kündigungsrecht nach §§ 57ff. ZVG entsprach dem Recht, das er hätte, wenn er das Grundstück im Wege der Zwangsversteigerung erworben hätte. Die Vorschrift bezog sich nur auf Grundstücke und Schiffe.[5] § 21 Abs. 4 KO erfasste auch noch Miet- und Pachtverhältnisse über bewegliche Sachen, die heute unter Geltung der Insolvenzordnung den §§ 103 und 105 zugeordnet werden. Damit unterliegen sie dem allgemeinen einseitigen Wahlrecht des Verwalters.[6] Das Sonderkündigungsrecht des Erstehers sollte auch in der Insolvenzordnung beibehalten werden.

§ 21 Abs. 4 KO sah kein Kündigungsrecht des Konkursverwalters (bei Überlassung des Mietgegenstandes vor Eröffnung des Insolvenzverfahrens) vor. Bei dieser Rechtslage hatte der Gesetzgeber die Gefahr erkannt, dass der Konkursverwalter durch fortdauernde Rechte des Mieters beziehungsweise Pächters in der Verwer-

---

1 Horst, Praxis des Mietrechts, Rdn. 2042.
2 Vgl. die Ausführungen von Marotzke, Gegenseitige Verträge im neuen Insolvenzrecht, Rdn. 6.14, die sich nur mit möglichen Schadensersatzansprüchen des Vermieters befassen.
3 Vgl. Tintelnot, in: InsO. Kommentar zur InsO, hrsg. von Kübler/Prütting, Köln 2004 (zitiert: Bearbeiter in Kübler/Prütting) § 111, Rdn. 1; Eckert, in: Münchener Kommentar zur Insolvenzordnung, hrsg. von Hans-Peter Kirchhof, Bd. 2, München 2002 (zitiert: MünchKommInso/*Bearbeiter*) § 111, Rdn. 1; Bundestagsdrucksache 12/2443, S. 71, 147 = RWS Dokumentation 18, S. 302.
4 Marotzke, Gegenseitige Verträge im neuen Insolvenzrecht, Rdn. 6.26.
5 Jaeger/Henckel, Konkursordnung, § 21 Rdn. 23.
6 Tintelnot, Gegenseitige Verträge im neuen Insolvenzverfahren, in: ZIP 8 (1995), S. 616–623, hier S. 616, 620.

tung des Mietgegenstandes behindert werden könne.[1] Die Rechtslage unter der geltenden Konkursordnung ließ Schadensersatzansprüche des gekündigten Mieters oder Pächters für den Fall der Kündigung zu.[2] Umstritten war jedoch deren Umfang und deren Begründung.[3] Wenn es an dem Tatbestandsmerkmal des „Überlassens" gemäß § 21 Abs. 1 KO jedoch fehlte, blieb es vollends beim Grundsatz des § 3 Abs. 1 KO, wonach alle zurzeit der Konkurseröffnung begründeten Vermögensansprüche gegen den Gemeinschuldner Konkursforderungen seien. Allerdings war der Konkursverwalter nach § 17 KO bei Miet- oder Pachtverträgen berechtigt, die Erfüllung des Vertrages zu verlangen und dadurch alle auf den betreffenden Vertrag beruhenden Gegenforderungen zu Masseschulden werden zu lassen.[4]

b) Fortbestehen noch nicht in Vollzug gesetzter Mietverhältnisse, § 108 InsO

Gemäß § 108 InsO bestehen Miet- und Pachtverhältnisse über unbewegliche Gegenstände mit Wirkung für die Insolvenzmasse fort.[5] Nach § 108 Abs. 1 InsO wird das Nutzungsverhältnis zu den bisherigen vertraglichen Bedingungen fortgesetzt (und beendet), d. h. im Fall der Insolvenz des Schuldners als Vermieter besteht kein insolvenzbedingtes Kündigungsrecht.[6] Eine ausdrückliche gesetzliche Regelung lässt sich in der InsO zwar nicht finden. §108 InsO geht jedoch vom Fortbestand der Verträge aus.[7] Eine Anwendung des § 103 InsO auf die in § 108 InsO bezeichneten Rechtsverhältnisse scheidet nach herrschender Meinung in den Fällen aus, in denen der Mietgegenstand bereits an den Mieter übergeben wurde.[8]

Umstritten sind jedoch die Fälle der noch nicht in Vollzug gesetzten Nutzungsverhältnisse. Es handelt sich hierbei um die Mietgegenstände, deren Herstellung noch nicht begonnen oder zwar begonnen, aber noch nicht beendet wurde, und schließlich diejenigen, die schon fertig gestellt, aber noch nicht übergeben wurden.

---

1 Marotzke, Gegenseitige Verträge in Konkurs und Vergleich, München 1985, S. 238.

2 Marotzke, Gegenseitige Verträge in Konkurs und Vergleich, 1985, S. 240 mit weiteren Nachweisen.

3 Vgl. Marotzke, Gegenseitige Verträge im neuen Insolvenzrecht, Rdn. 6.27, und die dortigen Nachweise, Fußnote 83.

4 Der Überlassung kam in der seinerzeitigen Rechtslage des § 21 KO eine große Bedeutung zu. Vereinzelt wurde in diesen Fällen auch von der „Verdinglichung" des Miet- oder Pachtverhältnisses gesprochen. Vgl. hierzu Marotzke, Gegenseitige Verträge in Konkurs und Vergleich, S. 245.

5 Wobei sich die in der Überschrift von § 108 InsO erwähnten Dauerschuldverhältnisse nicht mit den Dauerschuldverhältnissen des § 55 Abs. 2 Satz 2 InsO decken; Tintelnot, Die gegenseitigen Verträge im neuen Insolvenzverfahren, in: ZIP 8 (1995), S. 616, 620.

6 Pape/Uhlenbruck, Insolvenzrecht (Schriftenreihe der Neuen Juristischen Wochenschrift, 67), 2. Aufl., München 2006, Rdn. 661.

7 Marotzke in: Heidelberger Kommentar zur Insolvenzordnung, hrsg. von Eickmann u.a., 3. Aufl., Heidelberg 2003, § 108, Rdn. 1.

8 Pape/Uhlenbruck, Insolvenzrecht, Rdn. 657; Wegener in: Frankfurter Kommentar zur Insolvenzordnung, hrsg. von Wimmer, 4. Aufl., Neuwied 2006, § 103, Rdn. 14; Tintelnot in: Kübler/Prütting, InsO, § 108, Rdn. 19, 20; Haarmeyer/Wutzke, Handbuch der Insolvenzordnung. InsO/EGInsO, 3. Aufl., München 2001, Rdn. 205.

aa) Keine Anwendung von § 103 InsO (herrschende Meinung)

Nach Wegener und Pape ist angesichts der umfassenden Regelungen in den §§ 109, 110 InsO deutlich, dass der Gesetzgeber Mietverträge über Immobilien abschließend in den §§ 108 ff. InsO regeln wollte und daher für eine Anwendung des § 103 InsO kein Raum ist.[1] § 108 InsO soll auch gelten, wenn dem Vertragspartner (Mieter) des Insolvenzschuldners (Vermieter) der Mietgegenstand noch nicht übergeben wurde.[2]

Auch Eckert hält bei einem noch nicht vollzogenen Mietverhältnis § 103 InsO für nicht anwendbar.[3] Wenn der Mietvertrag vor der Verfahrenseröffnung abgeschlossen wurde, sei auch der Gebrauchsgewährungsanspruch vor diesem Termin entstanden. Die Masse sei zur Gebrauchsgewährung und zur Überlassung, d.h. im Ergebnis auch der Beauftragung von Werkverträgen verpflichtet, deren Erfüllung der Verwalter wiederum nach § 103 InsO (eigentlich) ablehnen könne.

Der Mieter könnte hiernach den Schadensersatzanspruch als Massegläubiger und nicht nur als Insolvenzgläubiger geltend machen, weil der Vermieter uneingeschränkt zur Leistung, d.h. der Gebrauchsgewährung, verpflichtet sei und die Masse diese Unmöglichkeit in jedem Fall zu vertreten habe.

Faktisch führt diese Auffassung zu einer Ablehnung der Erfüllung und einem Schadensersatzanspruch gegen die Insolvenzmasse.

bb) Anwendbarkeit von § 103 InsO (Mindermeinung)

Der vorstehend dargestellte Bestandsschutz wird als überzogen empfunden, insbesondere im Vergleich zur früheren Rechtslage des § 21 Abs. 1 KO.[4] § 21 Abs. 1 KO bestimmte, dass der Mietvertrag auch der Konkursmasse gegenüber wirksam bleibe, wenn der Mietgegenstand dem Mieter zum Zeitpunkt der Verfahrenseröffnung bereits überlassen worden sei. Mit der KO wurde dem Verwalter ein Wahlrecht eingeräumt, wenn der Mietgegenstand noch nicht übergeben war.[5] Eine Unterscheidung zwischen unbeweglichen Gegenständen oder Räumen einerseits und sonstigen Gegenständen andererseits gab es in Bezug auf Mietverträge während der Geltungsdauer des § 21 Abs. 1 KO, d.h. von 1879 bis zum 31. 12. 1998, nicht. Da sich die KO zunehmend als ungeeignet erwiesen hatte, einem der Hauptübel

---

1 Wegener in: Frankfurter Kommentar zur Insolvenzordnung; § 103, Rdn. 14; Pape/Uhlenbruck, Insolvenzrecht, Rdn. 661.

2 Krull, Zur Abwicklung schwebender Vertragsverhältnisse im künftigen Insolvenzverfahren, in: ZinsO 7 (1998), S. 291–297, hier S. 291, 295; Haarmeyer/Wutzke, Handbuch der Insolvenzordnung. InsO/EGInsO, 3. Aufl., München 2001, Rdn. 205; Pape/Uhlenbruck, Insolvenzrecht, a.a.O.; Wegener, Frankfurter Kommentar; Marotzke, Heidelberger Kommentar zur Insolvenzordnung, § 108, Rdn. 2.

3 Eckert,, Miete, Pacht und Leasing im neuen Insolvenzrecht, in: ZIP 17 (1996), S. 897–909, hier S. 897, 906; ders., Reißbrett, S. 789, 798; Hörndler in: Lindner-Figura/Oprée/Stellmann, Geschäftsraummiete, Kap. 20, Rdn. 72, 73.

4 Häsemeyer, Insolvenzrecht, 3. Aufl., 2003, Rdn. 20. 52.

5 Wegener in: Frankfurter Kommentar zur Insolvenzordnung, § 103, Rdn. 14; Häsemeyer, Insolvenzrecht, Köln u.a. 1992, S. 422.

der Insolvenzpraxis, nämlich der Auszehrung der Masse durch Mobiliarsicherheiten, etwas entgegenzusetzen, wurde in Abkehr zur früheren Praxis des § 21 Abs. 1 KO das Wahlrecht des Verwalters um die (gegenseitigen) Verträge, die sich nicht auf unbewegliche Gegenstände oder Räume beziehen, erheblich erweitert.[1] Ziel der Insolvenzordnung sei, eine Anreicherung der Insolvenzmasse zu erreichen und die entreichernden Vorgänge zu reduzieren. Dem diene das Wahlrecht des § 103.[2]

Smid und Tintelnot unterwerfen die Vermietungen (unbeweglicher) Gegenstände, die bis zur Eröffnung des Insolvenzverfahrens noch nicht dem Mieter überlassen sind, dem §103 InsO.[3] Tintelnot verweist in seiner Argumentation auf die fehlende Begründung zu § 108 und die ausdrückliche zu § 110 InsO.[4] Das Fehlen einer § 109 Abs. 2 InsO (Mieterinsolvenz) entsprechenden Regelung für die Vermieterinsolvenz stelle eine planwidrige Lücke dar.

Besonders gravierend werden die Probleme bei der Vermietung unfertiger Gebäude (Reißbrettfälle), auf die im folgenden noch einzugehen sein wird. Der Insolvenzverwalter, der zur Erfüllung dieser Verträge verpflichtet wäre, müsste die Baufirmen und die Planer beauftragen und zu Lasten der Masse den Mietgegenstand mit allen Risiken eines Bauherren errichten. Folgt man den Überlegungen nicht , diese Fälle aus dem Anwendungsbereich des § 108 InsO auszunehmen und sie nach § 103 zu beurteilen, hätte die Masse die Nichtgewährung des Mietgegenstandes zu vertreten und müsste Schadensersatz leisten.[5] Dies könnte sich auf die Mehrkosten einer Ersatzanmietung und sonstige Aufwendungen richten.[6]

Wegener und Pape halten gleichwohl die Anwendung von §103 InsO für noch nicht vollzogene Verträge für ausgeschlossen.[7] Pape sieht aber dennoch bei der Erbringung der Vermieterleistung eine Möglichkeit, sich den Pflichten zu entziehen, und zwar durch eine Freigabe des Gegenstandes an den Schuldner, „wenn der Gegenstand die Masse nur belastet".[8] Bei der Frage nach dem Umfang eines mögli-

---

1 BT-Drucks. 12/2443, § 122; Zahn, Der Leasingvertrag über Mobilien in der Insolvenz des Leasinggebers nach der Novellierung der InsO, in: DB 1996, S. 1393–1397, hier S. 1996, S. 1393, 1394.

2 Fehl, Leasing in der Insolvenz, in: DZWiR 9 (1999), S. 89–94, hier S. 89, 92.

3 Smid, Praxishandbuch Insolvenzrecht, § 18, Rdn. 9; Tintelnot, in: Kübler/Prütting, InsO, a. a. O., § 108 Rdn. 20 (ders. hatte noch in: Die gegenseitigen Verträge im neuen Insolvenzverfahren, ZIP 8 (1995), S. 616, 621, eine andere Auffassung vertreten); Reismann, Die Insolvenz des Vermieters, in: WM 54 (2001), S. 267–270, hier S. 267, 269.

4 Begründung RegE. BT-Drucks. 12/2443, S. 147; insoweit zustimmend Fehl, Leasing in der Insolvenz, DZWiR 9 (1999), S. 89, 91.

5 So wohl im Ergebnis Eckert in: MünchKommInsO § 108, Rdn. 66; ders., Sonderprobleme der Vermietung vom Reißbrett, ZinsO 9 (2005) 22, S. 789,798.

6 Vgl.: MünchKomInsO/Eckert § 111, Rdn. 28 ff., zur Situation des § 111.

7 Wegener in: Frankfurter Kommentar zur Insolvenzordnung, § 103, Rdn. 14; Pape/Uhlenbruck, Insolvenzrecht, Rdn. 661; vgl. auch Fehl, Leasing in der Insolvenz DZWiR 9 (1999), S. 89, 91; Haarmeyer, Handbuch der Insolvenzordnung, Rdn. 211.

8 In: Kölner Schrift zur Insolvenzordnung, 2. Aufl., Herne/Berlin 2000, Arbeitskreis für Insolvenz- und Schiedsgerichtswesen e. V. (Hrsg.), Rdn. 88, zitiert: Kölner Schrift; vorsichtig: Braun, Insolvenzordnung (InsO). Kommentar, 2. Aufl., München 2004, § 108, Rdn. 27; Uhlenbruck, (Hrsg.), Insolvenzordnung. Kommentar, 12. Aufl., München 2003, § 108, Rdn. 26; Häsemeyer, Insolvenzrecht, 2003 Rdn. 20. 53; gegen eine Freigabe: Wegener in: Frankfurter Kommentar, § 108, Rdn. 26.

chen Schadensersatzanspruches kommen die Vertreter dieser Auffassung jedoch zu einer bloßen Insolvenzforderung.

cc) Eigene Auffassung und Ergebnis

(1) Reißbrettfälle als Sondervertragstyp

Es ist fraglich, ob dem Insolvenzverwalter, der mit einem Mietvertrag über ein noch nicht errichtetes Gebäude konfrontiert ist, (nur) die typischen Pflichten eines Vermieters obliegen. Gemäß § 535 BGB bestehen dessen Hauptleistungspflichten in der Gebrauchsgewährung des Mietgegenstandes sowie in dessen Überlassung und Erhaltung in einem zum vertragsgemäßen Gebrauch geeigneten Zustand. Der Vermieter eines noch nicht errichteten Gebäudes ist zunächst mit den typischen Aufgaben eines Bauträgers befasst. Er soll entsprechend den Planungen, an denen der Mieter in großem Maß beteiligt sein kann, und unter Verwendung von dessen Funktionsbeschreibung, ggf. sogar von dessen Baubeschreibung, erst das Gebäude errichten. Oftmals hat er zu diesem Zeitpunkt noch nicht das hierfür erforderliche Grundstück erworben. Wenn seine mietvertraglichen Verpflichtungen neben der Errichtung auch noch die teils beschwerliche und langwierige Beschaffung der Baugenehmigung voraussetzen und er den Verkauf des Mietgegenstandes nach dessen Fertigstellung plant, betätigt sich der Vermieter vielmehr als Bauträger. In diesem Fall könnte es gerechtfertigt sein, von einem Sondervertragstypus zu sprechen.[1]

Der beschriebene Vermieter muss neben dem Mietvertrag eine Vielzahl von Verträgen (i. d. R. Werkverträge) schließen. Neben Aufträgen an Architekten und Fachingenieure gehören hierzu Bauaufträge und auch Kreditverträge für die Zwischen- und Endfinanzierung. Wenn er die frühzeitige Veräußerung beabsichtigt, greifen die Vorschriften der MaBV. Auf der Grundlage der Gewerbeordnung (§ 34c) entstanden, enthält sie für die Bauträger zahlreiche öffentlichrechtliche Verpflichtungen zum Schutz des Auftraggebers (Sicherheitsleistungen, Zweckbindung des anvertrauten Vermögens etc.). Dieser soll vor dem Risiko der frühzeitigen Bezahlung, und damit des Geldverlustes geschützt werden. Der Bauträger muss unter Beachtung der schützenden Vorschriften die Finanzierung des Mietgegenstandes ermöglichen und das Baurisiko einschließlich eines möglichen Veräußerungsrisikos tragen.

Nach dem Parteiwillen steht neben der Hauptleistungspflicht der Mietgebrauchsgewährung die Errichtung des Mietgegenstandes im Mittelpunkt des Vertrages und gibt diesem auch sein Gepräge.[2] Fraglich ist, ob ein solcher typengemischter Vertrag, der aus Elementen eines Miet- und Bauträgervertrages besteht, überhaupt der Anwendung des § 108 Abs. 1 InsO unterliegt. Da dessen Wortlaut lediglich auf Miet- und Pachtverhältnisse abstellt und wie erläutert die Errichtung des Mietgegenstandes keine typische Hauptpflicht des Vermieters darstellt, ist mittels Ausle-

---

1 Fehl, Finanzierungsleasing und Bauherrenmodell, Heidelberg 1986, S. 115.
2 Uhlenbruck, Insolvenzordnung, § 108, Rdn. 9.

gung zu ermitteln, ob diese Vertragstypen (auch) unter die Anwendung des § 108 Abs. 1 fallen.

Ausgangspunkt der Auslegung ist die Wortbedeutung beziehungsweise der Wortsinn.[1] Der Begriff Mietvertrag lässt nicht eindeutig darauf schließen, dass der Vermieter den Mietgegenstand (erst) zu errichten verpflichtet ist; beides ist möglich. Im Zuge einer systematischen Auslegung ist sodann die Frage nach dem Bedeutungszusammenhang, dem so genannten Kontext, zu beantworten.[2] § 108 trägt die Überschrift „Fortbestehen von Dauerschuldverhältnissen". Weder hieraus noch aus den benachbarten Vorschriften der §§ 103ff. ist zu entnehmen, dass mit § 108 Abs. 1 etwas anderes als der herkömmliche Mietvertrag gemeint sein könnte. Umgekehrt lässt sich dies aber ebenfalls nicht ausschließen. Nach der historisch-teleologischen Auslegung ist diejenige vorzuziehen, die der Regelungsabsicht des Gesetzgebers und dem Zweck der Norm am ehesten gerecht wird.[3] Diese lässt sich aus der historischen Situation der Entstehung des Gesetzes, aus dessen Anlass, der amtlichen Begründung sowie aus dem Inhalt der Regelung ermitteln. Es könnte sein, dass dem Gesetzgeber die Problematik der noch nicht überlassenen Mietgegenstände nicht bewusst war. § 21 Abs. 4 KO enthielt noch das Merkmal des Überlassens. Obwohl der Gesetzgeber meinte, „der wesentliche Inhalt des § 21 Abs. 4 KO werde in redaktionell vereinfachter Form übernommen"[4], entfiel der Begriff des Überlassens. Der gesetzgeberisch gewollte Schutzzweck auf Mieterseite konnte in dem ausgeübten Mietverhältnis gesehen werden. Mit der Anwendung des § 108 Abs. 1 werden Grundsätze des Vertragsrechts zum Schutz des Mieters (§ 571 a.F. BGB, § 566 n.F. BGB) auf das Insolvenzrecht übertragen.[5] Ein zu weitgehender Schutz des Mieters zu Lasten der Verwertung der Immobilie wird durch die Anwendung des § 111 InsO und die hiernach mögliche Sonderkündigung seitens des Erwerbers verhindert. Das ausgeübte Mietverhältnis setzt natürlich den existierenden und übergebenen Mietgegenstand voraus. Mit guten Gründen lässt es sich daher rechtfertigen, in den Fällen der noch nicht errichteten Mietgegenstände § 108 Abs. 1 nicht anzuwenden, wenn die Errichtung nach dem Parteiwillen eine echte Hauptpflicht darstellen sollte.

Für ein unbewusstes Nichtbeachten der noch nicht überlassenen Mietgegenstände könnte die Entstehungsgeschichte des § 108 Abs. 1 S. 2 InsO sprechen. Mit der spät hinzugefügten Vorschrift durchbrach der Gesetzgeber die bis dahin gegebene Trennung zwischen unbeweglichen Gegenständen (Legaldefinition § 49) einerseits und beweglichen Gegenständen andererseits. § 108 InsO hatte bis zu der Einfügung des § 108 Abs. 1 S. 2 InsO ausschließlich für Miet- und Pachtverhältnisse über unbewegliche Gegenstände gegolten.

---

1 BGH 30.6. 1966, in: BGHZ 46, S. 76; Canaris in: Larenz, Methodenlehre der Rechtswissenschaft, 3. Aufl., Berlin 1995, S. 163.
2 Palandt-Heinrichs, Einleitung., Rdn. 42.
3 Larenz, Methodenlehre, a.a.O.
4 BT-Drucks. 12/2443, S. 147.
5 Häsemeyer, Insolvenzrecht, 2003, Rdn. 20, 52.

II. Sonderkündigungsrecht nach § 111 InsO

Nach der bereits 1994 durch den Gesetzgeber verabschiedeten Reform des Insolvenzrechts sollten hingegen alle Nutzungsverhältnisse über bewegliche Gegenstände dem Wahlrecht des Verwalters nach § 103 InsO unterliegen. Dies hätte, sofern sich der Verwalter für die Erfüllung entschieden hätte, zur Folge gehabt, dass die untergegangenen Erfüllungsansprüche als neue Ansprüche des Verwalters ex tunc entstanden wären.[1] Dies traf die Leasingverträge über bewegliche Gegenstände. Ein Leasingnehmer hätte trotz Sicherheitsabtretung an die Bank nur an den Verwalter zahlen dürfen.[2] Die Refinanzierung der Leasinggeber wäre erheblich erschwert, zumindest nicht bankenverbundene mittelständische Unternehmen und Leasingunternehmen wären nicht mehr zu Geschäften in der Lage gewesen. Der gesamte Leasingbereich hätte großen Schaden genommen.[3] Durch die Einfügung des § 108 Abs. 1 Satz 2 InsO noch vor Inkrafttreten der Insolvenzordnung sollten Leasingverträge, die ansonsten unter den § 103 InsO fielen, dem Wahlrecht des Insolvenzverwalters entzogen werden. Zur Sicherheit der Kreditinstitute, die Leasingverträge des Schuldners finanzieren, und um das gesamte Modell des Leasings nicht in Frage zu stellen, wurde dem Insolvenzverwalter das ursprünglich zugedachte Wahlrecht wieder genommen.[4] Die strenge Trennung zwischen Dauerschuldverhältnissen über Immobilien einerseits und Mobilien andererseits wurde zugunsten der refinanzierenden Banken wieder rückgängig gemacht. Mit Inkrafttreten des § 108 Abs. 1 Satz 2 InsO ist nunmehr eine insolvenzfeste Abtretung der Leasingraten an die Bank möglich und üblich.[5] Es wird angenommen, dass der Gesetzgeber an die spezifischen Probleme der Leasingverträge nicht gedacht hatte und deswegen zur Einfügung des § 108 Abs. 1 Satz 2 InsO bereit war.[6]

Genauso darf angenommen werden, dass dem Gesetzgeber die kritischen Fälle der noch nicht übergebenen Mietgegenstände ebenfalls nicht bewusst waren. In der Begründung zu § 122 des Regierungsentwurfs heißt es[7], dass die Lösung im Grundsatz dem (zuvor) geltenden Recht entspreche.[8] § 122 RegE wurde sodann unverändert als § 108 in die InsO übernommen.[9] § 21 Abs. 1 KO stellte aber ausdrücklich auf das Überlassen ab. Man sprach seinerzeit von der fehlenden „Verdinglichung"

---

1 Seinerzeit galt noch die Erlöschenstheorie des BGH. Vgl. hierzu: Krull, Zur Abwicklung schwebender Vertragsverhältnisse im künftigen Insolvenzverfahren, in: ZInsO 7 (1998), S. 291–297, hier 291; Braun, Insolvenzordnung, §103, Rdn. 5 ff. und Seite 36 dieser Arbeit.

2 Schwemer, Leasing in der Insolvenz, in: ZMR 2000, S. 348–357, hier S. 348, 352.

3 Schwemer, Leasing in der Insolvenz, S. 352, 353; Zahn, Der Leasingvertrag über Mobilien in der Insolvenz des Leasinggebers nach der Novellierung der InsO, in DB 1996, S. 1393; Peters, Refinanzierung beim Mobilienleasing und Insolvenz des Leasinggebers, in: ZIP 40 (2000), S. 1759–1769, hier S. 1761, 1762.

4 Smid, InsO, 2. Aufl., Stuttgart u.a., 2001, § 108, Rdn. 2; Pape/Uhlenbruck, Insolvenzrecht, Rdn. 658.

5 Peters, Refinanzierung beim Mobilienleasing und Insolvenz des Leasinggebers in: ZIP 40 (2000) S. 1759–1769, hier 1769.

6 Zahn, Der Leasingvertrag über Mobilien in der Insolvenz des Leasinggebers nach der Novellierung der InsO in: DB 1996, S. 1393 (1394); Fehl, Leasing in der Insolvenz DZWiR 9 (1999), S. 89, 91.

7 BR-Drucks. 1/92, S. 146 f.

8 Vgl. die §§ 19 bis 22 KO, § 51 VerglO, § 9 Abs. 2, 3 Satz 1 GesO.

9 Uhlenbruck, Das neue Insolvenzrecht. Text und Dokumentationsband, Herne/Berlin 1994.

des Miet- oder Pachtverhältnisses.[1] Eine Auseinandersetzung mit den vorstehend geschilderten Konflikten fand nicht statt. Im Gegenteil: Durch die nur oberflächliche Begründung, der neue Paragraph entspreche „im Grundsatz dem geltenden Recht“, wird dokumentiert, dass der Gesetzgeber wohl auch für die Zukunft davon ausgehen wollte, dass der Mietgegenstand überlassen sein müsse, um insolvenzfest zu sein.

Eine Auslegung dahingehend, § 108 Abs. 1 InsO gegen die hiernach ermittelte Absicht des Gesetzgebers anzuwenden, lässt sich nicht rechtfertigen. Mit den Auslegungsmethoden sind die Reißbrettfälle nicht zu lösen. Eher ließe sich im Wege einer teleologischen Reduktion § 108 Abs. 1 InsO um die Einschränkung derart ergänzen, dass der Miet- oder Pachtgegenstand dem Mieter auch überlassen sein muss.[2] Zu untersuchen ist ferner, ob nicht im Wege der Analogie ein eventuell bestehender Lückenschluss vorgenommen werden kann. Es könnte sich um eine so genannte Regelungslücke handeln.[3] Diese liegt dann vor, wenn eine Frage, die nach der zugrunde liegenden Regelungsabsicht des Gesetzgebers eigentlich eine Regelung erfordert, nicht beantwortet wird.[4] Für eine analoge Anwendung käme neben § 108 Abs. 1 InsO auch § 103 InsO in Frage.

Zumindest für die erste Fallgruppe, die so genannten Reißbrettfälle, lässt sich eine gesetzlich ungeregelte Durchbrechung rechtfertigen. Danach sind diese Fälle im Wege der teleologischen Reduktion dem § 108 Abs. 1 InsO entzogen und fallen unter die (analoge) Anwendung des § 103 InsO: Wäre dem Gesetzgeber bewusst gewesen, dass der § 108 Abs. 1 InsO bei „Reißbrettfällen“ die Insolvenzverwalter entweder zwingen würde, sich als Investor oder Bauherr zu betätigen, oder Schadensersatzansprüche gegen die Insolvenzmasse zu riskieren, ist anzunehmen, dass eine Klarstellung im Sinne des Wahlrechtes (d.h. des § 103 InsO) erfolgt wäre. Tintelnot spricht bei der „angeordneten Insolvenzfestigkeit“ von einem Versehen des Gesetzgebers.[5]

Für die analoge Anwendung des § 103 InsO spricht auch die Begründung zu § 110 InsO, der die Wirksamkeit von Vorausverfügungen über den Mietzins betrifft. In der Begründung des Regierungsentwurfes wird dessen Geltung für zum Zeitpunkt der Verfahrenseröffnung noch nicht überlassene Mietsachen betont.[6] Zu § 108 fehlt ein solcher Hinweis. Dies lässt den Schluss zu, dass keine Abweichung von der früheren Regelung beabsichtigt war und die Vermietung noch nicht existierender Gebäude vor Überlassung dem Wahlrecht nach § 103 unterliegen sollte. Zu diesem Ergebnis gelangt auch Marotzke[7], der zwischen existierenden und noch nicht vorhandenen Mietsachen unterscheidet. Auch Berscheid/Uhlenbruck kom-

1 Vgl. Marotzke, Gegenseitige Verträge in Konkurs und Vergleich, S. 245.
2 Larenz, Methodenlehre der Rechtswissenschaft, S. 210.
3 Palandt/Heinrichs, Einleitung, Rdn. 54ff.
4 Canaris in: Larenz, Methodenlehre der Rechtswissenschaft, S. 193.
5 Tintelnot, in: Kübler/Prütting, InsO, § 108, Rdn. 19.
6 Begründung: BR-Drucks. 1/92, S. 301, 302.
7 Heidelberger Kommentar zur Insolvenzordnung, § 108, Rdn. 16.

men zu diesem Schluss.[1] Sie gehen gleichfalls von einem Versehen des Gesetzgebers aus und führen die Überlegung ins Feld, dass weder die Errichtung des Gebäudes noch der Umbau zu den Hauptpflichten des Vermieters gehören. Schließlich stünde dem Verwalter das Wahlrecht des § 103 InsO auch gegenüber den Handwerkern zu, und dann sei es folgerichtig, ihm das Wahlrecht gegenüber dem Mieter einzuräumen. Die unterschiedlichen Rechtsfolgen, die sich hiernach für die Mietverhältnisse ergeben, sollen nachfolgend verdeutlicht werden.

Unstrittig hat der Verwalter die bereits in Kraft (Vollzug) gesetzten Mietverhältnisse über gewerbliche Mieträume zu erfüllen (§ 108 Abs. 1 InsO). Die „Reißbrettverträge", die zunächst die Errichtung des Mietgegenstandes erforderlich machen, gewähren dem Verwalter nach hier vertretener Auffassung in analoger Anwendung des § 103 InsO das Wahlrecht, sich vom Mietvertrag zu lösen. Voraussetzung dafür ist die Verfahrenseröffnung. Bei der Ausübung ist der Verwalter nur den Interessen der Insolvenzgläubiger verpflichtet, auf diejenigen des Mieters hat er keine Rücksicht zu nehmen.[2]

Nach der früher vom BGH vertretenen Erlöschenstheorie gehen die Hauptleistungspflichten mit der Verfahreneröffnung automatisch unter.[3] Nach der Entscheidung des BGH vom 25. 4. 2002[4] führen indes weder die Verfahrenseröffnung noch die Erfüllungsablehnung des Insolvenzverwalters zu einer Umgestaltung des nicht erfüllten gegenseitigen Vertrages. Eine solche tritt nur mit der geltend gemachten Forderung des Vertragspartners wegen Nichterfüllung ein, und zwar wenn feststeht, dass der Verwalter nicht erfüllt.[5] Die Gegenmeinung stellt auf die rechtsgestaltende Wirkung der Erklärung des Insolvenzverwalters ab.[6] Der Vertrag erlösche nicht mit der Eröffnung des Insolvenzverfahrens, es ändere sich aber die Beziehung zwischen Leistung und Gegenleistung. Der Verwalter habe ein echtes Wahlrecht und der Erfüllungsanspruch des Vertragspartners entfalle erst mit der Ablehnung durch den Verwalter.

Nach beiden Auffassungen würde der Verwalter bei Anwendung des § 103 InsO auf die Fälle der noch nicht errichteten Mietgegenstände mit der Ablehnung der Erfüllung den anderen Teil, d.h. den Mieter, auf die Geltendmachung von Ansprüchen als Insolvenzgläubiger verweisen. Der Verwalter ist bei dem ausgeübten Wahlrecht nach § 103 InsO nicht an bestimmte Fristen gebunden, er soll vielmehr seine einseitige empfangsbedürftige Willenserklärung unwiderruflich und frei von Bedingungen abgeben. Sich für Erfüllung oder Ablehnung zu entscheiden ist allein da-

---

1 Uhlenbruck, Insolvenzordnung, § 108, Rdn. 28.

2 Pape/Uhlenbruck, Insolvenzrecht, Rdn. 642 mit weiteren Nachweisen.

3 BGH, 14. 12. 1983, in: BGHZ 89, S. 189; 11. 2. 1988; in: BGHZ 103, S. 250; 21. 11. 1991, in: BGHZ 116, S. 156, 158; 27. 2. 1997, in: ZIP 1997, S. 688, 689; 11. 1. 1997, in: ZIP 1997, S. 1072, 1075.

4 ZIP 2002, S. 1093 ff.

5 Braun, Insolvenzordnung, § 103, Rdn. 10.

6 Marotzke, Gegenseitige Verträge im neuen Insolvenzrecht, Rdn. 3.42 ff. mit weiteren Nachweisen; Wegener in: Frankfurter Kommentar, § 103, Rdn. 3.

von abhängig, ob sie günstig für die Masse ist.[1] In dem wohl seltenen Fall, dass der Verwalter die Erfüllung wählt und den Mietgegenstand errichtet, würden nach dem BGH die Rechte und Pflichten aus dem Vertrag die Rechtsqualität von originären Masseverbindlichkeiten und -forderungen erhalten.[2] Sollte der Verwalter von seinem Wahlrecht keinen Gebrauch machen, obliegt es dem Mieter, für Klarheit zu sorgen. Gemäß § 103 Abs. 2 Satz 2 InsO kann er den Verwalter zur Ausübung des Wahlrechtes zwingen. Dieser hat sodann unverzüglich zu erklären, ob er die Erfüllung verlangen will; falls er dies unterlässt, kann er anschließend nicht mehr auf Erfüllung bestehen (§ 103 Abs. 2 Satz 3 InsO).

Geklärt sind somit die Reißbrettfälle. Da nach § 108 Abs. 1 InsO die Errichtung keine Hauptleistungspflicht darstellt, ist dieser nicht anwendbar. Vielmehr müssen die Reißbrettfälle in analoger Anwendung des § 103 InsO gelöst werden.

(2) Noch nicht fertig gestellte Mietgegenstände

Ungeklärt sind die Fälle, in denen der Mietgegenstand noch nicht fertig gestellt ist. Auch hier wird man den Verwalter nicht zwingen können, die Aufgaben und Risiken des Bauträgers zu übernehmen. Bei Anwendung des § 108 Abs. 1 InsO würde die Masse sich dem Schadensersatzanspruch des Mieters ausgesetzt sehen. In der Regel wird dieser den Vertragsabschluss zur Grundlage seiner weiteren Disposition machen. Als Mieter von Geschäftsräumen wird er Ware bestellen und Mitarbeiter einstellen. Als Mieter eines Büro- oder Logistikgebäudes wird er möglicherweise seinen bisherigen Standort aufgeben wollen und hat den zugrunde liegenden Mietvertrag bereits gekündigt. Diese Situationen ähneln sehr stark dem vollzogenen, d.h. in Kraft gesetzten Mietvertrag. Daher wäre es möglicherweise nicht sachgerecht, die Frage der Erfüllung des Mietvertrages nur dem Verwalter zu überlassen. Hingegen ist diese Situation dem Mieter nicht fremd: Wie bereits ausgeführt, kann der Mieter eines noch nicht übergebenen Mietgegenstandes auf den Bestand des Vertrages nicht vertrauen. Nach § 566 BGB könnte der Vermieter den Mietgegenstand vor der Überlassung an den Mieter noch weiterveräußern, ohne dass der Grundsatz „Kauf bricht nicht Miete" zur Anwendung gelangt. Der sich hier niederschlagende geringe Schutz des Mieters, der lediglich Schadensersatzansprüche gegen seinen Vermieter hat, nicht jedoch Ansprüche gegen den Erwerber, ist der vorliegenden Konstellation vergleichbar. Sollten nur noch geringe Arbeiten zur Fertigstellung des Mietgegenstandes erforderlich sein, spricht zudem aus der Sicht des Verwalters wenig gegen den Abschluss der Arbeiten und die Übergabe des Mietgegenstandes an den Mieter.

Nach Smid[3] gilt jedoch § 103 InsO in den Fällen, in denen der Gemeinschuldner Vermieter ist, der Gegenstand dem Mieter aber noch nicht überlassen ist. Zu demselben Ergebnis gelangt auch Marotzke[4], der auf Miet- und Pachtverhältnisse über

1 Pape/Uhlenbruck, Insolvenzordnung, Rdn. 651/652.
2 BGH, in: ZIP 2002, S. 1093ff.
3 Smid, Praxishandbuch Insolvenzrecht, §18, Rdn. 9.
4 Marotzke, in: Heidelberger Kommentar zur Insolvenzordnung, § 108, Rdn. 16.

Gegenstände, die überhaupt noch nicht existieren, bei Insolvenz des Vermieters oder Verpächters nicht § 108 InsO, sondern § 103 InsO für anwendbar hält. Tintelnot[1] unterwirft den Vertrag, wenn dessen Gegenstand bei Eröffnung der Insolvenz noch nicht überlassen ist, gleichfalls der Anwendung des § 103 InsO. Eine Differenzierung zwischen den Reißbrettfällen und den zwar im Bau begonnenen, aber noch nicht fertig gestellten Mietgegenständen nehmen hierbei allerdings weder Smid noch Marotzke oder Tintelnot vor. Dem ist aus den nachfolgenden Gründen zuzustimmen.

Für die analoge Anwendung des § 103 InsO und gegen § 108 InsO auch auf begonnene, aber noch nicht fertig gestellte Mietgegenstände spricht entscheidend die folgende Überlegung: Im Gegensatz zu den in Vollzug befindlichen Mietverträgen hat der Verwalter noch keinen Wert, den er den künftigen Mieterträgen entgegenhalten kann. Alles was er hat, ist eine Immobilie, deren Wert in dem unfertigen Zustand nur sehr schwer einzuschätzen ist. Ob die zur Erfüllung des Mietvertrages erforderliche Fertigstellung kostengünstig möglich sein wird, ist in der Regel nicht klar. Ob das noch einzusetzende Geld jemals in Form von Mietzahlungen zurückfließt, ist ungewiss. Hinzu kommt die Unsicherheit, ob der Mieter auch wunschgemäß den Mietgegenstand abnimmt und die Miete zahlen wird.

In § 108 Abs. 1 InsO ist die zugrunde liegende Konstellation eine ganz andere. Der Mietgegenstand ist übergeben, und die Miete wird gezahlt. Sowohl aus der Sicht des Mieters als auch des Vermieters ist es sachgerecht, an diesem Zustand nichts zu ändern, von dem Fall der Veräußerung und der Möglichkeit der Sonderkündigung nach § 111 InsO abgesehen.

Dem Mieter kann es auch rasch gelingen, in diesen Fällen Klarheit in eine verworrene Situation zu bringen. Wenn er sich gegenüber dem Verwalter auf die Anwendung des § 108 Abs. 1 InsO beruft und im Fall, dass dieser die Situation anders, nämlich als Fall des § 103 InsO einordnet, zur Ausübung des Wahlrechtes nach § 103 Abs. 2 Satz 2 InsO auffordert, ist ihm zumindest die Ungewissheit genommen, die ihn ansonsten auch noch an anderweitigen Dispositionen hindern könnte.

(3) Fertig gestellte, aber noch nicht übergebene Mietgegenstände

Die zwar fertig gestellten (existierenden), aber noch nicht übergebenen Mietgegenstände könnten eine andere Handhabung rechtfertigen. Die vorstehenden Gründe für eine analoge Anwendung des § 103 InsO treffen mit wenigen Ausnahmen hier nicht zu. Der Verwalter geht außer der Nichtabnahme des Mietgegenstandes und der Nichtzahlung der Miete kein Risiko ein. Beide Risiken sind mit den herkömmlichen Mitteln des Schuldrechts lösbar.

Der Verwalter wird durch den Annahmeverzug die anderweitige Verwertung und die Geltendmachung von Schadensersatz überlegen. Im Fall der nicht gezahlten

---

1 Tintelnot, in: Kübler/Prütting, InsO, §111, Rdn. 4

Miete wird er sein Kündigungsrecht nach § 543 BGB ausüben. Dies könnte ihm aber genauso widerfahren bei einem Mieter, der bereits die Mieträume bezogen hat. Zwingende Gründe, diese Fälle gleichermaßen der analogen Anwendung des § 103 InsO zu unterwerfen, sind weder aus der Sicht der Parteien noch aus sonstigen Gründen gegeben. Auch aus der früheren Rechtslage (§ 21 Abs. 1 KO) lässt sich nichts hierzu ableiten. Die Insolvenzmasse kann bei Anwendung des § 108 Abs. 1 InsO keinen Schaden nehmen, es sei denn, die vereinbarte Miete ist unüblich gering. Dann hätte der Verwalter letztlich noch die Option des freihändigen Verkaufs nach § 111 InsO, wiederum mit der Sonderkündigungsmöglichkeit des Erwerbers. Zu diesem Ergebnis gelangen ebenso Berscheid[1], der die Mietzahlungen ab Gebrauchsüberlassung als Kompensation der vertraglichen Bindung für ausschlaggebend hält. Da solche Fälle im Rahmen der allgemeinen Vorschriften beziehungsweise über § 111 InsO lösbar sind, sehen sie keinen Bedarf, § 103 InsO anzuwenden.

Für eine gesetzlich nicht geregelte Nichtanwendung des § 108 Abs. 1 InsO durch eine so genannte „Freigabe" seitens des Verwalters, die an die Überschuldung des Mietgegenstandes anknüpft, ist hingegen kein Raum.[2] Für überschuldete Immobilien entstünde hierdurch ein rechtsfreier Raum zu Lasten des Mieters, und dies entgegen der gesetzgeberischen Absicht, die Mietverträge über unbewegliche Gegenstände insolvenzfest zu machen.

(4) Ergebnis:

§ 108 Abs. 1 InsO ist nicht anwendbar für die Mietverträge, bei denen die Errichtung des Mietgegenstandes eine Hauptleistungspflicht des Vermieters darstellt (sog. Reißbrettfälle) und jener zum Zeitpunkt der Eröffnung des Insolvenzverfahrens noch nicht dem Mieter überlassen wurde. Sowohl die noch nicht existierenden als auch die zwar begonnenen, aber noch nicht fertig gestellten Mietgegenstände fallen unter die (analoge) Anwendung des § 103 InsO, und damit unter das Wahlrecht des Insolvenzverwalters. Die fertig gestellten, aber noch nicht übergebenen Mietgegenstände sind nach § 108 Abs. 1 InsO zu lösen.

c) Zweck, Anwendungsbereich und Voraussetzungen des § 111 InsO

aa) Zweck des § 111 InsO

§ 111 InsO übernimmt den wesentlichen Regelungsgehalt des früheren § 21 Abs. 4 KO, allerdings redaktionell vereinfacht.[3] Nach § 21 Abs. 4 KO wirkte eine von dem Konkursverwalter vorgenommene freiwillige Veräußerung des von dem Gemeinschuldner vermieteten oder verpachteten Grundstücks, sofern dieses dem Mieter

1 In: Uhlenbruck, Insolvenzordnung, § 108, Rdn. 27.
2 So aber Braun, Insolvenzordnung, § 108, Rdn. 27.
3 BT-Drucks. 12/2443, S. 147, zu § 125 RegE InsO; MünchKommInsO/Eckert, § 111, Rdn. 1; Weinbörner, Das neue Insolvenzrecht mit EU-Übereinkommen. Gesetzestexte, Materialien und umfassende Erläuterungen zur Reform, Freiburg/Br. 1997, Rdn. 264; Pape/Uhlenbruck, Insolvenzrecht, Rdn. 662; Fehl, Leasing in der Insolvenz, DZWiR 9 (1999), S. 89, 94.

oder Pächter vor der Eröffnung des Verfahrens überlassen war, auf das Miet- oder Pachtverhältnis wie eine Zwangsversteigerung. Wie auch unter dem Geltungsbereich der KO löst die freihändige Veräußerung des Miet- oder Pachtobjektes durch den Verwalter nach § 111 InsO ein einmaliges, außerordentliches Kündigungsrecht des Erwerbers aus.[1] Der Zweck des Sonderkündigungsrechts liegt darin, dass auch unanfechtbare d.h. unkündbare Vermietungen in den Grenzen des gesetzlichen Mieterschutzes die marktgerechte Verwertung der Immobilie nicht verhindern sollen.[2] Das Sonderkündigungsrecht des § 111 InsO schafft einen Anreiz zur Abgabe „guter" Gebote, wenn der Verwalter das Grundstück nicht durch Zwangsversteigerung, sondern freihändig verwerten möchte, zum Beispiel um dadurch einen besseren Preis zu erzielen.[3] Eine nur langfristig lösbare Bindung des Erwerbers an das Mietverhältnis stellt ein Verwertungshindernis dar.[4] Hingegen bleibt der Mieter ohne Kündigungsrecht zur Vertragsfortführung verpflichtet, was sachlich gerechtfertigt ist, weil eine günstige, gewinnbringende Vermietung durchaus verkaufsfördernd sein kann.[5] Die Regelung verhindert letztlich eine wirtschaftliche Vorausverfügung durch den Schuldner als Vermieter.[6] Dem Verwalter hingegen steht kein insolvenzbedingtes Kündigungsrecht zu.[7] Ist dem Mieter der Mietgegenstand vor der Eröffnung des Insolvenzverfahrens übergeben worden, bleibt der Mietvertrag wirksam.

bb) Allgemeine Voraussetzungen/Anwendbarkeit des § 111 InsO

Nicht anwendbar ist § 111 InsO auf Miet- und Pachtverhältnisse über bewegliche Sachen; er entspricht hiermit dem bisherigen § 21 Abs. 4 KO.[8] Die Verwertung von vermieteten oder verpachteten beweglichen Gegenständen sollte nicht gehemmt werden, weil darin in der Vergangenheit häufig einer der wesentlichen Gründe der Massearmut gesehen wurde. Eine Verweisung auf die Zwangsversteigerung sei nicht imstande gewesen, dies zu gewährleisten, da bereits seinerzeit keine Vorschriften zur Zwangsversteigerung beweglicher Gegenstände bestanden.[9] Der Gesetzgeber des § 111 InsO hat daher, abweichend vom bisherigen § 21 Abs. 1 KO, den § 108 Abs. 1 InsO auf unbewegliche Gegenstände und Räume beschränkt. Die Verträge über Mobilien sind entsprechend, bis auf die Ausnahme des § 108 Abs. 1 Satz 2 InsO, über § 103 InsO zu lösen.

Gleichfalls unanwendbar, und zwar weder direkt noch entsprechend ist § 111 InsO auf diejenigen Fälle, in denen der Insolvenzverwalter selbst erst Mietverträge ab-

---

1 Pape, a.a.O.; Wolf/Eckert/Ball, Handbuch des gewerblichen Miet-, Pacht- und Leasingrechts, 9. Aufl., Köln 2004, Rdn. 1587ff.; Häsemeyer, Insolvenzrecht, 2003, Rdn. 20.54.
2 RGZ 67, S. 372, 376f.; Tintelnot, in: Kübler/Prütting, InsO, § 111, Rdn. 1.
3 Marotzke, Heidelberger Kommentar zur Insolvenzordnung, § 111, Rdn. 1.
4 MünchKommInsO/Eckert, § 111, Rdn. 2.
5 A.a.O.
6 Tintelnot, in: Kübler/Prütting, InsO, § 111, Rdn. 1.
7 Smid, Praxishandbuch Insolvenzrecht, § 18 Rdn. 7.
8 Marotzke, Heidelberger Kommentar zur Insolvenzordnung, § 111, Rdn. 6; Tintelnot, in: Kübler/Prütting, InsO, § 111.
9 Marotzke, Gegenseitige Verträge im neuen Insolvenzrecht, Rdn. 6.24.

schließt.[1] Ein Mieter darf in diesem Fall auf die Erfüllung vertrauen. Der Verwalter wird sich vor einer vielleicht langfristigen Vermietung entscheiden müssen, ob er nicht besser veräußert. Der Mietgegenstand muss also bereits vor der Insolvenzeröffnung vom Schuldner vermietet oder verpachtet worden sein.

cc) Besondere Voraussetzungen des § 111 InsO

§ 111 InsO gewährt dem Erwerber eines vermieteten oder verpachteten Grundstücks ein einmaliges vorzeitiges Kündigungsrecht unter Einhaltung der gesetzlichen Kündigungsfrist. Eine freihändige Veräußerung durch den Insolvenzverwalter wirkt also auf das Miet- (oder Pacht-)Verhältnis wie eine Zwangsversteigerung.[2] § 111 InsO verweist, anders als noch § 21 Abs. 4 KO, nicht mehr pauschal auf die Rechtsfolgen der Zwangsversteigerung; § 566 BGB (a.F.: § 571 BGB) gilt daher unmittelbar und nicht über § 57 ZVG.[3] Die Veräußerung im Sinne des § 111 InsO ist mit der des § 566 BGB identisch; sie ist erst mit dem Eigentumsübergang abgeschlossen.[4] Die Eintragung einer Vormerkung reicht nicht aus, denn § 566 BGB setzt die Eigentumsumschreibung voraus.[5]

§ 111 InsO setzt ferner den Eintritt des Erwerbers in das Mietverhältnis voraus. Hierfür fordert § 566 BGB (a.F. §571BGB), dass der Mietgegenstand dem Mieter bereits überlassen worden sein muss.[6]

Problematisch könnte bei der Anwendung des §111 InsO die Überlassung sein. Wenn zum Zeitpunkt der Eröffnung des Insolvenzverfahrens der Mietgegenstand dem Mieter noch nicht übergeben worden ist und der Insolvenzverwalter diesen nun selbst dem Mieter überlässt, sind zwei Möglichkeiten denkbar:

1. Mit der Herstellung des Vertragsgegenstands ist noch nicht begonnen beziehungsweise dieser ist noch nicht fertig gestellt worden. Die Behandlung derartiger Fälle erfolgt in analoger Anwendung des § 103 InsO. Sollte der Insolvenzverwalter gleichwohl den Vertragsgegenstand fertig stellen, verhält er sich entsprechend § 103 Abs. 1 InsO. Er erfüllt anstelle des Schuldners den Vertrag und verlangt dann die Erfüllung vom Mieter. Eine Anwendung des § 111 InsO scheidet bereits deswegen aus. Tintelnot kommt gleichfalls zu dem Ergebnis, allerdings mit der Begründung, dass sich der Verwalter mit der Erfüllungswahl gebunden habe.[7]

2. Bei denjenigen Mietgegenständen, die zum Zeitpunkt der Insolvenzeröffnung bereits existieren, aber noch nicht übergeben sind, ist § 108 Abs. 1 InsO anwendbar. Über § 108 InsO ist auch §111 InsO einschlägig. Zu einer Anwendung des § 111 InsO, auch wenn die Überlassung erst nach der Insolvenzeröffnung von dem

---

1 MünchKommInsO/Eckert, § 111, Rdn. 4; Wegener, Frankfurter Kommentar zur Insolvenzordnung, § 111, Rdn. 6; Marotzke, Heidelberger Kommentar zur Insolvenzordnung, § 111, Rdn. 4.
2 Smid, Praxishandbuch Insolvenzrecht, § 18, Rdn. 9.
3 Tintelnot, in: Kübler/Prütting, InsO, § 111, Rdn. 1.
4 Wegener, Frankfurter Kommentar zur Insolvenzordnung, § 111, Rdn. 4.
5 Staudinger/Emmerich (2003) § 571, Rdn. 28; BGH, 12. 3. 2003, XII ZR 18/00, S. 4.
6 Wegener, Frankfurter Kommentar zur Insolvenzordnung, § 111, Rdn. 7.
7 Kübler/Prütting, InsO, § 111, Rdn. 4.

Insolvenzverwalter gewährt wurde, gelangt Berscheid.[1] Dieses Ergebnis ist zwar konsequent, aber nicht zufrieden stellend. Dem Mieter, der von der Insolvenz seines bisherigen Vertragspartners weiß, kann nun vom Erwerber das Mietverhältnis gekündigt werden. In diesem Zusammenhang überzeugt die Begründung von Tintelnot. Dem Insolvenzverwalter könnte der Vorwurf des widersprüchlichen Verhaltens (venire contra factum proprium) gemacht werden. Gleichwohl ist aber das Ergebnis, dass der Erwerber kündigen kann, richtig.

Wie oben ausgeführt, soll der Insolvenzverwalter in seinen Verkaufsbemühungen nicht durch ein langfristiges Mietverhältnis gehindert werden. Diesem Ziel hat der Gesetzgeber das Interesse des Vertragspartners durch die §§ 108ff. InsO bewusst untergeordnet. Der Mieter muss mit diesem Damoklesschwert leben. Das Sonderkündigungsrecht bestünde auch in der Zwangsversteigerung, bei der die vorgenannten Überlegungen keine Bedeutung haben. Die Interessen des Mieters sind allerdings nicht sanktionslos durch den Insolvenzverwalter dem Verkaufsinteresse unterzuordnen. Dem Vertragspartner stehen Schadensersatzansprüche zu. Dem Ziel der Insolvenzordnung, die Insolvenzmasse anzureichern und eine Entreicherung einzuschränken[2], kommt der Insolvenzverwalter bei dieser Vorgehensweise nur nach, wenn der Kaufpreis attraktiv ist und ihn eine zu erwartende Schadensersatzzahlung nicht betrifft. Andernfalls wird kein Insolvenzverwalter den Vertragsgegenstand zunächst vermieten, um ihn dann an einen Erwerber zu veräußern, der Kündigungsinteressen verfolgt. Da dem Erwerber und nicht dem Insolvenzverwalter das Kündigungsrecht zusteht, der Erwerber auch nicht verpflichtet ist, sich über seine Kündigungsabsicht gegenüber dem Insolvenzverwalter zu äußern, ist dieser in jedem Fall gut beraten, wenn er sich über den möglichen Schadensersatzanspruch des gekündigten Mieters Klarheit verschafft.

Dieses Ergebnis berücksichtigt vor allem die Fälle, bei denen der Insolvenzverwalter zur Vermeidung eines ansonsten drohenden Leerstandes zunächst einer Vermietung zu nicht optimalen Konditionen zustimmt. Ohne das Kündigungsrecht des Erwerbers wäre die Veräußerung erschwert.[3]

Folgerichtig steht dem Erwerber kein Kündigungsrecht zu, wenn er selbst den Vertragsgegenstand im Anschluss an die Veräußerung dem Mieter überlässt. Nachdem er sich für die Vertragserfüllung entschieden hat, besteht kein Bedürfnis, ihm das Kündigungsrecht zu ermöglichen.[4] Der Vertragsübergang des § 111 InsO ist ein gesetzlicher und nicht ein zwischen Insolvenzverwalter und Erwerber vereinbarter.[5]

Nur der Erwerber kann in der Insolvenz des Vermieters kündigen. Dem Insolvenzverwalter steht kein Kündigungsrecht zu. Dies ist im Gesetz zwar nicht ausdrück-

1 In: Uhlenbruck, Insolvenzordnung, § 111, Rdn. 3.
2 Fehl, Leasing in der Insolvenz, DZWiR 9 (1999) S. 89, 92.
3 Nerlich/Römermann (Hrsg.), Insolvenzordnung (InsO). Kommentar, München 1999, § 111, Rdn. 7.
4 Eckert, Münchener Kommentar zur Insolvenzordnung, § 111, Rdn. 8.
5 A.a.O.

lich geregelt, ergibt sich aber daraus, dass § 108 InsO vom uneingeschränkten Fortbestand der Verträge ausgeht.[1]

Die Regelung unterscheidet sich nicht wesentlich von der früheren Rechtslage (§ 21 KO).

Das allgemeine Prinzip, dass Miet- oder Pachtverträge über unbewegliche Gegenstände in der Insolvenz des Vermieters bestehen bleiben, wurde nicht verändert und findet sich nun in § 108 InsO.[2]

dd) Rechtsfolgen des § 111 InsO

§ 111 InsO berechtigt den Erwerber, das Miet- oder Pachtverhältnis unter Einhaltung der gesetzlichen Frist für den ersten Termin, für den die Kündigung zulässig ist, zu kündigen. Abweichende vertragliche Kündigungsfristen oder sonstige Kündigungseinschränkungen sind unwirksam; der Verweis auf die gesetzlichen Kündigungsmöglichkeiten ermöglicht gerade eine vorzeitige Beendigung des Vertrages.[3] Eine kürzere vertragliche Frist soll allerdings unberührt bleiben, weil das Sonderkündigungsrecht lediglich die vertragliche (Fest-)Laufzeit überwinde.[4]

Die Ausübung der Kündigung kann dem Erwerber Probleme bereiten. Erst mit dem Eigentumsübergang, d.h. nach Eintragung im Grundbuch, ist er berechtigt, die Kündigung auch auszuüben. Es kann ihm also passieren, dass mit Zugang der Grundbuchbenachrichtigung die Kündigungsfrist gerade abgelaufen ist.[5] Die Anforderungen an den Erwerber sind zwar hoch.[6] Gleichwohl ist es richtig, als ersten „zulässigen" Termin im Sinne des Gesetzes denjenigen gelten zu lassen, den der Erwerber ohne schuldhaftes Zögern und unter Berücksichtigung des Einzelfalles nutzen kann.[7]

Wegen § 111 S. 3 InsO ist aber gemäß § 57 c Abs. 1 ZVG eine Beschränkung des Kündigungsrechts zu besorgen, wenn der Mieter einen Baukosten- oder sonstigen Beitrag zur Schaffung oder Instandsetzung des Mietraums geleistet hat und dieser noch nicht „abgewohnt" ist.[8]

Umstritten sind die Rechtsfolgen der Kündigung:

---

1 Pape/Uhlenbruck, Insolvenzrecht, Rdn. 661.

2 Pape, Kölner Schrift zur Insolvenzordnung, S. Rdn. 88.

3 Marotzke, Heidelberger Kommentar zur Insolvenzordnung, § 111, Rdn. 7; Eckert, Münchener Kommentar zur Insolvenzordnung, § 111, Rdn. 13; Tintelnot, in: Kübler/Prütting, InsO, § 111, Rdn. 5.

4 Tintelnot, in: Kübler/Prütting, InsO, § 111; MünchKommInsO/Eckert, § 111, Rdn. 13.

5 MünchKommInsO/Eckert, § 111, Rdn. 14.

6 Uhlenbruck, Insolvenzordnung, § 111, Rdn. 5.

7 Tintelnot, in: Kübler/Prütting, InsO, § 111, Rdn. 6; Wegener, Frankfurter Kommentar zur Insolvenzordnung, § 111, Rdn. 8; Braun, Insolvenzordnung, § 111, Rdn. 9.

8 Wegener, Frankfurter Kommentar zur Insolvenzordnung, § 111, Rdn. 9; Braun, Insolvenzordnung, § 111, Rdn. 10; Reismann, Die Insolvenz des Vermieters, in: WM 54 (2001), 6, S. 267, 270; Häsemeyer, Insolvenzrecht, 2003, Rdn. 20.54; Uhlenbruck, Insolvenzordnung, § 111, Rdn. 7.

(1) Schadensersatz als Insolvenz- oder Masseforderung

Überwiegend wird die Auffassung vertreten, die Ansprüche des Mieters aufgrund des Sonderkündigungsrechts durch den Erwerber seien als einfache Insolvenzforderung (§ 38 InsO) geltend zu machen.[1] In der Insolvenzordnung sei dies nicht ausdrücklich geregelt, § 109 Abs. 1 S. 2 InsO betreffe einen anderen Fall.[2] Zur Begründung wird der allgemeine Grundsatz, insbesondere aus § 109 InsO, herangezogen[3], dass „Schadensersatzansprüche des Vertragsgegners wegen insolvenzbedingter vorzeitiger Kündigung keine Masseschulden sind, sondern nur als Insolvenzforderung geltend gemacht werden können".[4] Nach der von Eckert vertretenen Gegenmeinung sei es unter der Geltung des § 21 Abs. 4 KO unstreitig gewesen, dass der Mieter gemäß § 325 a.F. BGB Schadensersatz verlangen kann.[5] Aus der Änderung von § 21 Abs. 4 KO zu § 111 InsO folge nicht der Ausschluss des Schadensersatzanspruches, denn der Gebrauchsgewährungsanspruch des Mieters während der unkündbaren Mietlaufzeit könne nicht ersatzlos entfallen. Der Ersatzanspruch sei nicht insolvenzspezifisch, sondern materiell-rechtlich gemäß § 325 a.F. BGB begründet. Eckert bezieht sich im weiteren auf die Entscheidung des Reichsgerichts vom 16. 3. 1906.[6] In ihr wird die Ansicht vertreten, dass § 571 a.F. BGB (heute § 566 BGB) den bisherigen Vermieter nur insoweit aus seiner Verpflichtung gegenüber dem Mieter entlasse, wie seine Vermieterpflichten tatsächlich auf den Erwerber übergingen. Die Verpflichtung zur Erfüllung der Festlaufzeit gehe nicht auf den Erwerber über. In der Folge des dem Mieter durch die Kündigung (seitens des Erwerbers) verloren gegangenen Mietgebrauchs sei der bisherige Vermieter nach § 325 a.F. BGB zur Leistung von Schadensersatz verpflichtet, denn er habe die Nichtleistung zu vertreten.

Zwischen beiden Ansichten besteht insoweit Einvernehmen, als dem gekündigten Mieter ein Schadensersatzanspruch zusteht. Streitig sind hingegen die Begründung und der Umfang. Dem Ergebnis kommt eine große Bedeutung zu. Wenn der Insolvenzverwalter den Schaden aus der Masse begleichen müsste, würde dies sein Handeln deutlich stärker beeinflussen, als wenn der Anspruch sich lediglich als Insolvenzforderung gemäß § 38 InsO verfolgen ließe. Wie oben erläutert, wird der Insolvenzverwalter hinsichtlich der Überlassung des fertig gestellten Gebäudes nicht frei von der Überlegung handeln, ob eine Kündigung seitens des Erwerbers erwartet werden kann oder nicht. Sein Handeln wird auch davon mitbestimmt, ob die Insolvenzmasse zur Begleichung von Schadensersatzansprüchen des Mieters

---

1 Braun, Insolvenzordnung, § 111, Rdn. 11; Häsemeyer, Insolvenzrecht, 2003, Rdn. 20.54; Wegener, Frankfurter Kommentar zur Insolvenzordnung, § 111, Rdn. 13; Uhlenbruck, Insolvenzordnung, § 111, Rdn. 9; Marotzke, Heidelberger Kommentar zur Insolvenzordnung, Rdn. 7; Tintelnot, in: Kübler/Prütting, InsO, § 111, Rdn. 8.

2 So aber Tintelnot, a.a.O.

3 Marotzke, Heidelberger Kommentar zur Insolvenzordnung, a.a.O.; Uhlenbruck, Insolvenzordnung, a.a.O.

4 Wegener, Frankfurter Kommentar zur Insolvenzordnung, a.a.O., mit weiteren Nachweisen; Beck/Depré, Praxis der Insolvenz, München 2003.

5 MünchKommInsO/Eckert, § 111, Rdn. 28.

6 RGZ 63, S. 66 ff.

herangezogen werden kann. Nachfolgend erfolgt daher eine Auseinandersetzung mit beiden Ansichten und abschließender Stellungnahme.

Eckert ist insoweit zuzustimmen, als er zwischen insolvenzspezifischen und schuldrechtlichen Ansprüchen des Mieters differenziert. Auslöser der reichsgerichtlichen Entscheidung war kein Konkursverfahren, sondern ein Fall der §§ 57ff. ZVG. Der seinerzeitige Schuldner und Vermieter hatte nicht verhindert, dass ein Gläubiger die Zwangsversteigerung des Grundstückes betrieb und anschließend das Mietverhältnis gemäß den §§ 57ff. ZVG kündigte. Die Tendenz der §§ 571 a.F. BGB, 57 ZVG gehe in die Richtung, den Mieter in seinen Rechten zu schützen. Dies war die Grundlage einer Entscheidung, in der dann Ansprüche gegen den Vermieter zugelassen wurden. Im Mittelpunkt dieser Untersuchung steht jedoch die Frage, ob und in welchem Umfang aus der Insolvenzmasse (und nicht vom bisherigen Vermieter) Schadensersatz zu leisten ist. Zudem hat in dem hier betrachteten Fall ein Insolvenzverwalter von der ihm eingeräumten Befugnis Gebrauch gemacht, im Interesse der Insolvenzmasse, und damit aller Gläubiger, eine wirtschaftlich sinnvolle Verwertung zu erzielen. Dass hierbei die Interessen des Mieters ähnlich dem Reichsgerichtsfall hinten anzustehen haben, ist systemimmanent. Eher hat der Insolvenzverwalter die Mieterinteressen stärker verletzt als der „passive" Vermieter, indem dieser das Grundstück aktiv, nämlich freihändig verkauft. Und hier liegt auch der entscheidende Unterschied: § 111 InsO ermächtigt den Insolvenzverwalter nicht nur, das Grundstück zu verkaufen, sondern die Vorschrift will auch der Möglichkeit vorbeugen, dass der Insolvenzverwalter durch die Rechte des Mieters an der Verwertung gehindert wird.[1] Durch Schadensersatzansprüche gegen die Insolvenzmasse würde er indes nicht mehr ungehindert handeln können. Das von Eckert beabsichtigte Ergebnis ist mit § 111 InsO nicht in Einklang zu bringen. Gleichwohl ist ihm zuzustimmen, dass der (nicht insolvenzspezifische) Anspruch des Mieters auf Gebrauchsgewährung nicht ersatzlos entfallen kann. Diesem Lösungsansatz folgt auch die herrschende Meinung mit der Anwendung eines allgemeinen Grundsatzes, wonach ein Mietvertrag ein vermögenswertes Recht darstelle, das nicht im Nachgang zur Insolvenzeröffnung und mit der Kündigung eines Dritten aufgrund eines Verkaufes an diesen ersatzlos untergehen könne.[2]

In Ermangelung einer ausdrücklichen gesetzlichen Vorschrift, die insbesondere die Frage nach den Rechtsfolgen beantwortet, sind andere Lösungsansätze zu prüfen. Hierbei ist auch an analoge Anwendungen allgemeiner Grundsätze zu denken. Dieses als Gesamtanalogie bezeichnete Verfahren[3] setzt einen Rückgang auf die allen Einzelvorschriften gemeinsame „ratio legis" sowie deren Verallgemeinerung voraus. Dass der Mietvertrag ein vermögenswertes Recht darstellt, ist vorstehend ausgeführt worden. Es ist zweifellos auch ein allgemeiner Grundsatz denkbar, wonach ein solches vermögenswertes Recht nicht ersatzlos untergehen könne. Systematisch und im Hinblick auf die Rechtsfolgen könnte es indes sinnvoller sein,

1 Marotzke, Gegenseitige Verträge im neuen Insolvenzrecht, Rdn. 6.21 ff., 6.34.
2 Uhlenbruck, Insolvenzordnung, § 111, Rdn. 9.
3 Canaris in: Larenz, Methodenlehre der Rechtswissenschaft, S. 205.

zwischen haftungsbegründenden Voraussetzungen und Rechtsfolgen zu differenzieren. Dem Reichsgericht folgend gibt es in Auslegung des § 571 BGB (heute § 566 BGB) keinen Grund, die Verpflichtung des bisherigen Schuldners (Vermieters) zur Gebrauchsgewährung ersatzlos entfallen zu lassen. Der Anspruch des Mieters findet seine Anspruchsgrundlage aber (nur) wie bisher auch in den §§ 276 Abs. 1, 283 BGB.[1] Diese Ansicht lässt sich auch mit § 109 Abs. 1 S. 3 InsO rechtfertigen, der dem Vermieter für den Kündigungsfall des Vertrages durch den Verwalter einen Schadensersatzanspruch als Insolvenzgläubiger gewährt. § 109 Abs. 1 S. 3 InsO bezieht sich gleichfalls auf unbewegliche Gegenstände und auf den Zustand, dass dem Schuldner (dem Mieter) der Vertragsgegenstand vor der Insolvenzeröffnung überlassen worden ist. Dem § 109 Abs. 1 S. 3 InsO liegt der Rechtsgedanke zugrunde, dem Vertragspartner des Schuldners, dem vom Insolvenzverwalter (des Mieters) gekündigt wurde, nicht seinen Schadensersatzanspruch gerade wegen dieser Kündigung zu versagen.[2] Mit Übertragung dieses Rechtsgedankens auf § 111 InsO würde dem von der Insolvenz betroffenen Vertragspartner (hier dem Mieter) der Schadensersatzanspruch gleichfalls nicht verwehrt werden können, weil der Schuldner aus seiner vertraglichen Verpflichtung durch die Sonderkündigung des Erwerbers gemäß § 111 InsO entlassen worden ist. Es gibt also keinen insolvenzspezifischen Schadensersatzanspruch, wenn der Ersteher von seinem Sonderkündigungsrecht nach § 111 InsO Gebrauch macht, vielmehr bleibt es bei den schuldrechtlichen Ansprüchen des Mieters.

Zur Rechtsfolge dieses Schadensersatzanspruches ließe sich an die analoge Anwendung des § 109 Abs. 1 S. 3 InsO im Wege einer Gesetzesanalogie denken. Hierbei wird die Rechtsfolge einer Norm auf einen von ihr nicht geregelten Sachverhalt entsprechend angewandt und auf diesen vergleichbaren, d.h. wertungsmäßig gleich zu erachtenden, Fall übertragen.[3] Am Anfang steht hierbei die genaue Analyse der Ähnlichkeit der Fälle.[4] Sodann ist zu prüfen, ob der Gesetzgeber bei einer Interessenabwägung, bei der er sich von den gleichen Grundsätzen hätte leiten lassen, wie beim Erlass der entsprechend anzuwendenden Gesetzesvorschrift, zu dem gleichen Abwägungsergebnis gekommen wäre.[5] Die aus § 109 Abs. 1 S. 3 InsO folgende Regel lautet: Kündigt der Insolvenzverwalter ein Pacht- oder Mietverhältnis, kann der andere Teil wegen der vorzeitigen Beendigung des Vertrags als Insolvenzgläubiger Schadensersatz verlangen. § 109 Abs. 1 S. 3 InsO gewährt dem Vertragspartner des Schuldners (Mieters) nur Schadensersatz als Insolvenzgläubiger (§ 38 InsO). § 111 InsO enthält keine spezielle Regelung der Ansprüche des Mieters für den Fall der Ausübung des Sonderkündigungsrechts durch den Erwerber. Der schuldrechtliche Schadensersatzanspruch des Mieters ist weiterhin gegeben. Dieser kann sich nicht gegen die Insolvenzmasse richten, da andernfalls der

---

1 Eckert, Sonderprobleme der Vermietung vom Reißbrett, in: ZinsO 9 (2005), 22, S. 789 (795).
2 Marotzke, Gegenseitige Verträge im neuen Insolvenzrecht, Rdn. 6.32 zur a. F. § 109 Abs. 1 S. 2.
3 BGH 13. 7. 1988, BGHZ 105, S. 143; Canaris in: Larenz, Methodenlehre der Rechtswissenschaft, S. 204.
4 Pawlowski, Methodenlehre für Juristen, 3. Aufl., Heidelberg 1999, Rdn. 482.
5 BGH 13. 7. 1988, BGHZ 105, 141, 143.

Zweck des § 111 InsO vereitelt würde, wonach verhindert werden soll, dass der Insolvenzverwalter an der Verwertung des Grundstücks durch Rechte des Mieters gehindert wird.[1] Die Anwendung der Rechtsfolge des § 109 Abs. 1 S. 3 InsO auf die Fälle des § 111 InsO ist daher gerechtfertigt. Der von der Sonderkündigung des Erwerbers gemäß § 111 InsO betroffene Mieter kann Schadensersatzansprüche als Insolvenzgläubiger geltend machen.[2]

(2) Umfang des Schadensersatzanspruchs

Der Ersatzberechtigte ist so zu entschädigen, als wenn die Kündigung nicht vorzeitig, sondern zum regulären Zeitpunkt ausgeübt wäre.[3] Ihm ist der Vertragswert, d. h. die Differenz zwischen dem Marktwert und der tatsächlich vereinbarten Miete zu erstatten.[4] Dies entspricht i. d. R. dem Mehraufwand, den ein gleichwertiges Objekt kosten würde. Fraglich sind hierüber hinausgehende Ansprüche. Die so genannten Folgeschäden, beispielsweise Umzugskosten, sollen nicht umfasst sein.[5] Denn auch sonstige Insolvenzgläubiger könnten keine Vollzugsschäden geltend machen.

Etwas differenzierter betrachtet Braun die Frage der Folgeschäden[6], indem er sie berücksichtigen möchte, sofern sie bei einer späteren Beendigung des Vertrages nicht entstanden wären. Er geht hierbei auf die grundsätzlichen Ausführungen Marotzkes zurück[7], der neben Umzugskosten die sonstigen Folgekosten, und zwar sogar die Umsatzrückgänge eines gewerblich genutzten Grundstückes, zu den Schadensersatzansprüchen rechnet. Entscheidende zusätzliche Voraussetzung der Erstattungsfähigkeit ist hiernach, dass die Vermögensnachteile nicht auch bei regulärem Ablauf des Mietverhältnisses entstanden wären. Diese Voraussetzung kann in der Praxis erhebliche Probleme bereiten. Denn je länger die vereinbarte Laufzeit des Vertrages einschließlich der Verlängerungsoptionen gewesen wäre, desto wahrscheinlicher ist der Nachweis des Schadens. Und je näher der Zeitpunkt des vertraglich vereinbarten Mietendes liegt, desto näher liegen auch die ohnehin eingetretenen Kosten an dem durch die Sonderkündigung erzwungenen Umzugszeitpunkt. Zu diesem Ergebnis gelangt Eckert[8], der überdies Makleransprüche sowie entgangenen Gewinn bei erzwungener Schließung als erstattungsfähige Kos-

---

1 Tintelnot, in: Kübler/Prütting, InsO, § 111, Rdn. 8; Wegener, Frankfurter Kommentar zur Insolvenzordnung, § 111, Rdn. 13; Marotzke, Heidelberger Kommentar zu Insolvenzordnung, § 111, Rdn. 7.

2 Hörndler in: Lindner-Figura/Oprée/Stellmann, Geschäftsraummiete, Kap. 20, Rdn. 100; Hess, Kommentar zur Insolvenzordnung, Bd. 1, 2. Aufl., Heidelberg 2001, § 111, Rdn. 6, der aber auf § 109 Abs. 1 Satz 2 (sic) abstellt; Graf-Schlicker, InsO – Kommentar zur Insolvenzordnung, Köln 2007, § 111; Rdn. 2

3 Marotzke, Gegenseitige Verträge im neuen Insolvenzrecht, Rdn. 6.18, 6.35.

4 Tintelnot, in: Kübler/Prütting, InsO, § 111, Rdn. 8; Nerlich/Römermann, Insolvenzordnung, § 111, Rdn. 15; Uhlenbruck, Insolvenzordnung, § 111, Rdn. 10.

5 Nerlich/Römermann, Insolvenzordnung, § 111, Rdn. 15; Tintelnot, in: Kübler/Prütting, InsO, § 111, Rdn. 8; Uhlenbruck, Insolvenzordnung, a. a. O.

6 Braun, Insolvenzordnung, § 111, Rdn. 12.

7 Marotzke, Gegenseitige Verträge im neuen Insolvenzrecht, Rdn. 6.35.

8 MünchKommInsO/Eckert, § 111, Rdn. 29.

ten anerkennen will. Aus seiner Sicht ist dieses Ergebnis nur konsequent, da er die Insolvenzmasse trotz des § 111 InsO in der Verpflichtung des § 566 BGB sieht. Der Unterschied zu der hier vertretenen Meinung, die wesentlich mit Marotzke übereinstimmt (der allerdings, trotz der schuldrechtlichen Herleitung des Schadensersatzanspruches und trotz § 252 BGB den entgangenen Gewinn nicht dazuzählen möchte[1]), liegt darin, dass Eckert die Ansprüche direkt gegen die Insolvenzmasse greifen lassen möchte. Aufgrund der aber in diesem Fall drohenden Zweckverfehlung des § 111 InsO ist es für die Rechtsfolgenseite geboten, § 109 Abs. 1 S. 3 InsO analog anzuwenden und dem Mieter lediglich die Ansprüche des Insolvenzgläubigers (§ 38 InsO) zu gewähren. Aber im Ergebnis ist es auch richtig, gemäß Eckert den schuldrechtlich begründeten Schadensersatzanspruch des Mieters inhaltlich auf den entgangenen Gewinn auszudehnen.

1 Marotzke, Gegenseitige Verträge im neuen Insolvenzrecht, Rdn. 6.19.

III. Sonderkündigungsrecht nach § 57a ZVG

1. Allgemeine Voraussetzungen

Die §§ 57–57d ZVG regeln die Rechtsstellung des Mieters in der Zwangsversteigerung. Es handelt sich um gesetzliche Versteigerungsbedingungen, die gemäß § 59 ZVG abänderbar sind.[1] Ähnlich wie auch § 111 InsO geht § 57a ZVG davon aus, dass Mietverträge mit langer Festlaufzeit der Erzielung eines optimalen Erlöses entgegenstehen können.[2] Dem Ersteher wird gemäß § 57a ZVG ein Sonderkündigungsrecht, allerdings mit einigen Einschränkungen, gewährt. Gerade im Bereich der Gewerberaummiete sorgt diese Regelung für erhebliche Unsicherheit. Aufgrund der allgemeinen Vollstreckungsvoraussetzungen gemäß § 750 ZPO ist die Wahrscheinlichkeit einer Zwangsversteigerung im Verhältnis zu einer Insolvenz ungleich größer. Im Fall eines Vermieters, der nicht zahlungsunfähig sein muss, aber die Zwangsversteigerung seiner Immobilie nicht abwendet, kann ein sich vertragstreu verhaltender Mieter mit dem Sonderkündigungsrecht des § 57a ZVG konfrontiert werden. Da er nicht zwingend Beteiligter am Zwangsversteigerungsverfahren ist[3], könnte es ihm schlimmstenfalls passieren, dass er unvorbereitet die Kündigung des Erstehers nach § 57a ZVG erhält. Den Antrag gemäß § 15 ZVG können persönliche und dingliche Gläubiger stellen; für die Insolvenzverwalter- und Nachlassversteigerung nach §§ 172, 175 ZVG gelten die Vorschriften der §§ 57–57d ZVG gleichermaßen.[4]

2. Besondere Voraussetzungen und Rechtsfolgen des § 57a ZVG

Dem Mieter muss der Mietgegenstand aufgrund eines wirksamen Mietvertrages tatsächlich überlassen worden sein. Der Ersteher tritt mit dem Zuschlag originär in alle Rechte und Pflichten des bisherigen Vermieters ein. Der Zuschlag selbst bricht nicht Miete, allerdings berechtigt er dazu, Miete zu brechen.[5] In der Gewährung des hierdurch erwachsenden zeitlichen Vorteils erschöpft sich aber auch die Wirkung der Vorschrift.[6] Das Sonderkündigungsrecht des § 57a ZVG besteht neben allen vertraglichen Kündigungsrechten. Die Kündigung hat dann in der Schriftform unter Einhaltung der gesetzlichen Frist zu erfolgen[7]; zulässig ist sie aber nur zum ersten zulässigen Termin, da das Sonderkündigungsrecht andernfalls gemäß

---

1 Böttcher, Gesetz über die Zwangsversteigerung und die Zwangsverwaltung (ZVG), 4. Aufl., München 2005, §§ 57–57d, Rdn. 1.

2 Dassler, Gesetz über die Zwangsversteigerung und Zwangsverwaltung (ZVG), neu bearb. von Horst Schiffhauer, 12. Aufl., Stuttgart u.a. 1991, § 57g, Rdn. 1.

3 Hörndler in: Lindner-Figura/Oprée/Stellmann, Geschäftsraummiete, Kap. 19, Rdn. 17.

4 Stöber, Zwangsversteigerungsgesetz, Kommentar zum ZVG, 18. Aufl., München 2006, § 57a, Rdn. 1.

5 Böttcher, Zwangsversteigerung, §§ 57–57d, Rdn. 9.

6 BGH, 21. 4. 1982, BGHZ 84, S. 90, 100.

7 Böttcher, Zwangsversteigerung, §§ 57–57d, Rdn. 10, 11.

§ 57a S. 2 ZVG entfällt. Dieser Termin ist so zu verstehen, dass die Kündigung ohne schuldhaftes Zögern erfolgen muss.[1]

Gegen den Ersteher hat der von dem Sonderkündigungsrecht betroffene Mieter keine weiteren Ansprüche, außer aufgrund derjenigen Verpflichtungen, in die der Ersteher durch den Zuschlag eingetreten ist. Dieser hat also eine etwaige Mietkaution auszukehren, und zwar losgelöst von der Frage, ob er die Kaution von dem Vermieter erstattet bekommt oder nicht. Desgleichen hat der Ersteher die Nebenkostenabrechnung zu erstellen und ein etwaiges Guthaben auch an den Mieter auszuzahlen. Allerdings hat dieser Haftungsansprüche gegen den bisherigen Vermieter, der die vertragliche Verpflichtung zur Verschaffung des Gebrauchs des Mietgegenstandes während der gesamten Mietdauer übernommen hat. In diese Pflicht tritt der Ersteher nicht ein, wenn er das Sonderkündigungsrecht nach § 57a ZVG ausübt. Den sich hieraus ergebenden Schaden kann der Mieter von seinem früheren Vermieter gemäß §§ 283, 281 BGB verlangen, erstattet zu bekommen.[2] Der wirtschaftliche Wert dieses Anspruches dürfte angesichts der Umstände, die zur Zwangsversteigerung geführt haben, in der Regel gering sein. Die für die Vermietung von Wohnräumen geltenden Schutzvorschriften (§§ 574ff. BGB), die trotz der ausgesprochenen Kündigung nach § 57a ZVG zum Tragen kommen sollen[3], werden in dieser Arbeit, die sich ausschließlich mit Mietverhältnissen über Gewerberäume befasst, nicht näher betrachtet.

3. Einschränkungen des Sonderkündigungsrechts

a) Mietvorauszahlung oder Baukostenzuschuss nach § 57g ZVG

Unter den Voraussetzungen des § 57g Abs. 1 S. 1 und S. 2 ZVG erlischt das Sonderkündigungsrecht des § 57a ZVG nicht; es wird lediglich aufgeschoben.[4] Als eine zwar rechtlich bestehende Beschränkung des Sonderkündigungsrechts hat es sich in der Praxis nicht durchgesetzt. Dies liegt sicherlich auch an der zeitlichen Begrenzung auf zwölf Jahre gemäß § 57g Abs. 1 Ziffer 3 ZVG[5], innerhalb der der Baukostenzuschuss als getilgt anzusehen ist; entscheidend dürften jedoch wirtschaftliche Überlegungen für den geringen Erfolg dieser Handlungsalternative sein. Wohl kaum einem Mieter ist es möglich, eine Mietvorauszahlung für einen Zeitraum zu leisten, der seinem Sicherungsbedürfnis entspricht.

---

1 Stöber, Zwangsversteigerungsgesetz, § 57a, Rdn. 5.
2 Palandt/Weidenkaff, § 566, Rdn. 23; Dassler, Zwangsversteigerung, § 57a, Rdn. 10; Hörndler in: Lindner-Figura/Oprée/Stellmann, Geschäftsraummiete, Kap. 19, Rdn. 50.
3 Stöber, Zwangsversteigerungsgesetz, § 57a, Rdn. 6.
4 Böttcher, Zwangsversteigerung, §§ 57–57d, Rdn. 16.
5 So Stiegele, Die Mietsicherungsdienstbarkeit, S. 106.

b) Abweichende Versteigerungsbedingung nach § 59 ZVG

Nach § 59 ZVG kann jeder Beteiligte bis zum Versteigerungstermin eine abweichende Feststellung von den Versteigerungsbedingungen verlangen. Der Antrag kann von jedem Beteiligten gestellt werden, also entsprechend § 9 ZVG auch von dem Mieter[1], soweit er von der Zwangsversteigerung Kenntnis genommen und seine mietvertraglichen Rechte angemeldet hat.[2] Sein Antrag würde auf Feststellung lauten, dass das Sonderkündigungsrecht des § 57a ZVG entfällt oder von diesem kein Gebrauch gemacht wird. Zur Begründung kann der Mieter nur auf sein schuldrechtliches Mietrecht verweisen. § 59 Abs. 1 Satz 3 ZVG sieht jedoch die Zustimmung desjenigen Beteiligten vor, dessen Recht durch die Abweichung beeinträchtigt wird. Zu fragen wären insbesondere die die Zwangsversteigerung betreibenden Gläubiger, da regelmäßig durch den begehrten Entfall des Sonderkündigungsrechts nur mit einem niedrigeren Gebot gerechnet wird. Die Zustimmung dieser Gläubiger wird der Mieter wegen dieser Sorge jedoch nur in seltenen Fällen erhalten.[3] Es kann dem Mieter auch nicht helfen, dass er bereits mit dem Vermieter im Mietvertrag versucht, eine abweichende Versteigerungsbedingung zu vereinbaren. Da es sich bei dem Kündigungsrecht des Erstehers nach § 57a ZVG um eine gesetzliche Versteigerungsbedingung handelt, ist eine Änderung nur im Verfahren nach § 59 ZVG möglich.[4] Dem Mieter wird es daher in der Praxis nicht gelingen, die Gläubiger dazu zu bewegen, einem Entfall des Sonderkündigungsrechts des Erwerbers zuzustimmen. Da nicht absehbar ist, welcher Gläubiger später einmal die Zwangsversteigerung betreiben wird, ist ihm auch nicht mit einer schuldrechtlichen Vereinbarung mit den finanzierenden Banken geholfen, die zum Zeitpunkt des Mietvertragsabschlusses noch möglich erscheint. Eine Beschränkung des Sonderkündigungsrechts nach § 57a ZVG auf Betreiben des Mieters durch eine abweichende Versteigerungsbedingung entsprechend § 59 ZVG scheidet in der Regel aus.

c) Einschränkung nach § 242 BGB

Häufig steht dem Interesse am Erwerb einer Immobilie nur ein langfristiger Mietvertrag entgegen. Neben den bereits vorgetragenen Überlegungen, ob den Parteien beim Abschluss des Vertrages oder bei den Nachträgen ein zur vorzeitigen Kündigung berechtigender Fehler unterlaufen ist, ist des weiteren über die absichtliche Herbeiführung einer Situation des § 57a ZVG nachzudenken. Dies würde jedoch eine Versagung des Sonderkündigungsrechts aus § 57a ZVG nach sich ziehen. Wenn ein Vermieter und ein Ersteher gemeinsam und planvoll den Weg der Zwangsversteigerung beschreiten, um einen lästigen Mieter loszuwerden, dessen Mietvertragsfestlaufzeit ansonsten eine freihändige Veräußerung erschwert, wäre

1 Stöber, Zwangsversteigerungsgesetz, § 57a, Rdn. 8 und § 59, Rdn. 3.
2 Hörndler in: Lindner-Figura/Oprée/Stellmann, Geschäftsraummiete, Kap. 19, Rdn. 18.
3 Hörndler in: Lindner-Figura/Oprée/Stellmann, Geschäftsraummiete, Kap. 19, Rdn. 21.
4 Stöber, Zwangsversteigerungsgesetz, § 57a, Rdn. 8.

die Ausübung des Sonderkündigungsrechts rechtsmissbräuchlich und nach § 242 BGB unzulässig.[1]

In dem BGH vorliegenden Fall[2] ging es um den Versuch einer Vermieterin zur Auflösung von langfristigen Mietverträgen zum Betrieb einer Gaststätte. Diese Verträge hatte noch ihr verstorbener Ehemann abgeschlossen und mehrfach verlängert. Das Ansinnen der Vermieterin die Verträge gegen Zahlung einer Abfindung aufzuheben, war von dem Mieter abgelehnt worden. Daraufhin verkaufte die Vermieterin das Hausgrundstück und der Käufer belastete das Grundstück mit Zustimmung der Verkäuferin mit einer Grundschuld zur Sicherung eines Darlehens, welches zur Finanzierung des Kaufpreises diente. Nach erfolgter Eigentumsumschreibung belastete der Käufer das Grundstück mit einer weiteren Grundschuld zu seinen Gunsten. Sodann hoben die Parteien den Kaufvertrag auf, die Verkäuferin übernahm die Verpflichtungen des Käufers aus dem Darlehensvertrag. Wegen eines diesen Betrag überschreitenden Teilbetrags des Kaufpreises unterwarf sie sich der sofortigen Zwangsvollstreckung und versprach diesen Betrag in bar zurückzuzahlen; zur Absicherung diente die (zweite) Grundschuld. Im Aufhebungsvertrag wurde darauf abgestellt, dass ein Mietvertrag, der wesentliche Teile des Kaufvertrages betreffe, gemäß den vom Mieter vorgelegten Urkunden wesentlich länger laufe, als von den Parteien angenommen. Der Käufer betrieb einen Monat nach erfolgter Eintragung der Verkäuferin als Eigentümerin die Zwangsversteigerung des Grundbesitzes und zwar aufgrund der persönlichen Forderung gegen die Verkäuferin. Als einziger Bieter erhielt er den Zuschlag, wurde als Eigentümer in das Grundbuch eingetragen, kündigte die Mietverträge und verkaufte das Grundstück zu einem Kaufpreis, der um die Hälfte über den von ihm gezahlten lag. Zwischen dem (ersten) Kauf des Grundstücks und der Kündigung der Mietverträge lagen 15 Monate.

Der BGH, der in der Sache nicht entschied, sondern diese zur anderweitigen Verhandlung und Entscheidung an das Berufungsgericht zurückverwies, führte hierzu aus, dass dem Ersteher eines Grundstückes nicht schon anstößiges Verhalten vorgeworfen werden könne, weil er das Grundstück erworben habe in der Absicht, die bestehenden Miet- oder Pachtverträge zu kündigen. Es gebe auch keinen Grund, ihn schlechter zu stellen als denjenigen Ersteher, der nicht selbst Gläubiger des Schuldners im Zwangsversteigerungsverfahren gewesen sei. Rechtsmissbräuchlich und daher nach § 242 BGB unzulässig könne aber eine Kündigung sein, wenn das Kündigungsrecht auf unredliche Weise erworben worden sei. Eine solche Vereinbarung wäre sittenwidrig und nach § 138 BGB nichtig. Die Ausübung des Kündigungsrechts könne auch gemäß §§ 826, 242 BGB (Schikaneverbot) unzulässig sein, wenn der Käufer die Zwangsversteigerung ausschließlich zu dem Zweck betrieben hätte, die Mietverträge zu kündigen und dadurch den Mieter zu schädigen. Nach Auffassung des BGH sprachen für ein sittenwidriges Zusammenwirken der Kaufvertragsparteien, dass der Kaufvertrag bereits vollständig abgewickelt und der Käufer bereits im Grundbuch als Eigentümer eingetragen gewesen sei. Die Verkäuferin habe sich auf die Rückzahlungsverpflichtung eingelassen, obwohl sie keine ausreichenden Mittel zur Rückzahlung des Kaufpreises hatte. Und schließlich waren nach Auffassung des BGH die engen zeitlichen Zusammenhänge zwischen den einzelnen Schritten verdächtige Indizien.

d) Einschränkung durch Vereinbarung einer dinglichen Sicherung

Eine weitere Einschränkung des Sonderkündigungsrechts kann durch die Vereinbarung einer dinglichen Sicherung erfolgen. Zu denken ist hierbei, wie auch in

1 Stöber, Zwangsversteigerungsgesetz, § 57a, Rdn. 2.7; Palandt/Heinrichs, § 242, Rdn. 44; Staudinger/Emmerich (2003), § 566, Rdn. 7, der auf § 138 Abs. 1 BGB abstellt; BGH, LM, Nr. 213 zu § 242 BGB = WM 1978, S. 164 f.
2 BGH, 17. 5. 1978, WM 9/1978, S. 164–165.

den Fällen des Sonderkündigungsrechts nach § 111 InsO, an ein Dauernutzungsrecht nach § 31 WEG oder an eine Mietsicherungsdienstbarkeit. Auch wenn das Dauernutzungsrecht eine ähnliche Absicherung wie die Mietsicherungsdienstbarkeit gewährleisten dürfte[1], ist ihr in der Praxis bislang kein Erfolg beschieden gewesen.

Dies wird auch von Oprée[2] so gesehen, der noch 1997[3] die spezifischen Vorteile des Dauernutzungsrechts besonders hervorgehoben hatte. Diese lagen ihm zufolge in der Möglichkeit, einen „quasidinglichen" Mietvertrag abzuschließen, der zudem vererblich und veräußerbar sei.

Auch wenn die hierin unzweifelhaft zu sehenden Vorteile gegenüber der Mietsicherungsdienstbarkeit nicht nur von amerikanischen Unternehmen geschätzt werden, konnte sich das Dauernutzungsrecht nicht durchsetzen. Ausschlaggebend für den fehlenden Erfolg war sicherlich neben den bereits oben angeführten Gründen das Unbehagen auf Seiten der Mieter, dem Grundbuchamt jede Nachtragsvereinbarung zur Genehmigung und Eintragung anzuzeigen haben. Die aufgrund einer Mietsicherungsdienstbarkeit (oder eines Dauernutzungsrechts) vorgenommene dingliche Absicherung des Nutzungsrechts führt nicht dazu, dass das Sonderkündigungsrecht entfällt; es wird aber für den Ersteher sinnlos, da es den Mieter zur weiteren Nutzung des Mietgegenstands berechtigt. Die Frage, ob diese Einschränkung zulässig ist, wird später im Zusammenhang mit der Zulässigkeit des Sicherungszwecks der Mietsicherungsdienstbarkeit erörtert.

---

1 Vgl. Pick, Wohnungseigentumsgesetz, 16. Aufl., München 2005, § 31, Rdn. 33, 34.
2 In: Lindner-Figura/Oprée/Stellmann, Geschäftsraummiete, Kap. 21, Rdn. 29.
3 Maaß/Oprée, Die dingliche Sicherung des Mieters, ZNotP 1 (1997), S. 8, 15.

IV. Mietsicherungsdienstbarkeit

1. Vorbemerkung

Wie vorstehend ausgeführt, gibt es auf Mieterseite zahlreiche wichtige Gründe, ein besonderes Schutzbedürfnis hinsichtlich des Bestandes des Mietvertrages zu entwickeln. Neben den Mietern, die oft aus den Bereichen des Einzelhandels, der Gastronomie oder der Tankstellenbetreiber kommen, können überdies die finanzierenden Banken Interesse daran haben, dass der mietvertraglich gebundene Mieter durch den (jetzigen) Vermieter nicht nur schuldrechtlich, sondern auch dinglich abgesichert wird. Neben den Dauernutzungsrechten (§ 31 WEG), die sich in der Praxis (noch) nicht durchgesetzt haben, erfolgt die Absicherung häufig durch eine Mietsicherungsdienstbarkeit. Diese wird vereinzelt auch Mieterdienstbarkeit genannt.[1] In Anlehnung an die maßgebliche Arbeit von Stiegele[2] soll in dieser Arbeit der ältere, aber treffendere Titel beibehalten werden.

2. Die Rechtsnatur der Mietsicherungsdienstbarkeit als beschränkte persönliche Dienstbarkeit

Von Dienstbarkeiten spricht man bei beschränkten dinglichen Rechten an Sachen oder Rechten, die auf ein Dulden oder Unterlassen gerichtet sind.[3] Sie kommen in den Formen der Grunddienstbarkeit (§§ 1018–1029 BGB), des Nießbrauchs (§§ 1030–1089 BGB), der beschränkten persönlichen Dienstbarkeit (§§ 1090–1093 BGB) sowie des Dauernutzungsrechts (§§ 31ff. WEG) vor. Reallasten hingegen sind auf eine aktive Handlung gerichtet. Reallast und Dienstbarkeit schließen sich aus. Der Dienstbarkeitsberechtigte darf das belastete Grundstück in bestimmter Weise nutzen; der Verpflichtete hat gewisse Einrichtungen auf seinem Grundstück zu dulden oder darf auf diesem bestimmte Handlungen nicht vornehmen.[4] Die Dienstbarkeit wirkt, anders als der nur zwischen Mieter und Vermieter wirkende Mietvertrag, gegen jedermann. Beschränkt sind die Dienstbarkeiten im Vergleich zum Eigentum, dem umfassendsten dinglichen Recht unserer Rechtsordnung. Soweit das beschränkte dingliche Recht reicht, schließt es das Eigentumsrecht aus. Durch die Zuordnung des Grundstücks (oder einer Sache oder eines Rechts) sowohl zum Eigentümer als auch zum Dienstbarkeitsberechtigten entsteht ein (gesetzliches) Schuldverhältnis zwischen dem Eigentümer und dem dinglich Berechtigten.[5] Zu ihrer Entstehung bedarf die Dienstbarkeit der Einigung und Eintragung in das

---

1 Stapenhorst/Voß, Mieterdienstbarkeit als dingliche Absicherung gewerblicher Mietverträge, in: NZM 6 (2003), 22, S. 873.

2 Die Mietsicherungsdienstbarkeit 1995.

3 Palandt/Bassenge, Überbl. v. § 1018; Stapenhorst/Voß, a.a.O., S. 874.

4 Bürgerliches Gesetzbuch, Sachenrecht, Bd. 16, begr. Von Soergel, neu hrsg. von Wolfgang Siebert, 13. Aufl., Stuttgart/Berlin 2001, (zitiert: Soergel/Bearbeiter), § 1090, Rdn. 4.

5 Stapenhorst/Voß, Mieterdienstbarkeit als dingliche Absicherung gewerblicher Mietverträge, NZM 6 (2003), 22, S. 874; Stiegele, Die Mietsicherungsdienstbarkeit, S. 20.

Grundbuch (§ 873 BGB). Die beschränkte persönliche Dienstbarkeit muss sich auf das Eigentum beziehen, sie darf nicht die persönliche oder gewerbliche Freiheit des Belasteten einengen. Weder darf sie zu einer Einschränkung der Verfügungs- oder Verpflichtungsmacht des Berechtigten führen, noch kann ein positives Tun Gegenstand einer beschränkten persönlichen Dienstbarkeit sein. Letztlich kann keine Verdinglichung bestehender gesetzlicher Pflichten erfolgen.[1]

a) Mietsicherungsdienstbarkeit als fiduziarisches Sicherungsrecht

Für das gesetzliche Schuldverhältnis zwischen Eigentümer und dinglich Berechtigtem gelten im Fall der beschränkten persönlichen Dienstbarkeit die §§ 1090 bis 1093 BGB. Hiervon zu unterscheiden ist das vertragliche Schuldverhältnis, das zwischen Vermieter und Mieter zustande kommt. Fehlt es hieran, wäre die Dienstbarkeit möglicherweise wirksam, aber gleichzeitig kondizierbar, da auch Dienstbarkeiten dem Abstraktionsprinzip unterliegen.[2] Stiegele hat in Anlehnung an die Literatur und vereinzelte Entscheidungen herausgearbeitet, dass es sich bei der so genannten Mietsicherungsdienstbarkeit um ein „fiduziarisches Sicherungsrecht" handelt.[3]

Das Besondere der Mietsicherungsdienstbarkeit ist ihre dreigeteilte Struktur. Es handelt sich zunächst um das gesicherte Recht, das durch den Mietvertrag, begründet wird. Das Sicherungsrecht ist die Mietsicherungsdienstbarkeit, welche durch Einigung und Eintragung gemäß § 873 BGB bestellt wird. Der Sicherungsvertrag, häufig auch Sicherungsabrede genannt, ist regelmäßig, wenn im Mietvertrag enthalten, „einfach strukturiert".[4] Er besteht dann nur aus einer Verpflichtung des Vermieters, die Mietsicherungsdienstbarkeit zu bestellen, manchmal noch ergänzt um eine so genannte Rückgewährsklausel. Nach Stiegele reichen solche Sicherungsabreden, um den gesetzlichen Anforderungen zu genügen. Tatsächlich sollten die Anforderungen an die Sicherungsabrede nicht zu hoch sein. Wie noch zu zeigen sein wird, sind die beschränkten persönlichen Dienstbarkeiten sehr ergiebig hinsichtlich dessen, was die Parteien bei der Sicherungsabrede gewollt haben. Bedenken, diese und auch den Mietvertrag zur Auslegung heranzuziehen, bestehen nicht; Stapenhorst/Voß[5] lassen sogar mündliche oder stillschweigende Abreden gelten, welche noch zu besprechen sein werden.

Die beschränkte persönliche Dienstbarkeit ist mit Ausnahme des § 1092 Abs. 3 BGB für Versorgungseinrichtungen nicht übertragbar. Allerdings ist bei Gestat-

---

1 Soergel/Konzen, § 1090, Rdn. 5, 6.
2 Stapenhorst/Voß, a.a.O., S. 874.
3 Stiegele, Die Mietsicherungsdienstbarkeit, S. 31 ff.; vgl. auch: Trube, Sicherungsdienstbarkeit und sichernde Dienstbarkeit. Die Rechtsprechung des Bundesgerichtshofes zu wettbewerbsbeschränkenden Dienstbarkeiten und systematische Folgerungen (Arbeiten zum Sachenrecht, 1), Frankfurt/M. u.a. 2001, S. 131; Walter/Maier, Die Sicherung von Bezugs- und Abnahmeverpflichtungen durch Dienstbarkeiten, in: NJW 1988, S. 377–388, hier: S. 387.
4 Stiegele, Die Mietsicherungsdienstbarkeit, S. 33.
5 Stapenhorst/Voß, a.a.O., S. 875.

tung seitens des Eigentümers eine Überlassung der Ausübung zulässig.[1] In der Praxis dürfte von der frühzeitigen Gestattung in der Sicherungsabrede häufig Gebrauch gemacht werden, um eine Untervermietung oder Übertragungen innerhalb einer Unternehmensgruppe zu ermöglichen. Die Überlassung zur Ausübung erfolgt rechtsgeschäftlich und formfrei, ohne dass sie zu ihrer Wirksamkeit der Eintragung in das Grundbuch bedarf.[2]

Typisch für die fiduziarischen Sicherungsverträge ist der so genannte Rechtsmachtüberschuss.[3] Dies kann man auch bei der Mietsicherungsdienstbarkeit feststellen, die nach dem gemeinsamen Willen der Parteien erst greift, wenn es bei dem Mietvertrag zu erheblichen Störungen kommt. Dies wäre beispielsweise der Fall, wenn der Ersteher nach § 111 InsO sein Sonderkündigungsrecht ausüben würde. Erst jetzt darf der Berechtigte von seinem Recht aus der Dienstbarkeit Gebrauch machen. Bis zu diesem Zeitpunkt unterliegt er üblicherweise einem Ausübungsverbot. Er hat also im Außenverhältnis mehr Rechte als im Innenverhältnis, und damit den so genannten Rechtsmachtüberschuss. Soweit der Mieter und Berechtigte die Dienstbarkeit ausübt, unterliegt er gewissen Regeln, beispielsweise muss er eine Nutzungsvergütung zahlen. Und schließlich hat der Eigentümer nach Erledigung des Sicherungszwecks einen Rückgewährsanspruch, der regelmäßig an das Ende der Mietlaufzeit gekoppelt ist.

b) Rechtsprechung zu den Sicherungsdienstbarkeiten

In der Vergangenheit führte das von den Parteien gewünschte Nebeneinander von Mietvertrag und beschränkter persönlicher Dienstbarkeit zu gerichtlichen Entscheidungen. Diesen zufolge zwingt die Bestellung einer Dienstbarkeit im Zusammenhang mit einem Mietvertrag nicht zu der Annahme, dass eine unzulässige dingliche Sicherung der Ansprüche aus dem Mietverhältnis beabsichtigt ist.[4] Die Eintragungsfähigkeit einer Dienstbarkeit scheitert nicht daran, dass die Beteiligten über denselben Gegenstand einen Mietvertrag geschlossen haben.[5]

In dem der Entscheidung des BayObLG zugrunde liegenden Fall hatten die Grundstückseigentümer (Beteiligte zu 1) dreier Grundstücke dem Beteiligten zu 2 eine beschränkte persönliche Dienstbarkeit bewilligt, um deren Eintragungsfähigkeit es mit dem Grundbuchamt zum Streit kam. Nach der notariell beglaubigten Erklärung bewilligten und beantragten sie die Eintragung der Dienstbarkeit mit dem Inhalt, dass der Beteiligte zu 2 das ausschließliche Recht habe, auf den Grundstücken eine Mischanlage zur Herstellung bituminöser Straßenbaustoffe sowie eine Wiederaufbereitungsanlage für Baustoffe mit den jeweils dazugehörigen technischen Installationen zu errichten

---

1 Palandt/Bassenge, § 1092, Rdn. 8ff.

2 MünchKommBGB/Joost, § 1092, Rdn. 5, 6; Eickmann in Prütting/Wegen/Weinreich BGB Kommentar 2. Aufl., Neuwied 2007, § 1092, Rdn. 12.

3 Stiegele, Die Mietsicherungsdienstbarkeit, S. 34; Staudingers Kommentar zum Bürgerlichen Gesetzbuch, Buch 3: Sachenrecht (§§ 1113–1203), Berlin 2002, Bearbeiter: Wolfsteiner (zitiert: Staudinger/Bearbeiter), Vorbemerkungen zu §§ 1191 ff., Rdn. 21.

4 BGH 23. 5. 1962, in: WM 1962, S. 746; 5. 3. 1965 in: WM 1965, S. 649, 651; 13. 7. 1966 in: WM 1966, S. 1088; 25. 1. 1974 in: RPfleger 1974, S. 187.

5 BayObLG, in: NJW-RR 1990, S. 208 = DNotZ 1991, S. 254.

und zu betreiben. Über dieselben Grundstücke schlossen die Beteiligten einen Mietvertrag. Die beschränkte persönliche Dienstbarkeit sollte sich über einen bestimmten Termin hinaus verlängern, solange ein Vertrag mit dem Beteiligten zu 2 über die Errichtung und den Betrieb der beiden Anlagen bestehe. Der Eintragungsantrag wurde seitens des Grundbuchamtes zurückgewiesen, und auch die hiergegen erhobene Beschwerde des Beteiligten zu 2 an das Landgericht hatte keinen Erfolg. Das BayObLG hingegen gab der weiteren Beschwerde statt. Nach § 1090 Abs. 1 BGB sei die im Streit befindliche Dienstbarkeit zulässig, es handele sich bei dem Betrieb eines Gewerbes und dem Recht hierzu, Gebäude zu errichten und zu unterhalten, um die erste in §§ 1018, 1090 Abs. 1 BGB genannte Fallgruppe. Die dem Beteiligten zu 2 gestattete Art der Benutzung sei auch hinreichend bestimmt. Der Eintragungsfähigkeit stünde auch nicht entgegen, dass über denselben Gegenstand, der auch den Inhalt der Dienstbarkeit bilde, ein Mietvertrag geschlossen sei. Die Dauer einer beschränkten persönlichen Dienstbarkeit könne auch im Wege der Bedingung vom Bestehen eines schuldrechtlichen Vertrages abhängig gemacht werden. Durch die gewählte Formulierung sei der Fortbestand der zu untersuchenden Dienstbarkeit über den bestimmten Termin hinaus durch einen solchen Vertrag sowohl aufschiebend als auch auflösend bedingt. Eine Kündigung des Vertrages nach § 57 a ZVG hätte zwar zur Folge, dass das Vertragsverhältnis mit dem Beteiligten zu 2 erlöschen, die Dienstbarkeit hingegen fortbestehen würde. Da die mit der Dienstbarkeit verbundene auflösende Bedingung hiermit ausfalle, würde sich die Dienstbarkeit selbst in ein Recht von unbestimmter Dauer verwandeln, wogegen keine rechtlichen Bedenken bestünden, da sie ein Recht sei, das seiner Natur nach auf Dauer angelegt ist. Eine zeitliche Schranke ergebe sich gemäß §§ 1090 Abs. 2, 1061 BGB daraus, dass sie nicht vererblich sei oder mit der juristischen Person, der sie zustehe, erlösche. Dass die Grundstücke infolge der Belastung mit der beschränkten persönlichen Dienstbarkeit für einen Ersteher im Wege der Zwangsversteigerung beträchtlich entwertet seien, liege in der Natur der Sache und sei bei anderen vergleichbaren Belastungen nicht anders.

Stiegele kommt angesichts der ergangenen Rechtsprechung zu beschränkten persönlichen Dienstbarkeiten zu dem Schluss, dass im Hinblick auf den regelmäßigen Parteiwillen im Wege der ergänzenden Vertragsauslegung alle Vorschriften abbedungen seien, die den rechtlichen Bestand des Mietvertrages gefährden könnten.[1] Weiterhin sei regelmäßig ein schuldrechtliches Ausübungsverbot anzunehmen. Ob gegebenenfalls eine salvatorische Klausel tatsächlich im Wege einer ergänzenden Vertragsauslegung derart ausgelegt werden darf, ist zu bezweifeln.

Sieht man sich die derzeit gebräuchlichen Formulierungen an, kann das Problem möglicherweise anders gelöst werden. Denn die in der Praxis häufig verwendete Formulierung der Sicherungsabrede enthält recht detaillierte Festlegungen zu den Voraussetzungen der Ausübung der Mietsicherungsdienstbarkeit. Wenn es dort heißt, „dass der Mieter berechtigt ist, die Dienstbarkeit auszuüben, sobald und solange die in § … genannten Sicherungsfälle eintreten“, ist hierin genau das von Stiegele seinerzeit noch vermisste Ausübungsverbot enthalten.

Zu beachten ist ferner, dass sich die vorgenannte Rechtsprechung nicht mit Mietsicherungsdienstbarkeiten befassen musste. Diese erging zwar auch im Zusammenhang mit beschränkten persönlichen Dienstbarkeiten, aber auch mit Grunddienstbarkeiten und ihre Ausführungen sind daher bezüglich der Mietsicherungsdienstbarkeit nicht direkt anwendbar. Die frühere Rechtsprechung zur beschränkten persönlichen Dienstbarkeit konnte in Bezug auf die Mietsicherungsdienstbarkeit durchaus kritisch gesehen werden. Hiernach hieß es, dass „die

1 Stiegele, Die Mietsicherungsdienstbarkeit, S. 63.

wesentlichen vertraglichen Beziehungen eines typisierten Schuldverhältnisses nicht zum Inhalt einer beschränkten persönlichen Dienstbarkeit gemacht werden können".[1]

Es sei nicht zulässig, den Mietvertrag zu verdinglichen mit der Folge für Dritte, dass er absolute Wirkung gegen sie entfalte. Ferner sei es nicht möglich, den Umfang der beschränkten persönlichen Dienstbarkeit nur nach dem Inhalt der schuldrechtlichen Vereinbarung zu bestimmen. Die Rechte und Pflichten der Dienstbarkeit würden dann nur von dem Inhalt des Mietvertrags abhängen. Die seinerzeit von der Rechtsprechung vertretene Formel lautete, eine Dienstbarkeit sei unzulässig, wenn sich die Grenzen zwischen Mietvertrag und Dienstbarkeit so sehr vermischen, dass die Rechte, die der Berechtigte aus der Dienstbarkeit ziehen möchte, sich ausschließlich nach dem Mietvertrag richten.

Der BGH hatte sich in einer Entscheidung aus dem Jahr 1974 mit einer beschränkten persönlichen Dienstbarkeit namentlich einem Nutzungsrecht für post- und fernmeldetechnische Zwecke zu befassen, die der Absicherung von Investitionen der Bundespost dienen sollte. Aus der Tatsache, dass die Bestellung einer Dienstbarkeit im Zusammenhang mit einem Mietvertrag stünde, ergebe sich nicht zwingend, dass mit deren Bestellung die dingliche Sicherung der Ansprüche aus dem Mietvertrag beabsichtigt sei. Für die Rechtswirksamkeit der Dienstbarkeit komme es entscheidend darauf an, dass der wirkliche und ernsthafte Wille der Beteiligten auf die Einräumung eines dinglichen Rechts gerichtet gewesen sei, welches das Grundstück selbst ergreife.[2]

In einer weiteren Entscheidung,[3] gleichfalls aus dem Jahr 1974, beschäftigte sich der BGH mit dem Zusammentreffen einer Grunddienstbarkeit und einem Pachtverhältnis. Im Jahre 1904 kaufte der Rechtsvorgänger der Beklagten von dem Rechtsvorgänger der Klägerin zwei Grundstücke mit Ziegeleigebäuden. Daneben vereinbarten die Beteiligten, dass dem Käufer ein Ausbeutungsrecht an Ton, Sand und Elbkalk gegen eine jährliche Vergütung („Entschädigung") an einem weiteren Grundstück zustünde. Mehr als 60 Jahre später gerieten die Parteien in Streit, in dem es um die Fragen der Wirksamkeit einer durch die Klägerin ausgesprochenen Kündigung ging: Der Rechtsvorgänger der Klägerin hatte zugunsten der Kaufgrundstücke und zulasten des bei ihm verbleibenden Grundstücks die Grunddienstbarkeit mit dem alleinigen Inhalt der Ausbeutung von Ton, Sand und Elbkalk bestellt. Der BGH führte in der Entscheidung sodann aus, dass in weiteren Abreden der Vertragsbeteiligten, entgegen der Auffassung der Vorinstanz, nicht ein gleichzeitig mit der Bestellung der Dienstbarkeit vereinbarter Pachtvertrag zu sehen sei. Zwar sei es grundsätzlich möglich, dass ein schuldrechtliches und ein dingliches Nutzungsrecht nebeneinander bestehen könnten. Dies sei jedoch ein Ausnahmefall und bedürfe einer ausdrücklichen, zweifelsfreien Abrede. Die zwischen den Parteien getroffenen Abreden ließen sich jedoch als Inhalt des zur Bestellung der Dienstbarkeit verpflichtenden Kausalgeschäfts erklären, welches nicht einen Pachtvertrag darstelle. Mit der Zahlung der „Entschädigung" habe sich der Besteller zur Einräumung der Dienstbarkeit und der Erwerber zur Zahlung des Entgelts verpflichtet. Der Besteller habe mit der Begründung der Dienstbarkeit seine Verpflichtung erfüllt; der Erwerber habe das Entgelt zu zahlen, solange das schuldrechtliche Vertragsverhältnis laufe. Die im Vertrag vorgesehene Kündigung des schuldrechtlichen Kausalverhältnisses stelle das dingliche Recht unter eine auflösende Bedingung. Auf dieses Kausalverhältnis sei § 567 (a. F.) BGB, wonach ein über dreißigjähriger Miet- oder Pachtvertrag kündbar sei, nicht anwendbar.

---

1 BGH, 20. 9. 1974, NJW 1974, 2123 Stapenhorst/Voß, Mieterdienstbarkeit als dingliche Absicherung gewerblicher Mietverträge, NZM 22/2003, S. 873–881, hier: S. 874.

2 BGH, 25. 1. 1974, NJW 1974, 702.

3 BGH, 20. 9. 1974, in: NJW 1974, S. 2123, 2124.

IV. Mietsicherungsdienstbarkeit

Mit der zutreffenden Einordnung der Mietsicherungsdienstbarkeit als Sicherungsdienstbarkeit, wie sie von Stiegele überzeugend vorgenommen wird[1], lässt sich die mittlerweile zur Sicherungsdienstbarkeit ergangene Rechtsprechung des BGH heranziehen.

Zuvor hatte Amman ausgehend von Bierbezugsdienstbarkeiten die Voraussetzungen des Abstraktionsprinzips nochmals herausgearbeitet.[2] Ob jemand ein Inhaber eines dinglichen Rechts sei, solle möglichst einfach und damit auch für Außenstehende feststellbar sein.[3] Bei den Bierbezugsdienstbarkeiten handele es sich oft nicht um Dienstbarkeiten, deren Inhalt mit dem schuldrechtlichen Willen der Parteien deckungsgleich sei. Im letztgenannten Fall spricht man von so genannten kongruenten Dienstbarkeiten im Gegensatz zur Sicherungsdienstbarkeit. Das schuldrechtlich Gewollte und das durch Dienstbarkeit Bestellte hätten häufig einen entgegengesetzten Inhalt. Dadurch solle der Verpflichtete zu der gewünschten Handlung gezwungen werden.[4] Der Sicherungscharakter einer Dienstbarkeit wird umso offenkundiger, je einschneidender sie den Verpflichteten trifft. Der BGH hat unter Betonung der Abstraktheit der dinglichen Dienstbarkeitsbestellung festgestellt, dass das dingliche Recht in seinem Bestand grundsätzlich von der zugrunde liegenden schuldrechtlichen Vereinbarung unabhängig sei.[5] Nur wenn Letztere als Bedingung nach § 158 BGB selbst Inhalt des dinglichen Rechts geworden sei oder eine (selten vorkommende) Einheit nach § 139 BGB zwischen dinglichem und schuldrechtlichem Geschäft bestünde, sei hiervon eine Ausnahme zulässig. Schließlich könne eine Durchbrechung des Abstraktionsgrundsatzes noch gerechtfertigt sein, wenn die Sittenwidrigkeit oder ein sonstiger Fehler des schuldrechtlichen Geschäfts auch das dingliche Geschäft erfasse. Zur Sicherung eines schuldrechtlichen Anspruches, d.h. also auch zur Sicherung der Ansprüche aus einem Mietverhältnis, kann daher nach der Rechtsprechung und der Literatur eine beschränkte persönliche Dienstbarkeit bestellt werden.[6] Ob hiernach quasi automatisch die Schlussfolgerung erlaubt ist, dass beispielsweise ein Eigentümer sich verpflichten kann, die Nutzung seines Grundstückes durch einen Baumarkt- oder Supermarktbetreiber zu dulden, ist damit noch nicht festgestellt.[7] Hierzu wird es auf die Frage nach der Zulässigkeit des so genannten Sicherungszwecks ankommen.

---

1 Stiegele, Die Mietsicherungsdienstbarkeit, S. 31 ff.

2 Amann, Steuerung des Bierabsatzes durch Dienstbarkeiten, in: DNotZ 1986, S. 578–595.

3 Flume, Allgemeiner Teil des bürgerlichen Rechts, 2. Bd., 3. erg. Aufl., Berlin u.a. 1979, § 12 III 3; Amann, a.a.O. S. 578, 581.

4 Amann, a.a.O. S. 586; Soergel/Konzen, Bürgerliches Gesetzbuch, § 1090, Rdn. 13.

5 29. 1. 1988, in: NJW 1988, S. 2364; 22. 1. 1992, in: NJW-RR 1992, S. 593; 15. 4. 1998, in: NJW 1998, S. 2286; die Entscheidung vom 22. 1. 1992 wird unter lit. c dieser Arbeit dargestellt.

6 Münchener Kommentar zum Bürgerlichen Gesetzbuch, Band 6, Sachenrecht, §§ 854–1296 (zitiert: MünchKommBGB/Joos), § 1090, Rdn. 30; Trube, Sicherungsdienstbarkeit und sichernde Dienstbarkeit, S. 105; Eickmann in: Prütting/Wegen/Weinreich, BGB, § 1018, Rdn. 14, § 1090, Rdn. 2; Grziwotz in: Erman/Westermann, Bürgerliches Gesetzbuch, Bd. II, 11. Aufl., Köln 2004, § 1090, Rdn. 7.

7 So aber Stapenhorst/Voß, Mieterdienstbarkeit als dingliche Absicherung gewerblicher Mietverträge, NZM 6 (2003), 22, S. 875.

c) Der Kausalvertrag/die Sicherungsabrede

Ausgehend von den dreiteiligen fiduziarischen Sicherungsverträgen wird im Fall der Mietsicherungsdienstbarkeit die Sicherungsabrede als das zugrunde liegende Kausalgeschäft betrachtet. Die schuldrechtliche Vereinbarung über die Einräumung des dinglichen Sicherungsrechts und nicht der Mietvertrag stellt die „causa" oder den Rechtsgrund dar.[1]

Seit den grundlegenden Ausführungen von Amann[2] über die (Bezugs-)Sicherungsdienstbarkeiten ist weitgehend anerkannt, dass die dreigeteilte Struktur, die bei der Sicherungsgrundschuld bekannt war[3], auch auf Sicherungsdienstbarkeiten übertragen werden muss.[4] Die Rechtsprechung hat die so genannten (Unterlassungs-)Sicherungsdienstbarkeiten in den Fällen der Brauerei- oder Bierbezugsdienstbarkeiten und den Fernwärmedienstbarkeiten anerkannt.[5] Sie belasteten das Grundstück des Abnehmers mit einer Dienstbarkeit, wonach auf dem Grundstück keine Gaststätte betrieben werden durfte. Im schuldrechtlichen Vertrag verpflichtet sich der Lieferant, die Dienstbarkeit nicht auszuüben, solange sich der Abnehmer an den Lieferbezugsvertrag hält. Mit der Entscheidung des BGH vom 29. 1. 1988 bestätigte er[6], dass (bei der Bezugsdienstbarkeit) zwischen dem schuldrechtlichen Lieferbezugsvertrag, der schuldrechtlichen Sicherungsabrede und der Dienstbarkeit unterschieden werden müsse.

In dem vorliegenden Fall hatten die Betreiber und Eigentümer einer Gaststätte neben der schuldrechtlichen Getränkebezugsverpflichtung gegenüber der Brauerei überdies zu deren Gunsten eine beschränkte persönliche Dienstbarkeit zu Lasten des Grundstücks bestellt, wonach die Berechtigte das Lagern und Ausschenken von Getränken auf dem belasteten Grundstück untersagen könne. Die Dienstbarkeit war unbefristet und unbedingt bestellt worden; hierüber gerieten die Parteien in Streit.

Das dingliche Recht sei abstrakt und unabhängig von dem schuldrechtlichen Lieferbezugsvertrag. Nur wenn zugrunde liegende schuldrechtliche Vereinbarungen als Bedingung zum Inhalt des dinglichen Rechts selbst geworden seien (§ 158 BGB)[7] oder eine Geschäftseinheit zwischen schuldrechtlichem und dinglichem Recht bestehe (§ 139 BGB), was allerdings höchst selten vorkomme, sei eine Durchbrechung des Abstraktionsprinzips gerechtfertigt. Die Nichtigkeit des Kausalgeschäfts nach § 138 BGB hätte nicht ohne weiteres die Nichtigkeit der abstrakten Dienstbarkeitsbestellung zur Folge.

---

1 Stiegele, Die Mietsicherungsdienstbarkeit, S. 32; Mayer, Kurzkommentar zum Urteil des BGH vom 13. 11. 1998, in: EWiR 1 (2000), S. 17, für das dingliche Wohnrecht; Trube, Sicherungsdienstbarkeit und sichernde Dienstbarkeit, S. 110.

2 Amann, Steuerung des Bierabsatzes durch Dienstbarkeiten, DNotZ 1986, S. 578;

3 Wenzel in: Erman/Westermann, BGB, Bd. II, § 1191 Rdn. 5; Waldner in: Prütting/Wegen/Weinreich, BGB, § 1191, Rdn. 7; Palandt/Bassenge, § 1191 Rdn. 14, 15.

4 Stapenhorst/Voß, Mieterdienstbarkeit als dingliche Absicherung gewerblicher Mietverträge, NZM 6, (2003), S. 875.

5 BGH, 2. 3. 1984, in: WM, 1984, S. 820.

6 NJW 1988, S. 2364.

7 Dorn in: Schmoeckel/Rückert/Zimmermann(Hrsg.), Kommentar zum BGB, Bd. I, Allg. Teil, Tübingen 2003, §§ 139–141, Rdn 14.

Eine Verknüpfung zwischen den schuldrechtlichen Vereinbarungen und einer beschränkten persönlichen Dienstbarkeit derart, dass die Dauer der Dienstbarkeit vom Fortbestand des schuldrechtlichen Vertrages abhängig ist, wurde vom BGH in einer weiteren, ähnlich gelagerten Entscheidung für wirksam gehalten.[1] Gleichfalls wurde anerkannt, dass ausnahmsweise zwischen schuldrechtlicher Vereinbarung und dinglichem Recht eine Verknüpfung derart erfolgen könne, dass die schuldrechtliche Vereinbarung als Bedingung (§ 158 BGB) zum Inhalt der Dienstbarkeit wird. Eine faktische Bindung des Gastwirts und Grundstückseigentümers an den Dienstbarkeitsberechtigten sei die notwendige Folge des Abstraktionsprinzips und, falls gewollt, durch Vereinbarung einer Bedingung oder Befristung bei der Dienstbarkeitsbestellung vermeidbar.

In dem zugrunde liegenden Fall stritten sich zwei Brüder um die Wirksamkeit von Dienstbarkeiten und einer Getränkebezugsverpflichtung. Der Vater der Parteien war Eigentümer einer Brauerei sowie zum Teil zusammen mit seiner Ehefrau Eigentümer mehrerer Grundstücke. Nach Übertragung des Brauereiunternehmens mit notariellem Übergabevertrag auf den Beklagten, verblieb den Eltern ein Grundstück, auf dem eine Brauereigaststätte sowie ein Getränkemarkt betrieben wurden. Der Beklagte verpflichtete sich im Gegenzug zur Zahlung einer monatlichen Leibrente sowie zur Übernahme der Steuern und Verbindlichkeiten. Der Vertrag enthielt ferner eine Getränkebezugsvereinbarung für die Eltern der Parteien und deren Rechtsnachfolger auf die Dauer von 20 Jahren. An den Grundstücken, auf denen die Gaststätte sowie der Getränkemarkt betrieben wurden, sollte neben einer Grunddienstbarkeit zugunsten eines weiteren Grundstücks eine beschränkte persönliche Dienstbarkeit mit einem Getränkevertriebsverbot bestellt werden. Später übertrugen die Eltern mit notariellem Übergabevertrag u.a. diese beiden Grundstücke auf den Kläger. Die Getränkebezugsvereinbarung wurde zwischen den Eltern der Parteien und dem Beklagten nochmals mit notariellem Vertrag geändert; der Kläger stimmte diesen Änderungen zu. Er bezog in der Folgezeit die Getränke von seinem Bruder. Nach dem Tod des Vaters widerriefen sowohl der Kläger als auch später seine Muter als Alleinerbin die Getränkebezugsvereinbarung.

Der BGH hat, worauf hier nicht näher einzugehen ist, geurteilt, dass der Kläger nach §§ 1 c Nr. 3, 1 b AbzG wirksam die Übernahmeerklärung der Getränkebezugsvereinbarung widerrufen habe. Der BGH betonte unter teilweiser Aufgabe der bisherigen Rechtsprechung die Abstraktheit der dinglichen Dienstbarkeitsbestellung und entschied, dass das dingliche Recht in seinem Bestand grundsätzlich unabhängig von der zugrunde liegenden schuldrechtlichen Vereinbarung sei. Allenfalls eine höchst selten vorkommende Geschäftseinheit zwischen schuldrechtlichem und dinglichem Geschäft lasse eine Durchbrechung rechtfertigen, oder wenn die Bezugsvereinbarung als Bedingung Bestandteil des dinglichen Rechts geworden ist; beides sei jedoch im entschiedenen Fall nicht gegeben. Die Sittenwidrigkeit der Getränkelieferungsvereinbarung könnte, wenn sie im Vollzug der Leistung läge, zur Nichtigkeit des dinglichen Geschäfts führen. Die faktische Bindung, die sich durch eine zur Sicherung eingeräumte Dienstbarkeit ergebe, sei zulässige und notwendige Folge des Abstraktionsprinzips. Vermieden könne dieser Effekt durch Bestellung einer Befristung oder Bedingung.

In der juristischen Literatur wird das Nebeneinander von schuldrechtlichem Mietvertrag und Mietsicherungsdienstbarkeit mehrheitlich für zulässig erachtet.

In der Praxis solle häufig ein bestehendes schuldrechtliches Nutzungsverhältnis durch ein sachliches Recht verstärkt werden. So werde dem Nutzer zeitlich parallel

---

1 22. 1. 1992, NJW-RR 1992, 593, 594.

neben dem schuldrechtlichen Vertrag eine Grunddienstbarkeit bestellt.[1] Wenn hierdurch nicht die zugrundeliegende Vereinbarung aufgehoben werden sollte, gelte i. ü. die Beschränkung, dass ein schuldrechtliches Nutzungsverhältnis nicht verdinglicht werden dürfe. Daher solle wegen des Inhalts einer beschränkten persönlichen Dienstbarkeit auch nicht auf einen schuldrechtlichen Mietvertrag verwiesen werden können. Es könnten die Grundsätze herangezogen werden, die zur Sicherungsdienstbarkeit parallel zur Sicherungsgrundschuld entwickelt worden seien. Wegmann hält es demzufolge auch für zulässig, dass sich eine beschränkte persönliche Dienstbarkeit an ein schuldrechtliches Nutzungsverhältnis zeitlich dahingehend anschließe, dass nach der Beendigung des schuldrechtlichen Nutzungsverhältnisses (auch z. B. in Folge einer Kündigung nach § 57a ZVG) die beschränkte persönliche Dienstbarkeit zur Entstehung gelange.

Durch weitergehende Vereinbarungen bleibe es den Parteien überlassen, die Reichweite des Sicherungsrechts zu bestimmen[2], wobei häufig aufschiebende oder auflösende Bedingungen in Frage kommen.[3] Vereinzelt gibt es auch heute noch Stimmen, nach denen die beschränkte persönliche Dienstbarkeit nicht von dem Mietvertrag inhaltlich abhängig gemacht werden dürfe.[4] Zutreffend weist Joos darauf hin[5], es komme entscheidend darauf an, dass die Parteien ein selbständiges Sachenrecht begründen wollen und den Inhalt im Rahmen der gesetzlichen Möglichkeiten regeln.

Genauso zutreffend ist es aber auch, dass der Inhalt des dinglichen Rechts nicht durch eine Bezugnahme auf den Mietvertrag erweitert werden kann. Dies verdeutlicht die Notwendigkeit in der Praxis, der Formulierung der Sicherungsabrede besondere Aufmerksamkeit zu schenken. Die von Stiegele vorgenommene erweiternde Auslegung in diesem Bereich ermöglicht die Vermengung der schuldrechtlichen mit der sachenrechtlichen Vereinbarung. Durch deutliche Formulierungen, die – soweit ersichtlich – in der Praxis verstärkt Einzug gehalten haben, dürften auch die Wenigen in der Literatur, die noch Bedenken äußern, diese relativieren.

d) Ergebnis

Von der Rechtsprechung und Literatur anerkannt, sind Sicherungsdienstbarkeiten zur Sicherung schuldrechtlicher Regelungen des Mietvertrags zulässig. Rechtsprechung speziell zu Mietsicherungsdienstbarkeiten liegt noch nicht vor. Dem Abstraktionsprinzip folgend, handelt es sich um ein dreigeteiltes Rechtsgeschäft. Neben dem schuldrechtlichen Mietvertrag vereinbaren die Parteien eine schuld-

---

1 Wegmann in: Bamberger/Roth, Kommentar zum Bürgerlichen Gesetzbuch, Bd. 2, München 2003, § 1091, Rdn. 13, 14.

2 Stapenhorst/Voß, Mieterdienstbarkeit als dingliche Absicherung gewerblicher Mietverträge, NZM 6 (2003), 22, S. 875.

3 So bereits OLG Köln, in: DNotZ 1963, S. 48; BayObLG, in: NJW-RR 1990, S. 208.

4 Gablenz, Die dingliche Sicherung von gewerblichen Mietverträgen, in: NZM 1998, S. 99–101, hier S. 99, 100.

5 MünchKommBGB/Joos, § 1090, Rdn. 30.

rechtliche Sicherungsabrede und schließlich das dingliche Rechtsgeschäft, die beschränkte persönliche Dienstbarkeit. Im Außenverhältnis steht dem Berechtigten die volle Rechtsmacht zu, im Innenverhältnis werden die Rechte durch die Sicherungsabrede eingeschränkt.

V. Die Mietsicherungsdienstbarkeit in der Praxis

1. Vorbemerkung

In der Praxis begegnet man der Mietsicherungsdienstbarkeit stets im Zusammenhang mit einem Mietvertrag. Die häufigsten Nutzer sind die Filialunternehmen des Einzelhandels, die Tankstellenbetreiber, Stromversorgungsunternehmen, so genannte Stromcontracting-Unternehmen und Einzelmieter von Spezialmietobjekten, die in erheblichem Umfang in ein ansonsten eher einfaches Mietobjekt investieren wollen oder müssen (beispielsweise Industrieanlagenbetreiber oder Logistikunternehmen). In Abhängigkeit von der Bedeutung, die dem einzelnen Mietgegenstand von dem Unternehmen zugemessen wird, wächst auch die Bereitschaft des Mieters, bei den Mietvertragsverhandlungen auf die Vorstellungen der anderen Seite einzugehen. Diese wird in der Regel nicht allein von dem Vermieter dargestellt; häufig sitzt die Kreditwirtschaft durch einen ihrer Vertreter mit am Verhandlungstisch. Wenigstens wird jedoch der Vermieter im Nachgang zu den jeweiligen Verhandlungen die Zustimmung der Bankenvertreter herbeiführen, bei denen er die Finanzierung des Mietgegenstandes durchzuführen beabsichtigt. Da der Mieter es insoweit faktisch mit den Interessen der Banken zu tun hat, wird er die Verhandlungen mit dem Vermieter zweckmäßigerweise gleich so führen, dass er deren Zustimmung sicher sein kann. Nachdem die Banken in der Vergangenheit der Mietsicherungsdienstbarkeit erhebliche Vorbehalte entgegensetzten, hat sich in den letzten Jahren eine aufgeschlossenere Haltung durchgesetzt. Hierzu wird das „Ergebnispapier des Arbeitskreises Mieterdienstbarkeiten des Verbandes Deutscher Hypothekenbanken vom 6. 1. 2003“[1] beigetragen haben. Die Hypothekenbanken als diejenigen, die die Immobilienfinanzierung als ihren originären Geschäftszweck betrachten, verfahren seit der Verabschiedung dieses Papiers sehr professionell mit dem bis dahin eher skeptisch betrachteten Versuch der Mieter, die spezifischen Schwächen des Gewerberaummietvertrags zu beseitigen. Zusätzlich mag der Zusammenschluss einiger Institute hierzu beigetragen haben. Und schließlich wird auch noch im Zuge der Privatisierung verschiedener Dienstleistungen, bei denen aber gleichwohl ein öffentlich rechtlicher Versorgungsauftrag bestehen bleibt (beispielsweise im Bereich der Erdgasversorgung oder der Telekommunikation), die Notwendigkeit einer aufgeschlosseneren Sichtweise erkannt worden sein. Einige dieser vormals in der Öffentlichen Hand befindlichen Unternehmen bedienen sich zur Finanzierung nämlich des „sale-and-lease-back“-Modells. Zur Erfüllung ihres Versorgungsauftrags sind diese Unternehmen auf die langfristige und ungefährdete Sicherung der betriebsnotwendigen Immobilien angewiesen. Im Folgenden werden typische in der Praxis erlebte Formulierungen dargestellt.

---

1 Stapenhorst/Voß, Mieterdienstbarkeit als dingliche Absicherung gewerblicher Mietverträge, NZM 6 (2003), 22, S. 873 (874).

2. Ausgangssituation

Die Ausgangssituation ist dadurch gekennzeichnet, dass der Mietgegenstand noch nicht errichtet ist. Die Mietvertragsparteien führen die Verhandlungen ohne Hinzuziehung der vom Vermieter hierfür vorgesehenen Bank. Der Mietvertrag enthält die für Gewerbemietverhältnisse typischen Formulierungen: Nach der Beschreibung des Mietgegenstandes unter Beifügung einer mieterspezifischen Beschreibung der Bauausstattung und der Baupläne werden wichtige wirtschaftliche Rahmenbedingungen festgelegt. Neben der Miete und deren Wertsicherung sind dies namentlich die Festlegung, wer welche Nebenkosten zu tragen hat, Regelungen über die Instandhaltung und die Instandsetzung und schließlich die Vereinbarung einer von beiden Vertragsparteien geforderten Festlaufzeit. Mitunter kann der Vertrag auch noch Bestimmungen zur Untervermietung, zum Wettbewerbsschutz, ferner Garantien und Rücktritts- oder Kündigungsklauseln enthalten.

3. Standardformulierung

Da der Mieter derjenige ist, auf dessen Betreiben die Mietsicherungsdienstbarkeit in den Mietvertrag aufgenommen werden soll, wird er auch derjenige sein, der den Formulierungsvorschlag unterbreitet. Üblicherweise wird ein eigener Paragraph zur Mietsicherungsdienstbarkeit aufgenommen, dem die Eintragungsbewilligung als Entwurf beigefügt wird. Unter der Überschrift „Sicherungsabrede“ werden deren einzelne Regelungen aufgeführt, die anders als noch zur Zeit der Arbeit von Stiegele, die Mindestvoraussetzungen beinhalten. Hiernach verpflichtet sich der Vermieter zur Sicherung des Mietvertrags und für den Mieter zu Lasten des Mietgrundstücks eine beschränkte persönliche Dienstbarkeit (Mietsicherungsdienstbarkeit) eintragen zu lassen. Die Eintragung soll unverzüglich erfolgen und zum Inhalt haben, dass der Mieter den Mietgegenstand nutzen darf. Der Umfang soll der durch Mietvertrag gewährten Nutzung entsprechen. Häufig wird an dieser Stelle gleich die Berechtigung des Mieters niedergelegt, die Ausübung der Mietsicherungsdienstbarkeit auch Dritten zu überlassen. Besonders wichtig für den Mieter ist die Verpflichtung des Vermieters, die Dienstbarkeit an erster Rangstelle einzutragen.

Für den Vermieter wiederum von großer Bedeutung ist die Verpflichtung des Mieters, die Dienstbarkeit bei Beendigung des Mietvertrages unverzüglich löschen zu lassen. Die Löschung soll jedoch nicht verlangt werden können, wenn in Folge einer Zwangsversteigerung gemäß § 57a ZVG oder im Zuge einer Insolvenz des Vermieters nach § 111 InsO ein Sonderkündigungsrecht ausgeübt werde.

Häufig werden auch die Fälle der vorzeitigen Beendigung des Mietverhältnisses und die der Vermieter oder ein Dritter zu vertreten haben als so genannte Sicherungsfälle mit den vorgenannten der §§ 57a ZVG, 111InsO gleichgesetzt. Namentlich werden die Fälle der Veräußerung oder Zweitvermietung vor der Überlassung des Mietgegenstandes hierzu gezählt. Als letzte Variante wird die Beendigung des

Mietvertrags aufgrund verletzter Formvorschriften erwähnt. In all diesen Fällen ist der Mieter nach dem deutlichen Wortlaut der Sicherungsabrede also nicht verpflichtet, die Dienstbarkeit löschen zu lassen. Vielmehr sieht die Standardformulierung in diesen Fällen vor, dass der Vermieter die Löschung erst zu dem Termin verlangen kann, bis zu welchem das Mietverhältnis unter Berücksichtigung der fest vereinbarten Vertragslaufzeit wie auch der dem Mieter eingeräumten Optionsrechte bestanden hätte. Hierbei habe die vorzeitige Beendigung außer Betracht zu bleiben.

Sodann folgen die Regeln über die Ausübung der Dienstbarkeit. Hiernach ist der Mieter berechtigt die Dienstbarkeit auszuüben, sobald die vorgenannten Sicherungsfälle eintreten und solange sie andauern. Mit Blick auf Art und Umfang der Ausübung der Dienstbarkeit hat sich der Mieter an den jeweils zutreffenden und einschlägigen Bestimmungen des Mietvertrages auszurichten. Dies soll er auch dann tun, wenn ihm die Dienstbarkeit mehr Rechte gewährt.

Für den Vermieter ist die Verpflichtung des Mieters von elementarer Bedeutung, anstelle der Miete nunmehr ein Nutzungsentgelt in der Höhe zu zahlen, in der die Miete zu zahlen wäre, wenn die Beendigung des Mietvertrages nicht eingetreten wäre. Üblicherweise enthält eine Standardformulierung dann noch eine Regelung, wer die Kosten der Dienstbarkeit einschließlich der Eintragung und Löschung tragen soll. Manchmal ist darüber hinaus die Berechtigung des Mieters aufgeführt, die Dienstbarkeit vorzeitig aufzugeben.

Schließlich wird auf den in der Anlage beigefügten Bewilligungstext verwiesen, den der Vermieter vor einem Notar zum Zwecke der Beglaubigung unterschreiben soll. Der Antrag kann beim Grundbuchamt vom Vermieter, Mieter oder auch vom Notar eingereicht werden. Diese Eintragungsbewilligung sollte aus der Sicht der Mietvertragsparteien nicht in dem eigentlichen Mietvertrag mit aufgenommen werden, da ansonsten der komplette Mietvertrag mit in die Grundbuchakten gelangen würde und dort eingesehen werden könnte.

4. Bestellung einer Mietsicherungsdienstbarkeit

Die vorstehend erwähnte Anlage könnte den nachfolgenden Inhalt haben: In der Überschrift sollte es „Bestellung einer beschränkten persönlichen Dienstbarkeit“ heißen. Die Dienstbarkeit bedarf selbstredend der Eintragung im Grundbuch. Diese erfolgt durch den Rechtspfleger, der im Falle von Unklarheiten zu Nachfragen veranlasst wird. Dies führt ggf. zu Kosten und Verzögerungen. Nach der genauen grundbuchgerechten (Grundbuch, Bestandsverzeichnis und Flurstück) Bezeichnung des Grundstücks folgt der Hinweis darauf, dass der Eigentümer dem Mieter das Grundstück zur Nutzung überlassen hat. In der entsprechenden Sicherungsabrede verpflichtet sich der Eigentümer, zu Lasten des Grundstücks eine rechtlich eigenständige beschränkte persönliche Dienstbarkeit zu bestellen.

Sodann folgt die eigentliche Dienstbarkeitsbestellung, in der der Eigentümer erklärt, in Erfüllung der vorgenannten Verpflichtung zugunsten des Mieters und zu Lasten des Grundstücks eine beschränkte persönliche Dienstbarkeit mit dem Inhalt zu bestellen, dass der Berechtigte das Grundstück zu bestimmten Zwecken nutzen darf. Der Zweck ist näher auszuführen; an dieser Stelle ist die vereinbarte konkrete Nutzung zu beschreiben. Der Text könnte zum Beispiel das Recht des Mieters aufführen, auf dem Grundstück einen Baumarkt oder einen Supermarkt zu errichten, zu erhalten und zu betreiben. Zur Vermeidung von späteren Streitereien sollte sich das Recht auch auf die restlichen Grundstücksflächen beziehen, soweit diese zum Betrieb des Mietgegenstandes erforderlich sind. Dabei sind dann die Lagerflächen, Parkplätze und Zu- und Abfahrten mit aufzuführen.

Anschließend ist der Rang anzugeben, in welchem das Recht einzutragen ist. Im Interesse des Mieters wird die erste Rangstelle bewilligt. Auf hiervon abweichende Möglichkeiten wird später eingegangen. Wenn die Parteien hierüber Einigkeit erzielt haben, ist auch in der Bestellungsurkunde bereits das Recht des Mieters aufzuführen, die Ausübung der Dienstbarkeit Dritten zu überlassen oder diese vorzeitig aufzugeben.

Nach der Dienstbarkeitsbestellung folgen die Bewilligung und der Antrag. Hiernach bewilligt i.d.R. der Eigentümer die Eintragung, und der Dienstbarkeitsberechtigte beantragt die Eintragung der Dienstbarkeit im Grundbuch. Antragsberechtigt sind sowohl der Eigentümer, als auch der Mieter, da ihre dingliche Rechtsstellung durch die Eintragung entweder einen Verlust erleidet oder einen Gewinn erfährt.[1] Abschließend ist eine Kostentragungspflicht aufzunehmen, wobei sich die Übernahme auf Seiten des Mieters durchgesetzt zu haben scheint. Zu Kostenzwecken ist der Wert der Dienstbarkeit anzugeben; in der Praxis werden hierbei eher niedrige Werte aufgenommen. Der Notar hat lediglich die Unterschrift des Grundstückseigentümers zu beglaubigen. Entweder der Vermieter, der Mieter oder der Notar reichen den Antrag (§ 13 GBO) beim Grundbuchamt zur Eintragung ein.

Wenn der Wert der Dienstbarkeit zum Beispiel mit 25.000,00 Euro angegeben wurde, entstünden einschließlich der Nebenkosten und der Mehrwertsteuer Notarkosten von unter 200,00 Euro. Selbst mit den Kosten des Grundbuchamtes (ein ähnlicher Betrag) handelt es sich, gemessen an der Bedeutung, die die Dienstbarkeit für den Mieter hat, um geringe Beträge.

5. Mietsicherungsdienstbarkeit mit Festbewertungsklausel

Die Mietsicherungsdienstbarkeit kann ihre Sicherungsfunktion im Falle der Zwangsversteigerung nur dann erfüllen, wenn sie nicht nach den Bestimmungen des ZVG entfällt. Gemäß § 52 Abs. 1 S. 2 ZVG erlöschen diejenigen Rechte, die

1 Demharter, Grundbuchordnung, 25. Aufl., München 2005, § 13, Rdn. 42.

nicht in das geringste Gebot des § 44 Abs. 1 ZVG fallen.[1] In das geringste Gebot fallen aber nur diejenigen Rechte, die dem betreibenden Gläubiger vorgehen. Im Falle der erstrangigen Eintragung der Mietsicherungsdienstbarkeit würde demnach jede Zwangsversteigerung, die auf das Betreiben eines nachrangigen Grundpfandrechtsgläubigers hin erfolgt, das Sicherungsrecht bestehen lassen; die Mietsicherungsdienstbarkeit würde ihren Zweck erfüllen können. Von Seiten der Banken werden hiergegen die folgenden Bedenken erhoben: Sollte der Vermieter in eine wirtschaftliche Notlage geraten und seine Kredite nicht mehr bedienen, wäre die Bank als Grundpfandrechtsgläubigerin gezwungen, von ihrem Grundpfandrecht Gebrauch zu machen. Auf ihr Betreiben hin käme es zur Zwangsversteigerung. In deren Vollzug würde die Mietsicherungsdienstbarkeit in das geringste Gebot fallen. Der Ersteher müsste sie als eines der Rechte dulden, die dem Recht der Bank vorgeht. Die Bank befürchtet, dass sich dieses vorrangige Recht wertmindernd auf den Versteigerungserlös auswirken könnte. Das Nutzungsrecht, das jeder Interessent im Grundbuch einsehen kann, könnte abschreckend wirken. Es tritt also die Situation ein, die der Gesetzgeber der §§ 57a ZVG, 111 InsO verhindern wollte. Im schlimmsten Fall könnte ein zu niedriger Erlös erzielt werden, der den Beleihungswert unterschreitet. Die Bank sorgt sich, auf diese Weise durch die Mietsicherungsdienstbarkeit Schaden zu nehmen.

Abhilfe kann eine so genannte Festbewertungsklausel schaffen. Hierbei sind zwei Varianten denkbar:

a) Festbewertungsklausel ohne Mitwirkung des Mieters und der Bank

Gemäß § 882 BGB kann der Höchstbetrag des Wertersatzes für ein Recht, das ein Grundstück belastet und für welches der Berechtigte im Falle des Erlöschens durch den Zuschlag in der Zwangsversteigerung den Wert erstattet erhält, bestimmt werden. Wenn also ein Recht, das nicht ablösbar ist, durch Zuschlag erlischt, tritt an seine Stelle ein Anspruch auf Wertersatz. Die Festlegung eines Höchstbetrages ist demnach bei Dienstbarkeiten zulässig, da diese nach §§ 52, 91 ZVG bei einer Zwangsversteigerung erlöschen.[2] Nach § 882 S. 2 BGB bedarf die Bestimmung der Eintragung in das Grundbuch. In Anlehnung an diese Möglichkeit vereinbaren der Vermieter und der Mieter die Festsetzung eines Höchstbetrages des Wertersatzes für die Dienstbarkeit.

Die Festbewertungsklausel muss in der Bestellung der Mietsicherungsdienstbarkeit niedergelegt sein. Dort kann auch der Hinweis darauf erfolgen, dass eine Eintragung der Dienstbarkeit im Grundbuch nur mit Festbewertung erfolgen darf. Da sie einen wesentlichen Bestandteil der Absprachen betrifft, ist die Berücksichti-

1 Hintzen/Wolf, Zwangsvollstreckung, Zwangsversteigerung und Zwangsverwaltung, Bielefeld 2006, Rdn. 11.158, 11.160.

2 Vieweg (Bearb.) in: Martinek/Herberger u.a. (Hrsg.) BGB, Bd. 3 Sachenrecht, jurisPraxisKommentar, 2. Aufl., Saarbrücken 2005, § 882, Rdn. 6; MünchKommBGB/Wacke § 882, Rdn. 2, 3; Palandt/*Bassenge*, § 882, Rdn. 1.

gung in der Sicherungsabrede gleichfalls notwendig. Zu ihrer Wirksamkeit bedarf sie ferner der Eintragung in das Grundbuch, wobei hierzu gemäß §§ 19, 29 GBO die Bewilligung des Eigentümers erforderlich ist.[1]

b) Festbewertungsklausel unter Mitwirkung des Mieters und der Bank

Es ist nicht auszuschließen, dass im Laufe der Mietzeit die Mietvertragsparteien sich über eine Änderung der Mietsicherungsdienstbarkeit verständigen. Anlass hierzu könnten eine Gesetzesänderung, zwischenzeitlich ergangene Rechtsprechung oder sonstige Erkenntnisse sein. Da von der Mietsicherungsdienstbarkeit formal nur der Vermieter und der Mieter betroffen sind, wäre eine Veränderung der Mietsicherungsdienstbarkeit ohne Beteiligung der Bank möglich. Selbst wenn sich die Bank in dem Darlehensvertrag mit dem Vermieter entsprechende Zusicherungen machen ließe, keine Änderungen der Mietsicherungsdienstbarkeit vorzunehmen, ist ihr diesbezügliches Absicherungsbedürfnis häufig nicht befriedigt. Dies gelingt erst dann, wenn zusätzlich zum Vermieter auch der Mieter an der Dienstbarkeitsbestellung mitwirkt. Entscheidend neben der Ausweitung der Verpflichtungen zu Lasten des Mieters und zu Gunsten der Bank ist die dingliche Absicherung des Abänderungsverbots. Die rein schuldrechtlichen Absicherungsmöglichkeiten, die ansonsten zu Gunsten der Bank gebräuchlich sind, haben aus deren Sicht den Nachteil, dass sie weder vormerkungsfähig noch im Rahmen des Zwangsversteigerungsverfahrens zu berücksichtigen sind. Die besonderen Bestimmungen, die nach entsprechenden Absprachen zwischen Vermieter, Mieter und Bank eingeführt werden, begründen die Verpflichtung der Mietvertragsparteien gegenüber den nachrangigen (genau zu bezeichnenden) Grundpfandrechtsgläubigern, keine Änderung an der Dienstbarkeit vorzunehmen. Diese Verpflichtung soll ein echter Vertrag zugunsten Dritter im Sinne des § 328 BGB sein. Bei einem echten Vertrag zugunsten Dritter, erlangt der Dritte, d.h. eine nicht zu den Vertragsschließenden gehörende Person,[2] einen Anspruch auf die Leistung.[3] Sie soll auch die Rechtsnachfolger der Grundpfandrechtsgläubiger schützen. Inhaltlich soll sie auf ein umfassendes Verbot, d.h. ein Unterlassen, was gleichfalls zulässig ist,[4] hinausgehen. Weder dürfen die Mietvertragsparteien die Festbewertung gemäß § 882 BGB ändern oder aufheben noch einem anderen Grundpfandrechtsgläubiger den Vorrang vor der Dienstbarkeit einräumen.

1 Vieweg in: Martinek/Herberger, a.a.O. Rdn. 9.
2 Staudinger/Jagmann, Vorbem. zu §§ 328ff., Rdn. 4.
3 Medicus in: Prütting/Wegen/Weinreich, BGB, § 328, Rdn. 12.
4 Staudinger/Jagmann, § 328, Rdn. 10.

6. Mietsicherungsdienstbarkeit und dingliche Absicherung der Erlöschensgründe

Da die Standardformulierung lediglich die schuldrechtliche Verpflichtung des Mieters vorsieht, die Mietsicherungsdienstbarkeit auch bei Vorliegen bestimmter Bedingungen zu löschen, ist es aus der Sicht der Bank und des Vermieters nicht abwegig, eine dingliche Absicherung dieser Verpflichtung zu fordern. In den Bewilligungstext würden sodann die Erlöschensgründe aufzunehmen sein. Gravierend für den Mieter ist es, dass es zu einem automatischen Erlöschen der Dienstbarkeit im Wege einer auflösenden Bedingung kommen soll, wenn einer der Erlöschensgründe gegeben sein sollte und die entsprechende Regelung als Inhalt der Dienstbarkeit in das Grundbuch eingetragen werden soll.

7. Mietsicherungsdienstbarkeit mit „Liegenbelassungsvereinbarung“

In besonderen Situationen kann es erforderlich werden, von einer der vorgenannten Lösungsmöglichkeiten abzuweichen. Dies kann beispielsweise der Fall sein, wenn der Vermieter den Verkauf an einen Interessenten beabsichtigt, dessen Bank mit dem Vollzug der vertraglich zwar vereinbarten, aber noch nicht vollzogenen, Mietsicherungsdienstbarkeit nicht einverstanden ist und dem Mieter der Mietgegenstand noch nicht übergeben wurde. Die gleiche Situation könnte eintreten, wenn der Mieter sich für ein bestehendes Mietobjekt interessiert, und zwar eine Einigung mit dem Vermieter erfolgt ist, jedoch mit Ausnahme der Mietsicherungsdienstbarkeit. Aufgrund des Umstandes, dass der Mietgegenstand bereits existiert und daher auch bereits finanziert wurde, besteht auf Seiten der Bank keine Bereitschaft, von der vertraglich komfortablen Position abzuweichen. Für diese Sichtweise der Bank spricht ebenso, dass der bisherige Mieter den Mietgegenstand offenkundig genutzt hatte, ohne dass ein vergleichbares Sicherungsinteresse ihn hieran hinderte. Um dem Kreditnehmer den Vertrag zu ermöglichen und überdies zu verhindern, dass dieser gezwungen wird, den Kreditvertrag vorfällig mit Hilfe eines anderen Kreditinstituts abzulösen, erklärt sich die Bank doch bereit, eine Mietsicherungsdienstbarkeit zu bestellen. Sie darf aber lediglich im Range nach ihren Grundpfandrechten eingetragen werden. Dies hätte für den Mieter im Falle der Zwangsversteigerung den Nachteil, dass die Mietsicherungsdienstbarkeit als nachrangiges Recht nicht mehr in das geringste Gebot fallen würde. Im Falle eines Zuschlags würde die Mietsicherungsdienstbarkeit gemäß § 52 Abs. 1 S. 2 ZVG erlöschen. Für den Mieter hätte eine Mietsicherungsdienstbarkeit, die nicht an erster Rangstelle eingetragen ist, immerhin noch einen Nutzen. Die Absicherung des Mietvertrages in der Insolvenz beziehungsweise in den sonstigen Fällen, die durch den Vermieter oder Dritte zu vertreten oder auf Verletzungen von Formvorschriften zurückzuführen sind, wäre weiterhin gegeben.

§ 91 Abs. 2 ZVG ermöglicht den Abschluss einer Liegenbelassungsvereinbarung oder auch Bestehenbleibensvereinbarung. Hiernach bleibt ein Recht an einem

Grundstück, das nach § 91 Abs. 1 ZVG durch den Zuschlag erlöschen würde, bestehen, wenn dies zwischen dem Ersteher und dem Berechtigten vereinbart worden ist. Als Liegenbelassungsvereinbarung kann auch eine Dienstbarkeit, als ein nicht auf Kapitalzahlung gerichtetes Recht, vereinbart werden. Als Folge der Vereinbarung erlischt das Recht durch den Zuschlag nicht, sondern bleibt als Belastung des Grundstücks bestehen. Die Übernahme gilt als vom Zuschlag an als erfolgt und hat insoweit rückwirkende Kraft; sie wirkt lediglich dinglich und bewirkt auch keinen Schuldübergang nach § 53 ZVG.[1] Der zwischen Bank und Mieter abzuschließende Vertrag, in den regelmäßig auch der Vermieter einzubeziehen ist, hat als wesentlichen Inhalt, dass sich die Bank gegenüber dem Mieter verpflichtet, im Falle der Zwangsversteigerung, bei der die Mietsicherungsdienstbarkeit nicht in das geringste Gebot fällt, das Fortbestehen der Dienstbarkeit als Versteigerungsbedingung gemäß § 59 ZVG feststellen zu lassen und dem Antrag des Mieters auf Ausschluss des Sonderkündigungsrechts nach § 57a ZVG zuzustimmen. Da die Vereinbarung vor dem Zuschlag zustande kommt, wird sie mit Zuschlagserteilung wirksam.[2] Üblich ist dann eine Formulierung, wonach die Dienstbarkeit an rangbereiter Stelle und nach den (konkret zu bezeichnenden) Grundpfandrechten einzutragen ist.

Je nach Interessenlage der Beteiligten sind weitere individuelle Anpassungen möglich. Der Mieter kann vom Vermieter verlangen, dass dieser vertragsgemäß die Darlehensverbindlichkeiten erfüllt, eine Neuvalutierung der Grundpfandrechte ausgeschlossen und nach der Tilgung der Darlehensverbindlichkeit die Grundpfandrechte zur Löschung zu bringen sind. Zur Absicherung dieses Anspruchs könnte sich der Mieter mit Zustimmung der Bank eine Löschungsbewilligung des Vermieters erteilen lassen und den Löschungsanspruch mit einer Löschungsvormerkung gemäß § 1179 BGB eintragen lassen. Inhaber beschränkter dinglicher Rechte, d.h. auch einer beschränkten persönlichen Dienstbarkeit,[3] gehören gemäß § 1179 Nr. 1 BGB zu dem Kreis der Berechtigten. Dem entspricht eine Verpflichtung der Bank, den Mieter über Verstöße des Vermieters gegen seine Zahlungsverpflichtungen unverzüglich zu informieren. Auch eine Löschungsbewilligung des Mieters, die allerdings treuhänderisch, beispielsweise bei einem Notar, hinterlegt werden könnte, ist bereits in vergleichbaren Situationen gefordert worden. Im Interesse der Bank liegt es, dass der Mieter im Gegenzug für die Liegenbelassungserklärung akzeptiert, dass die Mietvertragsparteien den Mietvertrag nicht mehr ohne Zustimmung der Bank ändern dürfen. Auch wird die Bank für ihr Entgegenkommen großen Wert darauf legen, dass der Mieter seinerseits seinen Pflichten aus dem Mietvertrag nachkommt. In die entsprechende dreiseitige Vereinbarung wäre die auflösende Bedingung aufzunehmen, dass die Verpflichtungen der Bank erlöschen, wenn der Mieter durch sein Verhalten Anlass zu einer außergewöhnli-

---

1 Stöber/Zeller, Zwangsvollstreckung in das unbewegliche Vermögen, Bd. 2, 7. Aufl., München 1999, Rdn. 544, 545, 547; Lindner-Figura/*Oprée*/Stellmann, Geschäftsraummiete, Kap. 21, Rdn. 63.
2 Steiner/Eickmann, Zwangsversteigerung und Zwangsverwaltung, 9. Aufl., München 1984, § 91, Rdn. 42.
3 Soergel/Konzen, § 1179, Rdn. 6.

chen Kündigung geben sollte. Hierbei sind die entsprechenden Verstöße im Interesse aller Beteiligten so genau wie möglich zu fassen. Es könnte sich um rückständige Mietzahlungen von erheblichem Gewicht oder um Verstöße gegen die Vereinbarung handeln. Selbstverständlich gehört hierher auch eine einvernehmliche Auflösung des Mietvertrages zwischen Vermieter und Mieter.

8. Vor- und Nachteile der jeweiligen Alternativen

a) Standardformulierung

Sie berücksichtigt zunächst die Interessen des Mieters. Aus seiner Sicht hat sie den Vorteil, dass die Handhabung in der täglichen Vertragspraxis keinerlei Probleme bereitet. In der Regel liegen mit diesen Texten zahlreiche Mietsicherungsdienstbarkeiten in der jeweiligen Vertragsverwaltung vor, so dass auch keine Verständnisprobleme entstehen. Der Mieter kann die Mietsicherungsdienstbarkeit beruhigt verwahren, da sie keine Wiedervorlagefristen, Anpassungen an eventuelle Mietvertragsänderungen oder sonstige administrative Pflege braucht. Im Idealfall wird sie bis zum Ende der Mietvertragslaufzeit nicht wieder herauszuholen sein. Mit der vollzogenen Eintragung im Grundbuch ist der vom Mieter verfolgte Zweck erreicht. Nachteile für ihn sind nicht erkennbar. Zur Beendigung des Mietverhältnisses wird der Eigentümer die Löschung verlangen; der Mieter muss nur zustimmen.

Den Vermieter betrifft die Mietsicherungsdienstbarkeit wesentlich stärker. Er wird der Bestellung nur zustimmen, wenn er sich über die damit verbundenen Auswirkungen Klarheit verschafft hat, gegebenenfalls unter Hinzuziehung juristischer Beratung. Mit der Ausübung der Mietsicherungsdienstbarkeit im Sicherungsfall hat er direkt nichts mehr zu tun. Möglicherweise schreckt die Mietsicherungsdienstbarkeit manchen Gläubiger von der Einzelvollstreckung in den Mietgegenstand ab, wenn er von der Dienstbarkeit Kenntnis erlangt. Zum Nachteil des Vermieters kann es sich auswirken, wenn ein Kaufinteressent von Kaufüberlegungen Abstand nimmt, nachdem er von der Mietsicherungsdienstbarkeit erfahren hat. Dies ist aber in der Regel nur dann der Fall, wenn dieser beabsichtigt haben sollte, den Mietvertrag zu kündigen aufgrund von ihm zur Kenntnis gelangten Informationen zu bestehenden Kündigungsrechten, beispielsweise wegen Verstoßes gegen Formvorschriften.

Für die Mietsicherungsdienstbarkeit aus der Sicht eines Vermieters spricht aber, dass der Mieter mit der Verfolgung seines Sicherungsinteresses durch die Mietsicherungsdienstbarkeit nach außen die Bedeutung des Mietobjektes dokumentiert. Schließlich ist der Vermieter nicht von dem Mieter zum Abschluss des Mietvertrags mit der Mietsicherungsklausel gezwungen worden. Im Zuge der Vertragsverhandlungen war die Mietsicherungsdienstbarkeit nur eine von mehreren Forderungen des Mieters, zu denen sich der Vermieter letztlich im Interesse eines Vertragsabschlusses bereit gefunden hat. Im Gegenzug musste der Mieter an anderen Stellen Zugeständnisse machen. In der praktischen Handhabung des Vertrages kommt der Vermieter häufiger mit der Dienstbarkeit in Berührung. Üblicherweise wird er die Bank, mit der er die Finanzierung vornehmen möchte, vor Unterzeichnung des Mietvertrages um deren Zustimmung bitten. Lediglich bei einer Neufinanzierung während der Mietlaufzeit ist der Vermieter gezwungen, mit den Kreditinstituten, die sich für die Finanzierung interessieren, über die Mietsicherungsdienstbarkeit zu sprechen. Hierbei kann es aufgrund anderer Anforderungen durchaus zu Nachverhandlungen mit dem Mieter Anlass geben. Es ist trotz der gewachsenen Bereitschaft auf Seiten insbesondere der Hypothekenbanken nicht vollständig auszuschließen, dass ein Darlehensvertrag mit einer Bank hieran scheitert. Es ist aber zu erwarten, dass die bislang ausgebliebenen Negativschlagzeilen über die Mietsicherungsdienstbarkeit auch die letzten Bedenken beiseite räumen. Nach der Eintragung wird die Mietsicherungsdienstbarkeit dem Vermieter ansonsten wenig bis keine Arbeit bereiten. Lediglich zum Ende der Mietzeit wird er dafür Sorge tragen müssen, dass der Mieter auch die Löschung der Dienstbarkeit in der hierzu vorgeschriebenen Form bewilligt. Da sich der Mieter bereits schuldrechtlich in der Sicherungsabrede verpflichtet hat, der Löschung zuzustimmen, sollte dieser Vorgang keine Probleme bereiten. Im Falle der Insolvenz des Mieters könnte diese allenfalls zu einer Verzögerung der Abwicklung führen. Mit dem Sicherungsfall hat der Vermieter selbst juristisch nichts mehr zu tun. Mit dem möglichen Problem der tatsächlichen Handhabung der Sicherungsabrede und des Nutzungsrechts werden sich nicht mehr der Vermieter, sondern der Insolvenzverwalter, der Erwerber nach § 111 InsO oder der Ersteher nach § 57a ZVG beschäftigen müssen.

Die Bank wird mit der Mietsicherungsdienstbarkeit üblicherweise vor Abschluss des Mietvertrages befasst. Je nachdem, wie stark ihr Interesse am Abschluss des Kreditvertrages ist oder ihre Einwirkungsmöglichkeiten auf den Vermieter sind, wird sie auf den Inhalt der Dienstbarkeit Einfluss nehmen. Wenn sie ihre Zustimmung zu einer im Range nach der Dienstbarkeit einzutragenden Absicherung ihrer Grundpfandrechte gegeben hat, würde sie erst im Sicherungsfall erneut der Mietsicherungsdienstbarkeit begegnen. Ihre Bereitschaft, auf die Standardformulierung einzugehen, wird sicherlich auch davon mitbestimmt, dass sie in die Kompetenz und Leistungsstärke eines bestimmten Mieters Vertrauen setzt und in der Nutzungsentschädigung auch im Sicherungsfall eine gesicherte Bedienung ihres Darlehens sieht.

b) Mietsicherungsdienstbarkeit mit Festbewertungsklausel

Die erste Variante der Dienstbarkeit mit Festbewertungsklausel, bei der der Mieter nicht an der Bestellung mitwirken muss, unterscheidet sich nicht wesentlich von der Standardformulierung. Für den Vermieter und den Mieter gibt es keinen Unterschied. Der finanzierenden Bank jedoch ist es oft von entscheidender Bedeutung die Festbewertungsklausel durchzusetzen. Wegen der oben aufgeführten Befürchtungen hinsichtlich des Beleihungswerts ermöglicht diese oftmals erst das Zustandekommen des Darlehensvertrags zwischen dem Vermieter und der Bank.

Die zweite Variante der Dienstbarkeit mit Festbewertungsklausel und Mitwirkung des Mieters und der Bank hingegen zieht Konsequenzen insbesondere hinsichtlich der praktischen Vertragshandhabung nach sich. Konnte sich der Mieter bei Vertragsanpassungen ohne Rücksicht auf die Mietsicherungsdienstbarkeit allein auf die Mietvertragsurkunde beschränken, muss er jetzt im Interesse der Formwirksamkeit des Mietvertrags zunächst dafür sorgen, dass die Dienstbarkeitsbestellung auch dem Mietvertrag in der gebotenen Form beigefügt wird. Als eine einmalige Aufgabe, deren Vernachlässigung allerdings mit der Kündigung wegen der möglichen Verletzung der Formvorschriften sanktioniert werden könnte, sind die Nachteile zu Lasten des Mieters vertretbar, wenn dieser Vertrauen in die eigene Vertragsverwaltung haben kann. Das Interesse des Mieters geht natürlich dahin, jedes Risiko mit derart weit reichenden Konsequenzen zu meiden.

c) Mietsicherungsdienstbarkeit und dingliche Absicherung der Erlöschensgründe

Dem Mieter würde bei dieser Variante abverlangt, die möglichen Erlöschensgründe mit dem Vermieter und der Bank bereits sehr genau zu formulieren. Die Interessen der Bank bekommen ein besonderes Gewicht, indem beispielsweise als möglicher Erlöschensgrund auch die nachträgliche Veränderung der Festbewertungsklausel aufgenommen würde. Der Nachteil dieser Variante für den Mieter ist offenkundig. Eine Auseinandersetzung über die Frage, ob ein Erlöschensgrund gegeben ist, wird zunächst vermieden. Gelingt dem Vermieter mittels öffentlicher oder öffentlich beglaubigter Urkunden (§ 29 GBO) der grundbuchmäßige Nachweis, dass ein Erlöschensgrund gegeben ist, wird die Löschung veranlasst. Nach der Legaldefinition des § 415 ZPO, die auch für die GBO gilt,[1] liegt eine öffentliche Urkunde vor, wenn sie durch eine öffentliche Behörde innerhalb der Amtsbefugnisse in der vorgeschriebenen Form ausgestellt ist. Der Zweck dieses Strengbeweises liegt darin, die Gefahr unrichtiger Eintragungen in das Grundbuch weitgehend einzuschränken.[2] Ein Streit über die Berechtigung findet im Nachgang, dann aber möglicherweise nur über einen an den Mieter zu leistenden Schadensersatz statt. Hieran ist dem Mieter, der den Mietgegenstand behalten möchte, nicht gelegen. Der Vorteil für die Bank und den Vermieter ist gleichfalls offenkundig. Ihnen nützt die Vermeidung des Streits im Konfliktfall und ermöglicht ihnen ein rasches Handeln, wenn der Mieter tatsächlich Anlass zu einer berechtigten Mietvertragskündigung und dem sich anschließenden Verlangen nach Erlöschen der Dienstbarkeit gegeben haben sollte. Aus der Sicht eines Mieters wird dieses in der Regel

---

1 Schöner/Stöber, Grundbuchrecht, Bd. 4, 13. Aufl., München 2004, Rdn. 161; Holzer/Kramer, Grundbuchrecht, München 2004, Rd. 206.

2 Meikel/Bestelmeyer/Böhringer u. a., Grundbuchrecht, Bd. 2, §§ 20–55 b GBO, 9. Aufl., München/Unterschleißheim 2003, § 29, Rdn. 2; Kuntze/Ertl/Hermann/Eickmann (Hrsg.), Brambring (Bearb.), Grundbuchrecht, 6. Aufl., Berlin 2005, § 29, Rdn. 7.

nicht zu akzeptieren sein. Eher wird ein verständiger Mieter zugunsten der Bank eine Löschungsbewilligung bestellen und diese aufgrund eines Treuhandauftrags bei einem Notar hinterlegen. Damit werden auch die zu erwartenden Probleme, die das Grundbuchamt vermutlich hinsichtlich der Eintragungsfähigkeit einer Mietsicherungsdienstbarkeit mit auflösenden Bedingungen machen wird, vermieden. Nach dem so genannten Bestimmtheitsgrundsatz erfordert der Zweck des Grundbuchs eine klare und eindeutige Eintragung.[1] Insbesondere im Blick auf den Nachweis des Eintritts der auflösenden Bedingungen, die trotz ihres absoluten Charakters eintragungsfähig sind,[2] könnte das Grundbuchamt zu kritischer Würdigung veranlasst sein. In Frage kommt diese Variante faktisch nur, wenn die Erstrangigkeit der Mietsicherungsdienstbarkeit vereinbart werden soll. Bei einer nachrangigen Eintragung wären die Interessen der Bank nicht betroffen. Dem Vermieter wird es um die Frage der dinglichen Absicherung der Löschungsinteressen nur noch selten gehen; eine besondere Empfindlichkeit des Vermieters tritt in der Praxis selten zu Tage, wenn nicht die Bank im eigenen Interesse diese Forderung erhebt.

d) Mietsicherungsdienstbarkeit mit Liegenbelassungsvereinbarung

Bereits aufgrund der Beschreibung der Interessenlage der drei Beteiligten ist deutlich geworden, welch große Anforderungen an die Akteure und deren Berater gestellt sind, die dreiseitige Vereinbarung so vorzunehmen, dass sie auch tatsächlich zum Abschluss kommt. Eine gewisse Zwangslage einerseits und guter Wille andererseits gehören sicherlich auch dazu. Von dem Vermieter wird bei dieser Variante erwartet, dass er hinsichtlich der Darlehenskonditionen so genannte Gläserne Taschen akzeptiert. Ansonsten ist er sowohl hinsichtlich des Mietvertrages als auch des Darlehensvertrages nicht mehr frei. Jede Änderung des jeweiligen Vertrages mit nur einem Vertragspartner kann sich aufgrund der dreiseitigen Vereinbarung hinsichtlich des anderen Vertragspartners auswirken. Dies gilt gleichermaßen für die beiden anderen Parteien. Bei Wegfall des Handlungsdrucks oder bei Überbeanspruchung des guten Willens ist eine Vielzahl von Komplikationen denkbar. In dem für die Bank schlimmsten Fall allerdings greift die auflösende Bedingung, so dass sie im Ergebnis kein Risiko einzugehen scheint. Der Mieter wird sehr großes Augenmerk auf die möglichen Mietvertragsanpassungen legen müssen. Es könnte bereits eine mittels Mietvertragsnachtrag vorgenommene Mietzinsanpassung ausreichen, um das fragile Gebilde zum Einsturz zu bringen. Wenn hierdurch lediglich die Liegenbelassungsvereinbarung in Mitleidenschaft gezogen würde, wäre der Schaden aus der Sicht des Mieters nicht ganz so schlimm. Erheblich unangenehmer wäre der Mieter von dem Problem eines möglichen Formverstoßes betroffen (s. lit. b).

---

1 Demharter, Grundbuchordnung, 25. Aufl., München 2005, Anhang zu § 13, Rdn. 5; Bauer/v. Oefele, Grundbuchordnung, 2. Aufl., München 2006, Rdn. 59; Palandt/Bassenge, Überbl. v. § 873, Rdn. 14.

2 Soergel/Stürner, § 873, Rdn. 26.

9. Aufeinandertreffen von zwei Mietsicherungsdienstbarkeiten

In Abteilung zwei des Grundbuches werden unter anderem die Dienstbarkeiten eingetragen. Es ist vorstellbar, dass dort zwei Mietsicherungsdienstbarkeiten einzutragen sind. Diese können sich auf dasselbe Grundstück beziehen, ohne dass dies zu einem unlösbaren Konflikt führt. Da sich die jeweiligen Mietsicherungsdienstbarkeiten zwar auf dasselbe Gebäude, nicht jedoch auf dieselben Mietflächen beziehen, können beide unabhängig voneinander bestellt und eingetragen werden.

VI. Bedeutung und Zulässigkeit des Sicherungszwecks

1. Vorbemerkung

Wie bereits oben dargestellt, lässt sich die Mietsicherungsdienstbarkeit, als fiduziarische Sicherungstreuhand[1], wie sie von den Parteien verfolgt wird, in drei Rechtsgeschäfte aufteilen. Da ist erstens das gesicherte Recht, welches im Falle der Mietsicherungsdienstbarkeit, der Mietvertrag darstellt. Zweitens ist ein Sicherungsrecht erforderlich, nämlich die Mietsicherungsdienstbarkeit im engeren Sinne, also das Recht, welches durch das dingliche Verfügungsgeschäft, bestehend aus Einigung und Eintragung (§ 873 BGB) begründet wird. Und schließlich müssen die Mietvertragsparteien in einem weiteren Vertrag, der so genannten Sicherungsabrede, die Bestimmungen festlegen, wonach der Vermieter als Treuhandgeber zur Bestellung des Sicherungsrechts verpflichtet wird und der Mieter sich als Treuhandnehmer schuldrechtlich verschiedenen Ausübungsregeln zu unterwerfen hat. In der Sicherungsabrede wird auch der so genannte Sicherungszweck niedergelegt. Hierbei handelt es sich um die „übereinstimmende Zielvorstellung der Vertragsparteien, mit Hilfe des Sicherungsgeschäfts ein bestehendes oder erst künftig entstehendes Recht des Sicherungsnehmers vor bestimmten rechtlichen oder wirtschaftlichen Risiken für eine bestimmte Zeit (Sicherungszeit) zu schützen".[2] Der Sicherungsfall tritt demnach ein, wenn eines der vertraglich vorgesehenen Risiken innerhalb der Sicherungszeit eintritt. In erster Linie verfolgen die Mietvertragsparteien das Ziel, den Mietvertrag zu schützen. Dieses Ziel wird aber nicht direkt verfolgt, vielmehr soll die Mietsicherungsdienstbarkeit zumindest in den Fällen der §§ 57a ZVG, 111 InsO die potenziellen Interessenten daran hindern das Sonderkündigungsrecht überhaupt auszuüben. In der Sicherungsabrede werden regelmäßig verschiedene Sicherungszwecke niedergelegt. Dies sind:

- Schutz vor der Sonderkündigung des § 57a ZVG,
- Schutz vor der Sonderkündigung des § 111 InsO,
- Schutz vor Doppelvermietung,
- Schutz vor Veräußerung des Mietgegenstandes ohne Überleitung des Mietvertrages,
- Schutz vor Kündigung wegen Verletzung von Formvorschriften oder
- sonstige Gründe.

Fraglich ist, wie mit Sicherungszwecken zu verfahren ist, die gegen ein gesetzliches Verbot verstoßen oder aus sonstigen Gründen unzulässig sind. Nach § 134 BGB ist ein Rechtsgeschäft, das gegen ein gesetzliches Verbot verstößt, nichtig; es kommen aber auch andere mögliche Unwirksamkeitsgründe in Frage. Zutreffend verweist Stiegele darauf, dass jeder der verfolgten Sicherungszwecke zulässig sein müsse, da er sonst nicht mit der Sicherungsdienstbarkeit erzielt werden

1 Stiegele, Die Mietsicherungsdienstbarkeit, S. 32 ff.
2 Stiegele, Die Mietsicherungsdienstbarkeit, S. 113 mit weiteren Nachweisen.

könne.[1] Jeder Sicherungszweck ist daher auf seine eigene Unwirksamkeit hin zu untersuchen. Eine möglicherweise festgestellte (Teil-)Unwirksamkeit zieht nicht zwangsläufig die Unwirksamkeit der gesamten Sicherungsabrede nach sich; nicht jeder Verbotsverstoß führt zwangsläufig zur Nichtigkeit des verbotswidrigen Rechtsgeschäfts.[2] Auch bedeutet dies nicht automatisch, dass die Mietsicherungsdienstbarkeit selbst unwirksam ist. Im ersten Schritt nach der Feststellung, dass ein Sicherungszweck unzulässig ist, gilt es zu prüfen, ob die Teilunwirksamkeit der entsprechenden Sicherungsabrede auch diese in ihrer Gesamtheit erfasst.[3] Häufig wird zu konstatieren sein, dass die Vertragsparteien den Sicherungsvertrag auch ohne die unwirksame Bestimmung geschlossen hätten. Gemäß § 139 BGB ist nur dann die Unwirksamkeit der Sicherungsabrede festzustellen, wenn nicht anzunehmen ist, dass die Mietvertragsparteien dieselbe auch ohne den nichtigen Teil abgeschlossen hätten.[4] Regelmäßig wird bei der unterschiedlichen Richtung der jeweiligen Schutzzwecke hiervon nicht ausgegangen werden können. Im Gegenteil dürfte viel dafür sprechen, dass die Parteien den Bestand der Sicherungsabrede ohne die unwirksame Bestimmung der Alternative, nämlich dem Wegfall der gesamten Sicherungsabrede, vorziehen würden. Keiner der genannten Sicherungszwecke steht für sich in einem so engen Zusammenhang mit einem anderen Sicherungszweck, dass sich eine andere Auslegung aufdrängen müsste.

Erst in einem weiteren Schritt ist die Frage nach der Auswirkung der kompletten oder teilweisen Unwirksamkeit der Sicherungsabrede auf die Mietsicherungsdienstbarkeit zu stellen. Mit der (Teil-)Unwirksamkeit der Sicherungsabrede wäre nicht automatisch die (Teil-)Nichtigkeit der Mietsicherungsdienstbarkeit verbunden. Auf Grund des Abstraktionsprinzips ist die Dienstbarkeit in ihrem Bestand unabhängig von der Wirksamkeit des Sicherungsvertrags[5], es wäre lediglich an die Kondiktion der Sicherungsdienstbarkeit nach den Regeln der ungerechtfertigten Bereicherung zu denken (§ 812 BGB).[6] Im Folgenden sollen die Sicherungszwecke jeweils einzeln auf ihre Zulässigkeit untersucht werden.

2. Schutz vor der Sonderkündigung des § 57a ZVG

Einer der Hauptgründe für die Bestellung der Mietsicherungsdienstbarkeit liegt in der Verhinderung des Sonderkündigungsrechts des § 57a ZVG. Der Dienstbar-

---

1 Stiegele, Die Mietsicherungsdienstbarkeit, S. 114; so auch Walter/Maier, Die Sicherung von Bezugs- und Abnahmeverpflichtungen durch Dienstbarkeiten, NJW 1988, S. 377–388, hier: 385.

2 Dorn in: Schmoeckel/Rückert/Zimmermann(Hrsg.) Historisch.kritischer Kommentar zum BGB, Bd. I, Allg. Teil, Tübingen 2003, §§ 134–137, Rdn. 11.

3 Dorn, a.a.O. Rdn. 13.

4 MünchKommBGB/Mayer-Maly/Armbrüster, § 139, Rdn. 15, 105.

5 BGH 22. 1. 1992, in: NJW-RR, 1992, S. 593; Dorn, a.a.O. Rdn. 14; Weirich, Grundstücksrecht, 3. Aufl., München 2006, Rdn. 995.

6 BGH 29. 9. 1989, in: NJW 1990, S. 392; OLG München, in: OLG-Report, 2000, S. 167; Staudinger/Wolfsteiner, (2002) Vorbem. zu §§ 1191, Rdn. 79; Walter/Maier, a.a.O. S. 387.

keitsberechtigte will hierdurch verhindern, dass ihm der Ersteher, der das Grundstück in der Zwangsversteigerung erstanden hat, den Mietvertrag kündigt und ihm hiermit Schaden zufügt. § 57a ZVG bezieht sich nur auf bereits überlassene Mietgegenstände (§ 57 ZVG). Dem Mieter würde in diesem Fall ein größerer Schaden entstehen als in der Situation, in der die Überlassung des Mietgegenstandes noch zu erfolgen hat. Ein Verweis auf einen möglichen Schadensersatzanspruch gegen den Vermieter wird ihm praktisch nichts helfen. Es kann davon ausgegangen werden, dass die Zwangsversteigerungsvoraussetzungen in der Regel die Vermögenslosigkeit des Vermieters voraussetzen.

Das Gesetz sieht vor, dass der Ersteher in das Mietverhältnis gemäß § 566 BGB eintritt. Das Sonderkündigungsrecht des § 57a ZVG soll den Anreiz für möglichst hohe Gebote geben. Ein langfristiger Mietvertrag soll keinen Interessenten davon abhalten ein möglichst hohes Gebot abzugeben.

Nun schließt die Mietsicherungsdienstbarkeit dieses Sonderkündigungsrecht nicht direkt aus. Allein durch die Aussicht, selbst im Falle der Ausübung des Sonderkündigungsrechts den bisherigen Mieter und künftigen Nutzungsberechtigten auch weiterhin akzeptieren zu müssen und nicht nach erfolgter Kündigung frei und ungehindert von Rechten Dritter zu verfahren, sollen die potentiellen Ersteher davon abgehalten werden, die Sonderkündigung nach § 57a ZVG auch auszusprechen.

§ 57a ZVG wird also nicht direkt ausgeschlossen, über die Einflussname auf den freien Willen des Erstehers findet aber ein faktischer Ausschluss statt. Dabei ist der Ausschluss des § 57a ZVG nicht zulässig, da es sich bei dem Kündigungsrecht des Erstehers um eine gesetzliche Versteigerungsbedingung handelt, die nur im Verfahren selbst nach § 59 ZVG geändert werden kann.[1] Fraglich ist, ob der faktische Ausschluss nicht auch unzulässig ist.

a) Die Auffassung von Stiegele

Stiegele[2] hat in seiner Arbeit aus dem Jahre 1995 die grundlegenden Ausführungen zur Zulässigkeit der Mietsicherungsdienstbarkeit aufgestellt. Seitdem hat sich weder die Gesetzeslage bezüglich § 57a ZVG verändert, noch sind hierzu maßgebliche Entscheidungen ergangen. Die Auffassungen Stiegeles werden daher nachfolgend wiedergegeben: Die §§ 57ff. ZVG dienten im Wesentlichen der Festlegung der Rechtsstellung des Mieters im Verhältnis zu derjenigen anderer Gläubiger des Vermieters. Der Mieter sei hierbei in seiner Eigenschaft als persönlicher Gläubiger betroffen. Das Sonderkündigungsrecht des Erstehers diene allein den Verwertungsinteressen aller Gläubiger des Mieters, es schütze weder den Ersteher noch den Mieter. Die durch die Bestellung der Mietsicherungsdienstbarkeit eintretende faktische Ausschaltung des Sonderkündigungsrechts sei keine unzulässige Umge-

1 Stöber, Zwangsversteigerungsgesetz, § 57a, Rdn. 8.
2 Stiegele, Die Mietsicherungsdienstbarkeit, S. 117ff.

hung des § 57a ZVG. Zwar könne man in diesen Fällen durchaus von einem Umgehungsgeschäft sprechen, denn die Parteien nähmen statt des vom Gesetzgeber missbilligten Geschäfts nunmehr ein anderes vor, mit dem der gleiche oder annähernd gleiche Erfolg erzielt werde. Das Geschäft sei aber kein rechtlich zu missbilligendes. Unzulässig und nichtig werde es erst dann, wenn die gesetzgeberische Intention deutlich durchkreuzt werde. Die zwangsvollstreckungsrechtlichen (und die konkursrechtlichen) Vorschriften wiesen den dinglichen Gläubigern eine erheblich bessere Rechtsstellung zu als den persönlichen Gläubigern. Letztgenannte könnten ihre Rechtsstellung gegenüber anderen Gläubigern verbessern, indem sie sich eine dingliche Absicherung einräumen lassen. Hiergegen könne nicht erfolgreich der Einwand erhoben werden, dass sich die anderen Sicherungsrechte von der Mietsicherungsdienstbarkeit hinsichtlich ihrer Funktion unterscheiden. Hier sei der Anspruch durch den „Wegfall" gefährdet, dort durch den „Ausfall". Zum einen sei kein grundsätzlicher Unterschied festzustellen, zum anderen hätten Rechtsprechung und Literatur bei den Bezugssicherungsdienstbarkeiten schon länger anerkannt, dass mit deren Hilfe der Abschluss eines Bezugsvertrages erzwungen werden könne.[1] Eine Unveräußerlichkeit des Grundstücks sei genauso wenig gegeben wie bei einem Grundpfandrecht, welches den Wert eines Grundstücks wesentlich ausschöpfe. Im Übrigen erbringe die Vermietung regelmäßig Erträge, die die Darlehensannuitäten sicherstellten. Der Nachteil für nachrangige Gläubiger könne darin bestehen, dass ein Wettbewerber, der den Mietgegenstand selbst zu nutzen beabsichtige, nicht für den eigentlich höheren Erlös mitbiete; dies gehöre aber zum Wesen der nachrangigen Sicherungsrechte und sei hinzunehmen. Schließlich sei das Interesse des Mieters nicht aus den Augen zu verlieren; gegen die Vertragsverletzungen und die hiermit verbundenen wirtschaftlichen Folgen müsse sich der Mieter erfolgreich zur Wehr setzen können. Das mietvertragliche Besitzrecht des Mieters genieße sogar den Schutz des Art. 14 Abs. 1 S. 1 GG. Im Lichte dieser Wertung sei die Wiederherstellung des Bestandsschutzes durch eine Mietsicherungsdienstbarkeit zugunsten des Mieters nicht zu missbilligen.

Stiegele kommt zu dem Ergebnis, dass der Zweck der Mietsicherungsdienstbarkeit, die Sonderkündigung des § 57a ZVG auszuschließen, mit den Prinzipien des Zwangsvollstreckungsverfahrens zu vereinbaren sei.

b) Stellungnahme zur Auffassung von Stiegele

Den Ausführungen kann im Ergebnis nur zugestimmt werden.

Zutreffend ist zunächst, dass der Versuch seitens des Mieters, eine Verbesserung seiner (schwachen) Position im Zwangsversteigerungsfall zu erhalten, nicht anders gewertet werden sollte als das Bemühen all derjenigen, denen ihre nur schuldrechtliche Position angesichts des vor ihnen liegenden Risikos nicht ausreicht und

1 Stiegele, Die Mietsicherungsdienstbarkeit, S. 120.

die sich zusätzlich eine dingliche Absicherung einräumen lassen. Die Kreditwirtschaft gewährt keinen Kredit ohne dingliche Absicherung. Der Verkäufer eines Hauses, der sich ein Wohnrecht einräumen lassen will, lässt sich ein dingliches Recht eintragen. Allen Sicherungsrechten ist gemeinsam, dass sie erst zum Tragen kommen sollen, wenn der schuldrechtliche Anspruch nicht befriedigt wird. Zwischen Aus- und Wegfall zu unterscheiden würde eine künstliche Grenzziehung erfordern, bei der keine klaren Kriterien der Ungleichbehandlung erkennbar sind.

Stellt man mit Stiegele auf den Schutz der nachrangigen Gläubiger ab, sollte deren Kenntnisstand zum Zeitpunkt ihrer Erlangung der Gläubigerstellung zu Grunde gelegt werden. Sowohl derjenige Gläubiger, der im Wege der Zwangshypothek vorgegangen ist, als auch derjenige, der sich von dem Eigentümer zu Sicherungszwecken ein Grundpfandrecht hat eintragen lassen, findet ein mit der Mietsicherungsdienstbarkeit belastetes Grundstück vor. Der von § 57a ZVG zu schützende Gläubiger hat trotzdem in Kenntnis der vorrangigen Mietsicherungsdienstbarkeit auf der nachrangigen Absicherung bestanden. Der von § 57a ZVG beabsichtigte Gläubigerschutz sollte sich erkennbar auf den Standardfall des nicht eingetragenen Mietverhältnisses beziehen. Das überschaubare Risiko des Wettbewerbers, der nicht mitbieten würde, weil er den Mietgegenstand selbst nicht nutzen könnte, rechtfertigt keine andere Sichtweise.

Der originäre Anspruch des Mieters geht auf die Gewährung des Mietgegenstandes in der vereinbarten Festlaufzeit. Die Gefahr einer Gläubigerbenachteiligung wäre unzweifelhaft dann gegeben, wenn seitens des Mieters im Sicherungsfall keine Nutzungsentschädigung gezahlt würde. Die gesetzgeberische Intention des Gläubigerschutzes würde aber nur dann durchkreuzt, wenn der dinglich gesicherten Nutzung nicht die Zahlung einer Nutzungsentschädigung gegenüberstünde. Sollte ein krasses Missverhältnis zwischen Leistung und Gegenleistung zu befürchten sein, wäre es gerechtfertigt, im Einzelfall eine Korrektur vorzunehmen.

c) Die Auffassung von Maaß/Oprée

Maaß/Oprée[1] gehen in ihren Ausführungen ohne weitere Vertiefung von der grundsätzlichen Zulässigkeit dieses Sicherungszwecks aus. Dies forderte den Widerspruch von Wolfsteiner heraus[2], der die Funktion der dinglichen Sicherung grundsätzlich bezweifelte. Er weist darauf hin, dass die Sicherungswirkung nur eintrete, wenn der zu sichernde Anspruch und das abstrakte Sicherungsmittel in Form der Sicherungsvereinbarung vertraglich miteinander verbunden seien. Als Teil des Mietvertrages unterliege Letztere der Formvorschrift des § 566 (a. F.) BGB. Sei die Form nicht gewahrt, sei es eine Frage des § 139 BGB, ob der Mietvertrag insgesamt damit als auf unbestimmte Zeit geschlossen gelte. Fehle es an einer wirksamen Sicherungsvereinbarung, so könne die Dienstbarkeit nach § 812 BGB

1 Maaß/Oprée, Die dingliche Sicherung des Mieters, in: ZNotP 1 (1997), S. 8.
2 Wolfsteiner, Dingliche Sicherung des Mieters?, in: ZNotP 1997, S. 88.

zurückgefordert werden. Als wirksamer Bestandteil des Mietvertrages gehe sie jedoch auf den Ersteher über; der Rückgewährsanspruch stehe nach dem Grundsatz des § 57 ZVG i. Vbdg. m. § 571 (a.F.) BGB dem Ersteher zu. Im Zwangsversteigerungsfall und der Ausübung des Sonderkündigungsrechts aus § 57a ZVG sei der Mieter verpflichtet, die Sicherungsdienstbarkeit aufzugeben und löschen zu lassen. Eine Vereinbarung im Mietvertrag, wonach die Mietsicherungsdienstbarkeit gegenüber den Sonderkündigungsrechten der §§ 57a ZVG, 111 InsO Bestand haben solle, würde gegen den zwingenden Charakter der §§ 57a ZVG, 21 Abs. 4 KO, 111 InsO verstoßen und sei nichtig. Nur eine Herauslösung der Sicherungsvereinbarung aus dem Zusammenhang des Mietvertrages und eine selbständige Bestellung der nicht nur der Sicherung des Mietvertrages dienenden Dienstbarkeit erfülle diese Bedingungen. Deren Selbständigkeit führe dann allerdings dazu, dass Störungen des Mietverhältnisses weder den Bestand der Dienstbarkeit berührten noch deren Ausübungsbefugnis. Gebe nun der Mieter zur Vermeidung dieser Konsequenzen eine Löschungsbewilligung ab, gegebenenfalls mit der Treuhandauflage an den Notar, dass dieser nur darüber verfügen dürfe, wenn Störungen des Mietverhältnisses eintreten, sei wieder der rechtliche Zusammenhang mit dem Mietvertrag hergestellt. Dies habe die Konsequenz, dass die Sonderkündigungsrechte auch die Dienstbarkeit ergriffen. Wolfsteiner empfiehlt die Absicherung von Mieterinvestitionen mittels einer Vergütungspflicht des Vermieters im Krisenfall, was auch den Erwerber im Zwangsversteigerungsfall binde, oder durch grundbuchliche Absicherung mit Hilfe eines Grundpfandrechts.

In ihrer diesbezüglichen Erwiderung[1] erläutern Maaß/Oprée am Beispiel von Mietvertragsmustern, dass die Sicherungsabrede längst Einzug in die Praxis genommen habe und die Anforderungen an die Formbedürftigkeit insbesondere unter der sog. „Auflockerungsrechtsprechung“ des BGH keine unüberwindbare Hindernisse darstelle. Die Sicherungsabrede sei in bestimmtem Umfang vom Bestand des Mietvertrages unabhängig. Dies gelte allerdings nicht, wenn der Mieter seine vorzeitige Beendigung herbeigeführt habe. In diesen Fällen müsse der Vermieter einen sofort durchsetzbaren Anspruch auf Löschung der Dienstbarkeit haben. Auf den zwingenden Charakter der §§ 57a ZVG, 21 Abs. 4 KO oder § 111 InsO komme es nicht an; sei die Dienstbarkeit erstrangig, müsse der Ersteher „die Dienstbarkeit, von deren Inhalt er sich Kenntnis verschaffen konnte, genauso übernehmen wie jede andere ins geringste Gebot aufzunehmende Belastung“. Die Absicherungsvorschläge Wolfsteiners werden kritisiert, da sie nicht die Interessenlage des Mieters am Erhalt der Mietsache berücksichtigen oder nicht durchsetzbar sein dürften, da die finanzierenden Banken kaum einer vorrangigen Absicherung von Mieterinvestitionen zustimmen würden.

Eine weitere Vertiefung erfährt die Problematik seitens Oprée[2] im Jahr 2006. Bezüglich der Entscheidung des BayObLG[3] wird die grundsätzliche Wirksamkeit des ding-

---

1 Maaß/Oprée, Die dingliche Sicherung des Mieters, ZNotP 1 (1997), S. 89–91.
2 In: Lindner-Figura/*Oprée*/Stellmann, Geschäftsraummiete, Kap. 21, Rdn. 56ff.
3 NJW-RR, 1990, S. 208.

lichen Sicherungsmittels Mietsicherungsdienstbarkeit bestätigt. Unter weiterem Bezug auf eine jüngere Entscheidung des BGH[1] wird die besondere Schutzbedürftigkeit des vertragstreuen Mieters hervorgehoben. Dieser habe die Zwangsvollstreckungsmaßnahmen in das Vermietervermögen regelmäßig nicht zu vertreten und er könne sich hiervor nicht schützen. Für ihn sei der Verlust des Mietgegenstandes mit erheblichen Nachteilen verbunden, wohingegen der Ersteher durch dessen Weiternutzung keinen unmittelbaren materiellen Nachteil erleide. Die dingliche Absicherung sei daher vom Ersteher als faktische Beeinträchtigung hinzunehmen.

d) Anmerkungen und eigene Stellungnahme zu der Auffassung von Maaß/Oprée

Zu Recht legt Wolfsteiner großen Wert auf die Ausformulierung der Sicherungsabrede. Der entsprechende Formulierungsvorschlag, den Maaß/Oprée in ihrer Veröffentlichung „Die dingliche Sicherung des Mieters"[2] vorgeschlagen hatten, führte zu Missverständnissen. Es wird hieran deutlich, wie viel Sorgfalt in die Formulierung der Sicherungsabrede zu legen ist. Gleichwohl ist ihren Ausführungen zuzustimmen. Der nachrangige Gläubiger sieht die Eintragung im Grundbuch. Sein Schutz besteht nur darin, dass ihm dort nicht stehende Belastungen, wie etwa ein dreißig Jahre laufender Mietvertrag, im Falle der Zwangsversteigerung keine Sorgen bereiten. Die alternativen Absicherungsvorschläge von Wolfsteiner bezüglich eines vorrangigen Grundpfandrechts oder einer Rückzahlung der Mieterinvestitionen durch den Ersteher haben Maaß/Oprée mit zutreffenden Anmerkungen kritisiert. Beide Alternativen gehen an der Interessenlage der Parteien vorbei. Dem Vermieter ist eine vorrangige Absicherung der Mieterinvestitionen überhaupt nicht möglich, da an erster Rangstelle die Grundpfandrechte der Banken stehen müssen. Ein Nachrücken hinter eine grundbuchliche Absicherung einer Mieterinvestition ist dann nicht durchsetzbar. Eine Verpflichtung des Erstehers, dem Mieter entstehende Schäden zu erstatten, ließe dessen auf den Erhalt des Mietgegenstandes gerichtetes Hauptinteresse unberücksichtigt. Auf ein anderes Problem, das erst bei Umsetzung dieses Lösungsvorschlags von Wolfsteiner richtig deutlich wird, soll nachfolgend hingewiesen werden.

Mit einer solchen mietvertraglichen Verständigung zwischen Vermieter und Mieter werden zwar Mieterinvestitionen abgesichert; es handelt sich um eine übliche Verfahrensweise. Das Problem aber, dass dem Ersteher nach einer langen Mietzeit und einem Abnutzen der Investitionen gegen die mietvertragliche Zahlungspflicht kein adäquater Wert mehr gegenübersteht, lässt sich mit einer Klausel lösen, nach der für jedes Jahr der Abnutzung ein entsprechender Abzug der Erstattungspflicht vorzunehmen ist. Wenn jedoch die nur mietvertragliche Rückzah-

---

1 BGH 21. 4. 1982, BGHZ 84, S. 90 (100); Lindner-Figura/*Oprée*/Stellmann, Geschäftsraummiete, Kap. 21, Rdn. 58.

2 Maaß/Oprée, Die dingliche Sicherung des Mieters, in: ZNotP (1) 1997, S. 8, 10; im Gegensatz zu der recht ausführlichen Formulierungshilfe für das Dauernutzungsrecht entsprechend § 31 WEG.

lungsverpflichtung den Ersteher binden soll, wird sich diese unmittelbar auf seine wirtschaftlichen Überlegungen auswirken. Den hiernach zu zahlenden Betrag wird er zusätzlich zu seinem Gebot mit aufzubringen und einzukalkulieren haben, wenn er beabsichtigen sollte, den Mietvertrag zu kündigen. Ist ihm dieser vor der Ersteigerung nicht bekannt, ein Umstand, der nicht selten in der Praxis anzutreffen ist, und beabsichtigt er von der Sonderkündigungsmöglichkeit Gebrauch zu machen, würde er durch die Mietvertragsklausel unangenehm überrascht. Es ist schwer zu begründen, warum eine solche Klausel überhaupt auf den Ersteher übergehen sollte. Zwar tritt der Ersteher in vollem Umfang in den Mietvertrag ein und damit auch in die Verpflichtungen des bisherigen Vermieters zur Rückabwicklung[1]; handelt es sich aber um große Beträge, was hier unterstellt werden soll, ist eine Zurückhaltung bei der Abgabe „guter" Angebote zu erwarten. Der nachteilige Effekt, der durch eine entsprechende Handhabung entstehen würde, wäre also für die Gläubiger eher noch größer als im Fall der Mietsicherungsdienstbarkeit.

Ungelöst ist das Problem, welches entsteht, wenn die Sicherungsabrede (nur) in einem isolierten Vertrag abgeschlossen wird, worauf Wolfsteiner zu Recht hingewiesen hat. In diesem Fall wäre es unangemessen, diesen Sicherungsvertrag auch als Bestandteil des Mietvertrages zu verstehen, der auf den Ersteher übergeht. Auf die sich bei einer solchen (ungeschickten) Gestaltung der Sicherungsabrede ergebende Problematik hat Kaufhold hingewiesen[2] und als Lösungsansatz ein Recht des Erwerbers oder Erstehers gemäß § 328 BGB aus dem Sicherungsvertrag für möglich gehalten. Alternativ könne die Dienstbarkeit aber auch bestehen bleiben, „solange sie nicht durch einen neuen Sicherungsvertrag unterlegt werde", und zwar unabhängig von der erfolgten Sonderkündigung des Mietvertrages. Folgt man hingegen den Empfehlungen Stiegeles wie den hier verwendeten Mustern und handhabt man den Sicherungsvertrag als Bestandteil des Mietvertrages, der insgesamt auf den Ersteher übergeht, zumindest wenn die Dienstbarkeit zum Zeitpunkt des Zuschlags eingetragen war, taucht die Problematik nicht auf.

Mit den Ausführungen in Lindner-Figura[3] befindet sich Oprée auf einer Linie mit Stiegele, die kritischen Anmerkungen Wolfsteiners sind vereinzelt geblieben, und gerichtliche Entscheidungen sind bislang nicht ergangen. Die Entscheidung des BayObLG[4] bestätigte die Auffassung Stiegeles, indem es ausführte, „dass die Grundstücke durch die beschränkte persönliche Dienstbarkeit als Objekt der Zwangsvollstreckung beträchtlich entwertet würden, liege in der Natur der Sache und sei bei anderen vergleichbaren Belastungen nicht anders".

---

1 Siehe unten „Rückabwicklung, Kap. VII Ziffer 10 (S. 128).
2 Kaufhold, „Zu Wolfsteiner, Dingliche Sicherung des Mieters? Und Maaß/Oprée, Dingliche Sicherung des Mieters!, ZNotP 1998, 88", in: ZNotP 2 (1998), S. 87, 88.
3 Kap. 21, Rdn. 59.
4 NJW-RR 1990, S. 208.

e) Die Auffassung von Stapenhorst/Voß

Auch Stapenhorst/Voß[1] gelangen zu dem Ergebnis, dass die dingliche Absicherung des Nutzungsrechts vom Ersteher als faktische Beeinträchtigung des Sonderkündigungsrechts hinzunehmen sei. Sie beziehen sich gleichfalls auf die Entscheidung des BayObLG[2] und bekräftigen die bereits vorstehend wiedergegebenen Begründungen. Sie sprechen bezüglich der Gründe dieser vereinzelt gebliebenen Entscheidung nicht nur von obiter dicta, sondern von den tragenden Erwägungen.[3] Zusätzlich interpretieren sie eine Entscheidung des BGH vom 22. 1. 1992[4], die sich mit einer nichtigen Getränkelieferungsverpflichtung beschäftigte.

Als zusätzliches Argument ziehen sie den Umstand heran, dass es im ZVG keine dem § 119 InsO entsprechende Vorschrift gebe, wonach Vereinbarungen, die von den Regelungen des § 119 InsO abweichen, unwirksam seien. Auch Rademacher[5] und Schönke/Stöber[6] kommen zu einem positiven Ergebnis und gehen von der grundsätzlichen Zulässigkeit derartiger Gestaltungen aus. Unter ausdrückliche Bezugnahme auf die Vermeidung des außerordentlichen Kündigungsrechts nach § 57a ZVG (sowie § 111 InsO) stellen Schönke/Stöber fest, dass es keinen Grund gebe, die Wirksamkeit der sachenrechtlichen Entstehung des ernsthaft gewollten dinglichen Rechts in Frage zu stellen. Wegmann[7] hält es für ohne weiteres zulässig, dass eine beschränkte persönliche Dienstbarkeit an ein schuldrechtliches Nutzungsverhältnis zeitlich anschließe, indem nach Beendigung des schuldrechtlichen Nutzungsverhältnisses (z.B. Kündigung durch den Ersteher in der Zwangsversteigerung nach § 57a ZVG) die beschränkte persönliche Dienstbarkeit zur Entstehung gelange.

f) Zwischenergebnis

Nach herrschender Meinung und der bislang nur vereinzelt ergangenen Rechtsprechung ist der (faktische) Ausschluss des Sonderkündigungsrechts des § 57a ZVG zulässig; allerdings ist in der Sicherungsabrede eine dem Mietvertrag entsprechende Nutzungsentschädigung vorzusehen.

---

1 NZM 2003, S. 873, 876.
2 NJW-RR 1990, S. 208.
3 NZM 2003, S. 873, 876 Fn. 23.
4 NJW-RR 1992, S. 593, s. oben IV 2c (S. 68).
5 Rademacher, Vertragsgestaltung im Gewerberaummietrecht, in MDR 2/2000 , S. 57, 62.
6 Grundbuchrecht, 13. Aufl., München 2004, Rdn. 1276.
7 In: Bamberger/Roth, Kommentar zum Bürgerlichen Gesetzbuch, Bd. 2, München 2003, § 1091, Rdn. 15.

3. Schutz vor der Sonderkündigung des § 111 InsO

a) Vorbemerkung

Die Ausgangssituation ist der des § 57a ZVG vergleichbar. Hier wie dort wird mit der Mietsicherungsdienstbarkeit der Ausschluss des Sonderkündigungsrechts beabsichtigt. In beiden Konstellationen soll nicht die jeweilige Bestimmung selbst ausgeschlossen, sondern durch die Mietsicherungsdienstbarkeit verhindert werden, dass der Ersteher beziehungsweise Erwerber von dem ihm zustehenden Sonderkündigungsrecht Gebrauch macht. Im Fall des § 111 InsO ist der Mieter der Gefahr ausgesetzt, dass der Insolvenzverwalter im Wege des Verkaufs den Mietgegenstand dem Erwerber überlässt und dieser zwar zunächst an Stelle des Vermieters in den Mietvertrag gemäß § 111 InsO eintritt, aber sodann zum ersten zulässigen Termin kündigt. Genau wie beim Sonderkündigungsrecht des § 57a ZVG stellt sich die Frage, ob der Sicherungszweck zulässigerweise verfolgt wird. Ist die Frage zu verneinen, wäre die Sicherungsabrede insoweit unwirksam.

b) Übertragung der Auffassungen zu § 21 Abs. 4 KO auf § 111 InsO

Stiegele beschäftigt sich lediglich mit § 21 Abs. 4 KO, der Vorgängervorschrift des § 111 InsO. Da die Vorschrift des § 21 Abs. 4 KO nicht vollständig übernommen wurde, sind seine Ausführungen nur bedingt heranzuziehen. Es heißt, dass § 111 InsO den § 21 Abs. 4 KO in redaktionell vereinfachter Form ersetze.[1] Die Normen sind einander weitgehend angeglichen. § 21 Abs. 4 KO berechtigte den Erwerber des Grundstücks, der es durch eine rechtsgeschäftliche Verfügung des Konkursverwalters erwarb, das auf ihn übergegangene Mietverhältnis nach § 571 (a.F.) BGB zu kündigen. Die freihändige Veräußerung des Mietgegenstandes wurde der Zwangsversteigerung mit der Folge gleichgestellt, dass der Erwerber wie der Ersteher zwar in das Mietverhältnis eintritt, aber berechtigt ist, es unter Einhaltung der gesetzlichen Frist zum ersten Kündigungstermin zu kündigen (§ 21 Abs. 4 KO in Verbindung mit § 57a ZVG).

Unterschiede ergeben sich aber bei der Frage der Überlassung des Mietgegenstandes. Nach § 21 Abs. 4 KO bestand für den Konkursverwalter kein Kündigungsrecht, wenn der Mietgegenstand dem Mieter bereits überlassen worden war. Fehlte es hieran, konnte der Konkursverwalter zwischen Erfüllung und Erfüllungsablehnung wählen.[2]

Nach Stiegele[3] dienen die §§ 57ff. ZVG der Festlegung der Rechtsstellung des Mieters (als persönlicher Gläubiger) im Verhältnis zu der Stellung anderer Gläubiger des Vermieters. Diese Überlegungen würden auch für das Sonderkündigungsrecht

---

1 Tintelnot, in: Kübler/Prütting, InsO, § 111, Rdn. 1; MünchKommInsO/Eckert, Bd. 2, § 111, Rdn. 1; Bundestagsdrucksache 12/2443, S. 71, 147 (RWS Dokumentation 18), S. 302.
2 Häsemeyer, Insolvenzrecht, 1992, S. 422.
3 Stiegele, Die Mietsicherungsdienstbarkeit, S. 117ff.

des § 21 Abs. 4 KO gelten. Im Fall des Konkurses gewähre die Konkursordnung den dinglichen Gläubigern gegenüber den nur schuldrechtlich gesicherten eine verbesserte Rechtsstellung. Im Konkurs werde die Bevorzugung deutlicher als bei der Zwangsvollstreckung. Diese Überlegungen können ohne Einschränkungen auf die Insolvenz übertragen werden. Dabei werden die persönlichen Gläubiger (§ 38 InsO) lediglich mit der Insolvenzquote abgefunden, wohingegen die dinglichen Gläubiger sich ihr dingliches Recht aussondern lassen (§ 47 InsO) oder abgesonderte Befriedigung verlangen können (§§ 49ff. InsO).[1] Auch der Versuch des Mieters, sich gegenüber den anderen Gläubigern zu verbessern, indem er sich eine dingliche Sicherung einräumen lässt, bewegt sich nicht außerhalb des Rahmens des Konkurs- oder Insolvenzrechts. Eine wertmäßige Besserstellung der Absicherung wegen des möglichen „Ausfalls" des Schuldners bei der Absicherung einer Forderung gegenüber dem „Wegfall" bei einer Sonderkündigung des schuldrechtlichen Vertrages ist unter der Geltung der Insolvenzordnung nicht gerechtfertigt. Auch die übrigen Überlegungen Stiegeles hinsichtlich des zulässigen Mietzwecks „Verhinderung des Sonderkündigungsrechts nach § 21 Abs. 4 KO" ließen sich auf § 111 InsO übertragen. Dies gilt sowohl für die Ausführungen[2], wonach Nachteile zu Lasten der nachrangigen Gläubiger zum Wesen der vorrangigen Sicherungsrechte gehören, als auch für diejenigen, dass dem gekündigten Mieter Schadensersatzansprüche gegen den bisherigen Vermieter wegen dessen Vermögenslosigkeit regelmäßig nicht weiterhelfen.

Letztlich ist die verfassungsrechtliche Wertung des Schutzes des mietvertraglichen Besitzes auf die Insolvenzordnung übertragbar.[3] Genauso wie Maaß/Oprée[4] waren auch Gablenz[5], Kaufhold[6] und Ostermann[7] allerdings ohne inhaltliche Auseinandersetzung bezüglich des § 21 Abs. 4 KO von der Wirksamkeit einer Mietsicherungsdienstbarkeit ausgegangen. Auch diesbezüglich blieben die kritischen Anmerkungen von Wolfsteiner isoliert, und man konnte von einer ganz herrschenden Meinung in der Literatur sprechen.

c) § 111 InsO und § 119 InsO

Ein wesentlicher Unterschied könnte sich jedoch durch die Einfügung des § 119 InsO ergeben haben. Hiernach sind Vereinbarungen, durch die im Voraus die Anwendung des § 111 InsO ausgeschlossen oder beschränkt werden, unwirksam. Eine Mietsicherungsdienstbarkeit, die zwar nicht direkt die Anwendung des § 111 InsO ausschließt, aber faktisch die gleiche Wirkung erzielt, könnte wegen Verstoßes gegen die Vorschrift des § 119 InsO unwirksam sein.

---

1 Smid, Praxishandbuch Insolvenzrecht, § 2, Rdn. 46.
2 Stiegele, Die Mietsicherungsdienstbarkeit, S. 121.
3 Stiegele, Die Mietsicherungsdienstbarkeit, S. 122.
4 Maaß/Oprée, Die dingliche Sicherung des Mieters, in: ZNotP 1 (1997), S. 8ff.
5 Gablenz, Die dingliche Sicherung von gewerblichen Mietverträgen, in: NZM 1998, S. 99.
6 Kaufhold, „Zu Wolfsteiner ...", ZNotP 2 (1998), S. 87.
7 Ostermann, Standortsicherung ertragreicher Märkte, in: GuT 2 (2002), 5, S. 99.

Diese Vorschrift hatte in der Konkursordnung keinen Vorgänger. § 21 KO war nur insoweit zwingendes Recht, als er das gemeinsame Recht der Konkursgläubiger schützte. Ansonsten war § 21 Abs. 4 KO durch vertragliche Vereinbarung zwischen Schuldner und Mieter abdingbar.[1] Nach der ausdrücklichen Regelung des § 119 InsO ist dies nicht mehr zulässig.[2] § 119 InsO will Umgehungen der materiellrechtlichen Auswirkungen des Insolvenzverfahrens verhindern.[3] Die Gestaltungsrechte des Insolvenzverwalters sollen nicht beschränkt werden.[4] Wenn die Bestellung der Mietsicherungsdienstbarkeit die Anwendung des § 111 InsO im Voraus ausschließen oder soweit beschränken würde, dass sein Zweck vereitelt würde, wäre von einer Unwirksamkeit auszugehen. Der Zweck des § 111 InsO liegt in der erleichterten Veräußerung des Mietgegenstandes, auch wenn dieser noch langfristig vermietet sein sollte. Die erleichterte Veräußerung wiederum soll der Erzielung eines guten Erlöses dienen. Eine langfristige Bindung des Mietgegenstandes könnte ein Verwertungshindernis darstellen.[5]

Rechtsprechung zu einer möglichen Unwirksamkeit einer Mietsicherungsdienstbarkeit wegen § 111 InsO in Verbindung mit § 119 InsO liegt noch nicht vor. Die Literatur weist, ohne dies zu konkretisieren, darauf hin, dass § 119 InsO weit zu fassen sei.[6] Lindner-Figura/Oprée/Stellmann[7] halten die dingliche Sicherung trotz der faktischen Vereitelung des Sonderkündigungsrechts aber für zulässig. Die Mietsicherungsdienstbarkeit stelle kein größeres Verwertungshindernis dar als bestehende Grundpfandrechte. Wenn während der Ausübung des Nutzungsrechts ein Ausübungsentgelt vereinbart worden sei, würden die Sicherungsmittel der Insolvenzmasse nicht verringert. Es sei demnach nicht gerechtfertigt, dem vertragstreuen Mieter dieses Sicherungsmittel zu nehmen. Die Begründungen, warum die Mietsicherungsdienstbarkeit trotz § 119 InsO zulässig sein solle, ähneln sehr denjenigen für die Verträglichkeit mit § 21 Abs. 4 KO und § 57a ZVG. Auch für diese Auffassung gibt es zustimmende Meinungen, die aber keine weitere Begründung hierfür geben.[8] Kritische Stimmen sind nicht bekannt geworden.

Angesichts der offenkundigen Unterschiede zwischen der Insolvenz- und Konkursordnung bedarf eine Zustimmung zu den vorstehenden Meinungen der vertiefenden Betrachtung.

---

1 Jaeger/Henckel, Insolvenzordnung, § 21, Rdn. 24, 44.

2 Uhlenbruck, Insolvenzordnung, § 111, Rdn. 14; Marotzke, Heidelberger Kommentar zur Insolvenzordnung, 4. Aufl. 2005 § 111, Rdn. 13.

3 Eckert, Hans-Georg, Miete, Pacht und Leasing im neuen Insolvenzrecht, in: ZIP 17 (1996), S. 897–909, hier S. 897, 902.

4 Wegener in: Frankfurter Kommentar zur Insolvenzordnung, § 119, Rdn. 2.

5 Vgl. statt vieler: Lindner-Figura/*Oprée*/Stellmann, Geschäftsraummiete, Kap. 21, Rdn. 67.

6 Tintelnot, in: Kübler/Prütting, InsO, § 119, Rdn. 6; *Andres*/Leithaus/Dahl, Insolvenzordnung, 1. Aufl., München 2006, § 111, Rdn. 10.

7 Kap. 21, Rdn. 69.

8 Schmidt-Futterer/*Blank*, Mietrecht, Vor. § 535, Rdn. 147; Rademacher, Vertragsgestaltung im Gewerberaummietrecht, in: MDR 2, 1981/99 (2000), S. 57, 62; Schöner/Schöner, Grundbuchrecht, Bd. 4, 13. Aufl., München 2004, Rdn. 1276.

aa) Aussonderung der Mietsicherungsdienstbarkeit (§ 47 InsO)

Wie oben erläutert[1], handelt es sich bei der Mietsicherungsdienstbarkeit um ein fiduziarisches Sicherungsrecht. Dem Berechtigten eines solchen Sicherungsrechts steht in der Insolvenz des Grundstückseigentümers nach allgemeiner Ansicht lediglich ein Absonderungsrecht gemäß § 49 InsO zu; dies war auch bereits unter der Geltung der Konkursordnung anerkannt.[2] Absonderungsberechtigter sei derjenige, dem ein besonderes Recht aus dem jeweiligen unbeweglichen Vermögen, das zur Masse gehört, zusteht.[3] Entsprechend der Verweisung des § 49 InsO ist das konkrete Befriedigungsrecht außerhalb der Insolvenzordnung, nämlich entsprechend der Rangfolge des § 10 ZVG zu entnehmen. In die Rangklasse 4 fallen die nicht auf Zahlung eines Kapitals gerichteten Rechte der beschränkten persönlichen Dienstbarkeit gemäß § 1090 BGB.[4]

Das Absonderungsrecht zielt auf die Absonderung des Sicherungsgutes und dessen Verwertung außerhalb des Insolvenzverfahrens. Zutreffend weist Stiegele aber darauf hin, dass die Mietsicherungsdienstbarkeit hingegen dem Berechtigten ein (Ersatz-)Nutzungsrecht gewähre und kein Verwertungsrecht. Das Nutzungsrecht der Mietsicherungsdienstbarkeit sei vielmehr durch die Aussonderung (§ 43 KO bzw. § 47 InsO) sicherzustellen.[5] Ausgesondert werde aber das Recht selbst und nicht der Gegenstand, an dem es besteht. Das Sicherungsgut, d.h. die Mietsicherungsdienstbarkeit, gehöre nicht zur Konkursmasse. Unter Aussonderung wird die Verteidigung massefremder Rechte verstanden: „§ 47 InsO schaffe keinen besonderen insolvenzrechtlichen Aussonderungsanspruch, sondern erkenne die außerhalb des Insolvenzverfahrens bestehenden Ansprüche insoweit als außerhalb des Insolvenzverfahrens durchsetzbar an, wie dies durch die insolvenzrechtliche Haftungsordnung richtig sei".[6] Begrenzte dingliche Rechte, wie beispielsweise die Grunddienstbarkeit oder der Nießbrauch können Gegenstand eines Aussonderungsanspruchs entsprechend § 47 InsO sein.[7] Folgt man diesen Überlegungen und lässt die Mietsicherungsdienstbarkeiten nach § 47 InsO aussondern, so ist bereits eine Anwendung des § 119 InsO auf diese Fälle nicht mehr gerechtfertigt.[8] Der Berechtigte ist gleichwohl entsprechend der Sicherungsabrede, die auch gegenüber dem Insolvenzverwalter gilt, nur zur Ausübung im Rahmen des Vereinbarten berechtigt.[9]

1 Siehe oben: Kap. IV, 2a (S. 63).
2 Stiegele, Die Mietsicherungsdienstbarkeit, S. 225, zur Rechtslage unter der Geltung der KO.
3 Kübler/Prütting, Bd. 1, 2006, § 49, Rdn. 13.
4 MünchKommInsO/Ganter, Bd. 1, § 49, Rdn. 75.
5 A.a.O., § 47, Rdn. 328.
6 Smid/Lindenberg, Die insolvenzrechtliche Sicherung von Wertguthaben aus Altersteilzeit durch Verwaltungs-, Treuhand- und Sicherungsvertrag, in: DZWIR, 2006/4, S. 133–140, hier: 138.
7 Obermüller/Hess, InsO, 4. Aufl., Heidelberg 2003, Rdn. 391; Smid, InsO, 2. Aufl., Stuttgart u.a. 2001, § 47, Rdn. 12.
8 Stapenhorst/Voß, Mieterdienstbarkeit als dingliche Absicherung gewerblicher Mietverträge, NZM 22/2003, S. 873, 878.
9 Stiegele, Die Mietsicherungsdienstbarkeit, S. 226; Stapenhorst/Voß, a.a.O., S. 878.

bb) Vorrang der dinglichen Rechte vor der Insolvenz

In zweierlei Hinsicht hat der Gesetzgeber verdeutlicht, dass die dinglichen Rechte in der Insolvenz besonders zu behandeln sind und einen besonderen Schutz erfahren. Nach § 49 InsO sollen die dinglichen Rechte zur abgesonderten Befriedigung des Gläubigers berechtigen. Es ist kein Anhaltspunkt gegeben, der es rechtfertigen würde, die Mietsicherungsdienstbarkeit anders als die sonstigen dinglichen Sicherungen (wie Grundpfandrechte) zu behandeln.[1] Auch nach §1098 BGB wird die besondere Behandlung der dinglichen Rechte in der Insolvenz verdeutlicht.[2] § 1098 BGB befasst sich mit dem dinglichen Vorkaufsrecht. Nach § 1098 Abs. 1 S. 1 BGB bestimmt sich das Rechtsverhältnis zwischen dem Berechtigten und dem Verpflichteten nach den Vorschriften über das schuldrechtliche Vorkaufsrecht, d.h. nach den §§ 463 bis 473 BGB. Gemäß § 471 BGB ist das Vorkaufsrecht ausgeschlossen, wenn der Verkauf im Wege der Zwangsvollstreckung oder aus der Insolvenzmasse erfolgt. Diese Vorschrift wird durch § 1098 Abs. 1 S. 2 BGB eingeschränkt, wonach im Falle des freihändigen Verkaufs des Grundstücks durch den Insolvenzverwalter das Vorkaufsrecht gleichwohl ausgeübt werden könne. Der Freihandverkauf durch den Insolvenzverwalter löst also trotz § 471 BGB im Falle einer dinglichen Absicherung den Vorkaufsfall aus.[3] Hieraus zieht Stapenhorst[4] den Schluss, dass das dingliche Recht den Gläubigerschutz überwiegen soll. Diese Schlussfolgerung ist so nicht gerechtfertigt; richtig ist allerdings, dass eine Beeinträchtigung des dinglichen Vorkaufsrechts ausgeschlossen werden soll. Der Gläubigerschutz wird nämlich durch das Wirksamwerden des Vorkaufsrechts nicht beeinträchtigt. Der Erlös für die Insolvenzmasse ist in diesem Fall der gleiche wie bei der Umsetzung des freihändigen Verkaufs. Allerdings erfährt das dingliche Vorkaufsrecht durch die Regelung des § 1098 Abs. 1 S. 2 BGB einen besonderen Schutz, und zwar gegenüber einem Recht des Insolvenzverwalters zum freihändigen Verkauf. Gerade in der Situation des § 111 InsO, d.h. der des freihändigen Verkaufs durch den Insolvenzverwalter, erfährt jedes dingliche Recht einen besonderen Schutz durch den Gesetzgeber. Hieraus lässt sich, nun wieder im Einklang mit Stapenhorst, die Schlussfolgerung ziehen, dass der Gesetzgeber dem dinglichen Recht den Vorzug gegenüber den Rechten des Insolvenzverwalters geben wollte. Hätte der Gesetzgeber im Rahmen der Neufassung der Insolvenzordnung dies ändern wollen, wäre es durch eine ausdrückliche Regelung möglich gewesen. Eine § 1098 Abs. 1 S. 2 BGB entsprechende Regelung fehlt zwar für die Fälle der beschränkten persönlichen Dienstbarkeit (§§ 1090ff. BGB). Die für das dingliche Vorkaufsrecht geltende Sonderregelung des § 1098 Abs. 1 S. 2 BGB war jedoch durch die Regelung des § 471 BGB erforderlich. Da eine § 471 BGB entsprechende Vorschrift für die beschränkten persönlichen Dienstbarkeiten nicht besteht, ist dies auch nicht erforderlich; eine abweichende Wertung gegenüber der hier vertretenen ist daher nicht gerechtfertigt.

---

1 Stapenhorst/Voß, a.a.O., S. 878.
2 Staudinger/Mader, BGB (2002), § 1098, Rdn. 11; Stapenhorst/Voß, a.a.O., S. 878.
3 Staudinger/Mader, § 1018, Rdn. 11; Palandt/Putzo, § 471, Rdn. 2.
4 Stapenhorst/Voß, a.a.O., S. 878.

Stapenhorst/Voß[1] weisen auch noch daraufhin, dass es dem Gesetzgeber im Falle des § 174a ZVG möglich gewesen sei, die Rechte des Insolvenzverwalters zu stärken. Nach § 174a ZVG kann der Insolvenzverwalter bis zum Schluss der Verhandlung im Versteigerungstermin verlangen, dass bei der Feststellung des geringsten Gebots nur die den Ansprüchen aus § 10 Abs. 1 Nr. 1a ZVG vorgehenden Rechte vorgehen. Damit ist aber auch die einzige Privilegierung des Insolvenzverwalters in der Zwangsversteigerung ermöglicht. Es wäre ohne weiteres möglich gewesen, die Stellung des Insolvenzverwalters in anderen Situationen zu stärken.

Da dies nicht geschehen ist, ist er in der Zwangsversteigerung genauso zu behandeln wie jeder andere Eigentümer.

Aus dem Vorstehenden ergibt sich, dass der Gesetzgeber dem Insolvenzverwalter und dem staatlichen Gläubigerschutz (§ 1 InsO) nur in wenigen Situationen gegenüber den dinglichen Rechten den Vorrang einräumen wollte. Die beschränkte persönliche Dienstbarkeit ist nicht anders zu behandeln als die sonstigen dinglichen Rechte auch. Damit ist die Mietsicherungsdienstbarkeit genauso wie die Grundpfandrechte zu behandeln. Dann hat ein nachrangiger Gläubiger eine vorrangige Mietsicherungsdienstbarkeit genau wie eine Grundschuld zu akzeptieren. Im Ergebnis kann daher der Mieter abgesonderte Befriedigung verlangen, da er ein Nutzungsrecht an einer massezugehörigen Sache geltend macht.[2]

cc) Zwischenergebnis

Noch deutlicher als bei der Sonderkündigung nach § 57a ZVG gilt auch bei der Kündigung des Erstehers nach § 111 InsO, dass es dem nachrangigen Gläubiger nicht verborgen geblieben ist, dass vor seinem dinglichen Recht die Mietsicherungsdienstbarkeit eingetragen ist. Er muss sich bereits zu diesem Zeitpunkt überlegen, wie werthaltig seine Sicherung im Insolvenzfall sein wird und ob die Mietsicherungsdienstbarkeit wertmindernd wirken könnte. Ein überzogener Gläubigerschutz, wonach im Krisenfall diese Dienstbarkeit unwirksam sein soll, ist nicht gerechtfertigt.[3] Ein unwirksamer Sicherungszweck ist auch im Falle des Ausschlusses des Sonderkündigungsrechts gemäß § 111 InsO nicht gegeben; gegen eine entsprechende Sicherungsabrede bestehen keine Bedenken.

d) Anfechtung der Dienstbarkeitsbestellung nach § 129 InsO

Die durch die Mietsicherungsdienstbarkeit verfolgte faktische Ausschaltung des Sonderkündigungsrechts könnte den Insolvenzverwalter gemäß § 129 InsO zu einer Insolvenzanfechtung veranlassen. Durch das Anfechtungsrecht sollen die Rechtshandlungen rückgängig gemacht werden, die gegenüber den Gläubigern keine Wirkung entfalten sollen; es soll hierdurch die Masse gemehrt und eine

---

1 Stapenhorst/Voß, a. a. O., S. 878.
2 Häsemeyer, Insolvenzrecht, 2003, Rdn. 11.12.
3 Frank, Anmerkungen zum Urteil des BGH vom 13. 11. 1998, DNotZ 1999, S. 500, 506.

möglichst gleichmäßige Befriedigung der Gläubiger erreicht werden.[1] Eine Gläubigerbenachteiligung (§ 129 InsO) ist dann gegeben, wenn sich die Befriedigung der Konkursgläubiger günstiger gestaltet hätte, wenn die Rechtshandlung unterblieben wäre.[2]

Nach §§ 130, 131 InsO sind Rechtshandlungen wegen „kongruenter" oder „inkongruenter" Deckung anfechtbar. Im ersten Fall handelt es sich um die Fälle der Erfüllung oder Sicherung eines Gläubigers während der so genannten Krise, d.h. in der Zeit zwischen der Zahlungseinstellung und der Eröffnung des Insolvenzverfahrens.[3] Im zweiten Fall erhält der Gläubiger eine Sicherung oder Befriedigung, die er nicht in der Art oder nicht zu der Zeit hätte beanspruchen können. Nach dem Auffangtatbestand des § 132 InsO werden einzelne, nicht unter §§ 130, 131 InsO fallende Rechtshandlungen der Insolvenzanfechtung unterworfen. Die Fristen der §§ 130 bis 132 InsO, innerhalb derer sie vollzogen sein müssten, liegen bis zu drei Monaten vor dem Eröffnungsantrag. In den seltensten Fällen werden die anzufechtenden Rechtshandlungen im Zusammenhang mit der Dienstbarkeitsbestellung innerhalb dieser Fristen liegen, so dass bereits aus diesem Grund die Anfechtung ausscheiden dürfte.

Auch inhaltlich dürften die Voraussetzungen für eine Insolvenzanfechtung selten vorliegen. Wenn sich die Parteien im Zuge ihrer Mietvertragsverhandlungen auf die Bestellung einer Mietsicherungsdienstbarkeit verständigt haben, so ist dies regelmäßig nur ein Teil dessen, worüber verhandelt worden ist. So wie die Laufzeit des Mietvertrages möglicherweise beiden Parteien gleich wichtig war, wurde zumindest die Höhe der Miete und die Mietzinsindexierung im Interesse des Vermieters vereinbart. Wenn sich dieser bei Vertragsabschluss auf die Mietsicherungsdienstbarkeit einlässt, hat er auf die eine oder andere Weise einen Gegenwert hierfür bekommen; es geschah nicht unentgeltlich. Eine andere Frage ist die der Vergütung im Sicherungsfalle. Sollte sie außergewöhnlich niedrig im Verhältnis zu der zum Zeitpunkt des Eintritts des Sicherungsfalls gezahlten Miete liegen, wäre an eine Benachteiligung der Gläubiger zu denken. Häufig hat in diesen Fällen der Mieter durch eine niedrige Nutzungsvergütung den Druck auf den Berechtigten ausüben wollen, von seinem Kündigungsrecht keinen Gebrauch zu machen. In Fällen der inkongruenten Deckung müsste nun der Mieter in Folge einer Insolvenzanfechtung den gegenteiligen Effekt fürchten.

Sollte der Insolvenzverwalter zur erfolgreichen Insolvenzanfechtung die vorgenannten Hürden genommen haben, wäre noch die Verjährung gemäß § 146 Abs. 1 InsO zu beachten. Der Anspruch zur Anfechtung verjährt innerhalb von zwei Jahren ab Eröffnung des Insolvenzverfahrens.

---

1 Smid, Praxishandbuch Insolvenzrecht, § 20, Rdn. 1.
2 BGH, 20. 2. 1980, in: NJW 1980, S. 1580; Smid, Praxishandbuch Insolvenzrecht, § 20, Rdn. 15.
3 Gottwald, (Hrsg.), Insolvenzrechts-Handbuch, 3., völlig neu bearb. Aufl., München 2006, § 46, Rdn. 6; Smid, a.a.O., § 21, Rdn. 14.

Diese Voraussetzung wird in der Praxis allerdings keine Probleme bereiten.[1] Jedoch ist der Insolvenzverwalter berechtigt, nach § 146 Abs. 2 InsO die Erfüllung seiner Leistungspflicht zu verweigern. Durch die Vorschrift soll verhindert werden, dass der Insolvenzmasse aufgrund eines Fristversäumnisses (§ 146 Abs. 1 InsO) und trotz anfechtbaren Rechtserwerbs Vermögenswerte entzogen werden.[2] Die Anwendbarkeit des § 146 Abs. 2 InsO auf den Fall einer Sicherungsdienstbarkeit ist noch nicht in der Literatur behandelt worden.

Ansatzpunkte für eine Anfechtung aufgrund einer vorsätzlichen Gläubigerbenachteiligung nach § 133 InsO, die Rechtshandlungen innerhalb eines Zeitraums von zehn Jahren vor dem Antrag auf Insolvenzeröffnung erfassen, sind kaum vorstellbar.[3] Der Vermieter müsste die Dienstbarkeit in der Absicht bestellt haben, etwaige Gläubiger zu benachteiligen.

Eine Insolvenzanfechtung der Bestellung einer Mietsicherungsdienstbarkeit dürfte in der Praxis aufgrund der kurzen Zeit zwischen der anzugreifenden Rechtshandlung und dem Termin des Antrags auf Insolvenzeröffnung selten erfolgreich sein. Anzeichen für eine Gläubigerbenachteiligung und eine Anfechtung dürften sich nur bei einem krassen Missverhältnis zwischen der Nutzungsvergütung und dem Mietwert des Mietgegenstandes ergeben. Auch bei einer positiven Beantwortung dieser Frage ist die zweijährige Anfechtungsfrist durch den Insolvenzverwalter zu beachten.

Die Bedeutung, die die Mietsicherungsdienstbarkeit für den Mieter hat, wird deutlicher am nachfolgenden Beispiel der Doppelvermietung.

4. Schutz vor Doppelvermietung vor der Überlassung des Mietgegenstandes

Ein böswilliger Vermieter kann das Recht des Mieters auf Übergabe des Mietgegenstandes ignorieren und ein zweites Mietverhältnis mit einem Wettbewerbsunternehmen des Mieters begründen. Dieser nicht häufige Fall des Vertragsbruchs würde dem Mieter einen Schadensersatzanspruch ermöglichen. Unabhängig von den Schwierigkeiten des Nachweises eines Schadens ist dem Mieter jedoch an der Belegung des Standortes und sicher auch an der Verhinderung der Belegung durch den Wettbewerber gelegen[4].

Je länger der Zeitraum zwischen dem Vertragsabschluss und der möglichen Überlassung des Mietgegenstandes ist, desto größer wird für den Mieter in der Praxis diese Gefahr. Dies ist namentlich in den Fällen von Bedeutung, in denen der Mietgegenstand erst noch errichtet werden muss oder in denen dieser bereits besteht,

1 Lindner-Figura/*Oprée*/Stellmann, Geschäftsraummiete, Kap. 21, Rdn. 70.

2 Paulus in: Kübler/Prütting, § 146, Rdn. 7; Smid, Praxishandbuch Insolvenzrecht, § 23, Rdn. 17.

3 Lindner-Figura/*Oprée*/Stellmann, Geschäftsraummiete, Kap. 21, Rdn. 72.

4 Stapenhorst/Voß, Mieterdienstbarkeit als dingliche Absicherung gewerblicher Mietverträge, in: NZM 6 (2003), 22, S. 873.

aber noch an einen Wettbewerber vermietet ist (Nachvermietung). Der lange Zeitraum, ohne dass der Mietvertrag in Vollzug gesetzt wurde, führt häufig zu Lockerungen des Vertragsbindungswillens eines Vertragspartners. Manches Mal mag auch der Wettbewerb die lange Zeit des Wartens (beispielsweise auf eine Baugenehmigung) genutzt haben, um ein besseres Angebot vorzulegen. Eine eingetragene Mietsicherungsdienstbarkeit würde den Mieter gegen eine Doppelvermietung schützen. Der Sicherungsfall träte ein, wenn der Mietgegenstand aufgrund der Doppelvermietung an das Wettbewerbsunternehmen übergeben würde und nicht an den Dienstbarkeitsberechtigten. Aufgrund der Mietsicherungsdienstbarkeit wäre der Vermieter stattdessen gezwungen, dem Berechtigten den Mietgegenstand zu übergeben. Das bloß schuldrechtliche Besitzrecht des Wettbewerbers hätte hier zurückzustehen. Sollte der Vermieter den Mietgegenstand dem Wettbewerber überlassen haben oder sich dieser im Falle der Nachvermietung noch im Besitz des bisherigen Mieters befinden, hätte der Dienstbarkeitsberechtigte die Rechte der §§ 1090,1027 und 1004 BGB auf Unterlassung von Besitzstörungen.[1] Je nach Ausgestaltung der Sicherungsabrede oder Auslegung derselben berechtigt diese auch zur Einräumung des Besitzes gegenüber jedermann, und zwar entweder analog § 1004 BGB in Verbindung mit § 1027 BGB oder analog § 985 BGB.[2]

Die praktische Relevanz dieser Fälle ist nicht besonders groß. In den Fällen des noch nicht errichteten Mietgegenstandes ist der Vermieter häufig zum Zeitpunkt des Mietvertragsabschlusses noch nicht Eigentümer. Häufig wird er auch nur Zwischenerwerber, der den Mietgegenstand sogleich weiterveräußert, ohne aus Kostengründen als Eigentümer eingetragen zu werden. In diesen Fällen ist er regelmäßig nicht befugt, die Dienstbarkeit auch eintragen zu lassen. Bei Fällen der Nachvermietung eines noch von einem Wettbewerber genutzten Mietgegenstandes liegt es oftmals weder im Interesse des neuen Mieters noch des Vermieters, wenn mit der Eintragung der Dienstbarkeit für einen aufmerksamen Mieter offenkundig würde, dass sich der Vermieter bereits anderweitig gebunden hat.

Gegen diesen Sicherungszweck gibt es keine Bedenken.[3] Immerhin hat sich der Vermieter im Sicherungsfall grob vertragswidrig verhalten. Der Mieter versucht mit Hilfe der Mietsicherungsdienstbarkeit nur seinen Vertragspartner zu zwingen, vertragstreu zu sein. Es ist kein Grund ersichtlich, den Vermieter hiervor zu schützen, zumal es in vergleichbaren Fällen üblich und anerkannt ist, den Vertragspartner mit Vertragsstrafen zum vertragsgemäßen Verhalten zu zwingen.[4]

---

1 Wolf, Sachenrecht, 22. Aufl., München 2006, Rdn. 1023.
2 MünchKommBGB/Falckenberg, § 1027, Rdn. 1; Staudinger/Mader, § 1027, Rdn. 3.
3 Stiegele, Die Mietsicherungsdienstbarkeit, S. 133.
4 Fritz, Gewerberaummietrecht, Rdn. 1910.

5. Schutz vor Veräußerung des Mietgegenstandes ohne Überleitung des Mietvertrages

Auch der nicht böswillige Vermieter hat es nur bedingt in der Hand, was der Käufer mit dem Mietgegenstand machen wird. In den Fällen der noch nicht errichteten Gebäude hat der Verkäufer zwar häufig mietvertraglich die Pflicht übernommen, den Mietvertrag auf den Erwerber überzuleiten. Dies garantiert aber noch nicht, dass der Käufer diese Verpflichtung auch tatsächlich erfüllt. Es entstünden ihm dadurch gegebenenfalls noch keine Ansprüche seitens des Mieters. Jener hat zunächst nur Schadensersatzansprüche gegen den bisherigen Vermieter.[1] Allerdings kann der Vermieter, der sich vor Schadensersatzansprüchen des Mieters schützen möchte, versuchen, den Erwerber zur Übernahme der sich aus dem Mietvertrag ergebenden Pflichten zu bewegen.[2] Stimmt dieser zu und übernimmt er die mietvertraglichen Pflichten, so gilt über § 567a BGB doch § 566 BGB, obwohl der Mietgegenstand dem Mieter noch nicht überlassen war. § 567a BGB gilt auch für Geschäfts- und Gewerberäume.[3] Eine Zustimmung oder Kenntnis des Mieters ist in diesem Fall nicht erforderlich.[4] Allerdings ist für die Anwendung des § 567a BGB notwendig, dass der veräußernde Eigentümer auch der Vermieter ist; eine Auflassungsvormerkung des Vermieters reicht hierfür nicht aus.[5]

Die praktische Anwendbarkeit des § 567a BGB reduziert sich damit auf wenige Fallgestaltungen. Regelmäßig ist der Vermieter dann, wenn er die Errichtung noch plant, nicht der Grundstückseigentümer. Häufig wird er dies, um die Erwerbsnebenkosten zu ersparen, auch später nicht, sondern veräußert das Grundstück unter Abtretung seiner Eigentumsverschaffungsansprüche gleich an den Erwerber weiter. Oftmals sind die Kaufverträge, mit denen der Vermieter das Grundstück erwarb, noch von weiteren Bedingungen abhängig, beispielsweise einer Baugenehmigung oder dem Abschluss des Mietvertrages. Häufig wird dann die Eigentumsumschreibung erst zu einem späteren Zeitpunkt veranlasst. Wenn die Weiterveräußerung bereits stattgefunden hat, unterbleibt die Eigentumsumschreibung auf den Vermieter gänzlich. Auch wenn es diesem nicht gelingen sollte, den Erwerber zu einer Übernahme der sich aus dem Mietvertrag ergebenden Pflichten zu bewegen, ist dem Mieter durch § 567a BGB nicht geholfen. Und schließlich gibt es noch die (seltenen) Fälle, in denen der Erwerber sich zwar gegenüber dem Vermieter verpflichtet, die Pflichten des Mietvertrages zu übernehmen, er sich aber nicht an diese Verpflichtung halten wird. An dem Sicherungsinteresse des Mieters hat sich durch die Einführung des § 567a BGB daher nur wenig geändert. Ihm ist weiterhin an der Absicherung des Mietvertrages vor der Überlas-

---

1 Palandt/Weidenkaff, § 567a BGB, Rdn. 6; Bub/Treier; Handbuch, II. Rdn. 369; MünchKomm-BGB/Häublein, Bd. 3, § 567a, Rdn. 1; Schmidt-Futterer/*Gather*, Mietrecht, § 567a Rdn. 4.
2 Schmidt-Futterer/*Gather*, § 567a, Rdn. 4.
3 Schmidt-Futterer/*Gather*, Mietrecht, § 567a, 2; Palandt-Weidenkaff, § 567a, Rdn. 2, § 566, Rdn. 3.
4 Tischler, in: Lindner/Figura/Oprée/Stellmann, Geschäftsraummiete, Kap. 2, Rdn. 109.
5 BGH 14. 3. 2003, in: NJW 2003, S. 2164; BGH 12. 3. 2003, XII ZR 18/00; Tischler, in: Lindner/Figura/Oprée/Stellmann, Geschäftsraummiete, Kap. 2, Rdn. 109.

sung und an der Erfüllung und nicht an einem Schadensersatzanspruch gelegen.[1] Wenn es ihm nicht gelingen sollte, den Überlassungsanspruch schuldrechtlich mit seinem Vermieter so zu vereinbaren, dass dieser sich im Falle des Verkaufs vom Käufer entsprechende Schuldübernahmeerklärungen zugunsten des Mieters im Sinne eines Vertrages zugunsten Dritter (§ 328 BGB) zusichern lässt, sind seine Chancen auf einen direkten Durchgriff gegen den Käufer gering. Helfen könnte ihm die Mietsicherungsdienstbarkeit, die als dingliche Sicherung in das Grundbuch einzutragen und von jedem Käufer zu berücksichtigen wäre. In den Fällen, in denen der Mietgegenstand noch nicht errichtet wurde und der Vermieter den Verkauf beabsichtigt, ohne sich als Zwischeneigentümer eintragen zu lassen, ist die Wahrscheinlichkeit der Eintragung der Mietsicherungsdienstbarkeit durch den Vermieter gering. In der Regel hat er nicht den unbegrenzten Zugriff auf das Grundbuch, sondern bedarf mindestens formal noch der Zustimmung des bisherigen Eigentümers. Ist er aber bereits Eigentümer oder erteilt ihm der bisherige Eigentümer die Zustimmung hierzu, begegnet eine Mietsicherungsdienstbarkeit, die auch den Erwerber bindet, keinen rechtlichen Bedenken.[2] Ein Erwerber, der den Mietvertrag zu ignorieren beabsichtigt und beispielsweise eine anderweitige Nutzung oder Eigennutzung verfolgt, würde von dem Mieter durch die Mietsicherungsdienstbarkeit hieran gehindert werden. Bedenken gegen die Zulässigkeit dieses Sicherungszwecks sind nicht zu erkennen.

6. Schutz vor Kündigung wegen Verletzung von Formvorschriften

Sollten die Parteien eines Mietvertrages mit einer gewollten Festlaufzeit von mehr als einem Jahr (§ 550 BGB) die Formvorschrift des § 126 BGB verletzen, so gilt der Vertrag als auf unbestimmte Zeit geschlossen. Beide Seiten können dann den Mietvertrag trotz der vertraglich vorgesehenen längeren Befristung unter Einhaltung der gesetzlichen Fristen vorzeitig kündigen.[3] Trotz einer Vielzahl von gerichtlichen Entscheidungen hierzu und der in letzter Zeit erkennbaren Tendenz des BGH zur Lockerung gewisser Überzeichnungen der Vergangenheit[4] sind selbst professionelle Berater und Vertragsabteilungen in den Unternehmen nicht dagegen gefeit, dass gegen die Formvorschriften verstoßen wird..

Der Entscheidung des BGH vom 2. 11. 2005 lag ein Streit zwischen Mietvertragsparteien zur Wahrung der Schriftform des § 566 (a. F.) BGB zugrunde. Der beklagte Mieter hatte den Mietvertrag mit der Begründung gekündigt, § 2 des Mietvertrages, wonach das Mietverhältnis mit der Übergabe der Mieträume beginnen solle, erfülle nicht die vorgeschriebene Schriftform. Der BGH hat demgegenüber klargestellt, dass die Anforderungen an den Begriff der Bestimmbarkeit des Mietbeginns nicht zu hoch gestellt werden dürfen. Wäre bei dem vorliegenden Fall des erst noch zu errichten-

---

1 Stapenhorst/Voß, Mieterdienstbarkeit als dingliche Absicherung gewerblicher Mietverträge, in: NZM 6 (2003), 22, S. 873.
2 Stiegele, Die Mietsicherungsdienstbarkeit, S. 133.
3 Schmidt-Futterer/*Lammel*, Mietrecht, Mietrecht, § 550, Rdn. 57; Fritz, Gewerberaummietrecht, Rdn. 47 d.
4 BGH 2. 11. 2005, Az. XII ZR 212/03, S. 4.

den Mietgegenstandes das Datum bereits bekannt gewesen, so wäre bereits des Merkmal der Bestimmtheit erfüllt gewesen. Bestimmbarkeit hingegen verlange ein deutlich geringeres Maß an Genauigkeit. Es genüge die abstrakte Beschreibung, die es ermögliche, den Mietbeginn zu ermitteln. Weil die Vermietung vom Reißbrett nicht über Gebühr erschwert werden dürfe und ein „spätester Übergabezeitpunkt" die gleichen Schwierigkeiten der Feststellung des Mietbeginns aufweise, reiche die vereinbarte Formulierung aus, um im Interesse eines Rechtsnachfolgers den tatsächlichen Übergabezeitpunkt zu ermitteln. Bei dieser Gelegenheit bekräftigt der BGH nochmals, dass sich zur Wahrung der Schriftform des § 566 (a.F.) BGB die wesentlichen Vertragsbedingungen – insbesondere Mietgegenstand, Mietzins sowie Dauer und Parteien des Mietverhältnisses – aus der Vertragsurkunde ergeben müssen, um es einem späteren Erwerber zu ermöglichen, sich vollständig über die auf ihn übergehenden Rechte und Pflichten des Mietvertrages zu informieren.

Um der drohenden Konsequenz der Kündigung des Mietvertrages vor dem eigentlich vereinbarten Mietende zu entgehen, ist die Praxis zunehmend dazu übergegangen, den Sicherungszweck auch auf Fälle der Kündigung des Vermieters wegen Verletzung aufgrund von Formvorschriften zu erstrecken.[1] In diesen Fällen sieht sich der Mieter einem Vertragspartner gegenüber, dem er im Fall der erfolgreich durchgesetzten Kündigung noch nicht einmal Schadensersatz abverlangen kann. Ein Vermieter, der derartig handelt, ist nicht arglistig[2], ein Mieter ist ihm gegenüber daher schutzlos. Da durch die Berufung auf den Formmangel ein nicht am Vertrag beteiligter Dritter geschützt werden soll, verstößt dieses in der Regel nicht gegen § 242 BGB; nur in engen Ausnahmefällen ist die Berufung auf den Formmangel rechtsmissbräuchlich.[3] Aus diesem Grund liegt es aus der Sicht des Mieters nahe, den Sicherungszweck auch für diese Fallkonstellationen zu fassen. Ansatzpunkte für eine Unwirksamkeit könnten sich allein daraus ergeben, dass § 550 BGB zwingend ist. Der Zweck der Schriftform ist es, den späteren Erwerber im Hinblick auf § 566 BGB vollständig über die auf ihn übergehenden Rechte und Pflichten zu unterrichten.[4]

Zwar wird der Erwerber des Mietgegenstandes eines durch Mietsicherungsdienstbarkeit gesicherten Mietvertrages, bei dem das Schriftformerfordernis des § 550 BGB verletzt wurde, die Kündigung ausüben können. Aber der Mieter kann ihm dann das durch die Mietsicherungsdienstbarkeit gesicherte Nutzungsrecht entgegenhalten. Eine Räumung kann nicht vor Ablauf der mietvertraglich vorgesehenen Laufzeit einschließlich der ihm zustehenden Verlängerungsoptionen verlangt werden.[5]

Diese faktische Ausschaltung des § 550 BGB könnte unzulässig sein. Stiegele[6] hatte zwischen abdingbaren und nicht abdingbaren Kündigungsrechten differenziert. Abdingbare Kündigungsrechte des Vermieters dürften durch eine Mietsicherungs-

---

1 Dieser Aspekt spielte zur Zeit der Arbeit von Stiegele noch keine Rolle; siehe Stiegele, Die Mietsicherungsdienstbarkeit, S. 37 im Vertragsmuster.

2 Lindner-Figura/*Oprée*/Stellmann, Geschäftsraummiete, Kap. 21, Rdn. 5.

3 BGH 2. 11. 2005, Az. XII ZR 233/03, S. 10; Schmidt-Futterer/*Lammel*, Mietrecht, Mietrecht, § 550, Rdn. 65.

4 Palandt/Weidenkaff, § 550, Rdn. 1, 2.

5 Siehe das Vertragsmuster/Standardformulierung in den Anlagen zu dieser Arbeit.

6 Stiegele, Die Mietsicherungsdienstbarkeit, S. 132.

dienstbarkeit faktisch ausgeschaltet werden, wohingegen nicht abdingbare durch keine Mietsicherungsdienstbarkeit unterlaufen werden dürften. Diese pauschale Differenzierung nach der Abdingbarkeit der „auszuschaltenden“ Norm überzeugt nicht. Bereits bei der Frage der Zulässigkeit der Mietsicherungsdienstbarkeit im Zusammenhang mit §§ 111, 119 InsO wurde herausgestellt, dass es bei der Frage der Zulässigkeit eines Sicherungszwecks vielmehr darum geht, das dingliche Rechtsgeschäft ins Verhältnis zu der „angegriffenen“ Norm zu setzen.

Zunächst ist festzustellen, dass sich das dingliche Recht durch seine Ausschließlichkeit von den übrigen Rechten unterscheidet. Der Berechtigte kann sich mit diesem Recht nicht allein gegenüber demjenigen durchsetzen, von dem er es eingeräumt bekommen hat. Vielmehr kann er sich gegenüber jedermann, auch nicht am Rechtsgeschäft beteiligten Dritten durchsetzen.[1] Die beschränkte persönliche Dienstbarkeit berechtigt nur eine Person, dieses Recht innezuhaben[2]; sie entsteht rechtsgeschäftlich durch Einigung und Eintragung in das Grundbuch (§ 873 BGB). Der durch die Dienstbarkeit Berechtigte kann die Unterlassung von Beeinträchtigungen sowie deren Folgenbeseitigung verlangen (§§ 1090, 1004, 1027 BGB).[3] Im Übrigen ist die beschränkte persönliche Dienstbarkeit als sonstiges Recht über § 823 BGB geschützt.[4] Im Unterschied zur Grunddienstbarkeit ist der Umfang der Nutzungen einer beschränkten persönlichen Dienstbarkeit weiter gefasst. § 1019 BGB verlangt für die Grunddienstbarkeit einen Vorteil für den Berechtigten. § 1091 BGB richtet sich lediglich nach den Bedürfnissen. Bereits der Wortlaut deutet auf recht weite Schranken hin, die für die rechtliche Prüfung einer beschränkten persönlichen Dienstbarkeit gegeben sein müssen. Es sei schon fraglich, ob es sich um echte rechtliche Schranken handele; im Zweifel definiere der Berechtigte und allenfalls sein Vertragspartner das Bedürfnis.[5]

a) Der Erwerber wurde beim Kauf auf diese dem Mieter zustehende Berechtigung durch den Grundbuchauszug aufmerksam gemacht. Wenn er bereits bei Abschluss des Kaufvertrages Kenntnis von möglichen Formverletzungen gehabt haben sollte und die Kündigung geplant hatte, wurde er durch die im Grundbuch enthaltene Information über die besondere Absicherung des Mieters unterrichtet. Ein Grund, diesem Erwerber den Schutz des § 550 BGB zu gewähren, ist nicht gerechtfertigt. Deutlicher als durch eine im Grundbuch eingetragene Mietsicherungsdienstbarkeit kann ein Erwerber nicht darauf hingewiesen werden, dass er nicht nur einen herkömmlichen Mietvertrag erwirbt. Ein Verstoß gegen den Schutzzweck des § 550 BGB, den späteren Erwerber umfassend über die ihn treffenden Pflichten und Rechte aufzuklären, wird gerade durch die Eintragung der Mietsicherungsdienstbarkeit verhindert.

---

1 Ahrens, Dingliche Nutzungsrechte, S. 20.
2 Ahrens, a. a. O., S. 139.
3 Wolf, Sachenrecht, Rdn. 1023; s. auch VI 4 (S. 107) dieser Arbeit sowie die dortigen Nachweise.
4 Weber, Sachenrecht II, § 19, 10, in Vbdg. m. § 18, Rdn. 21.
5 Ahrens, a. a. O., S. 189.

b) Wenn allerdings nach dem Kauf bis dahin unbekannte Bestandteile des Mietvertrags auftauchen sollten und er nunmehr aufgrund dieser Informationen beabsichtigt, den Mietvertrag wegen Verletzung der Formvorschrift zu kündigen, könnte an eine unzulässige Ausschaltung des § 550 BGB gedacht werden. Die vorstehende mögliche Fallkonstellation hat schon verdeutlicht, dass es regelmäßig keine Veranlassung gibt, den Vermieter im Hinblick auf § 550 BGB besonders vor den Folgen einer eingetragenen dinglichen Belastung zu schützen. Es wird eher der Ausnahmefall sein, der auch anders gelöst werden könnte, ohne dass gleich von der Ausschaltung eines unabdingbaren Kündigungsrechts gesprochen werden muss. Der Ersteher ist bereits durch das eingetragene Nutzungsrecht darüber aufgeklärt, dass es neben dem Mietvertrag eine dingliche Absicherung des Mieters gibt. Ausnahmsweise kann bei später auftauchenden Informationen über eine Verletzung der Formvorschrift zu prüfen sein, ob die Sicherungsabrede nicht doch unzulässig sein könnte. Sollte dem Ersteher mit den „aufgetauchten" Unterlagen ein besonders schwerwiegender Verstoß gegen die Formvorschrift zur Kenntnis gelangen, spräche viel für eine entsprechende Unzulässigkeit der Sicherungsabrede. Es ließe sich also rechtfertigen, dass nicht grundsätzlich jeder Sicherungszweck im Zusammenhang mit § 550 BGB unzulässig, sondern zu differenzieren sei. Ziel des Mieters, der die Mietsicherungsdienstbarkeit eingeräumt bekommen möchte, ist es nicht, hierdurch „Narrenfreiheit" im Umgang mit dem Mietvertrag zu erhalten. Keinesfalls soll durch die Mietsicherungsdienstbarkeit einer Partei ermöglicht werden, die Verletzung der Formvorschriften leichtfertig zu riskieren. Auch die Fälle, in denen der Mieter seinerseits eine solche zu verantworten hätte, sind nicht ohne weiteres durch eine entsprechende Sicherungsabrede zu schützen. Es ist denkbar, in Einzelfällen, in denen den Mieter an dem Verstoß mindestens eine Mitschuld trifft, zu einer Unwirksamkeit der Sicherungsabrede zu gelangen. Ob in einem solchen Fall die Unzulässigkeit automatisch die Sicherungsabrede bezüglich der Formvorschrift vollständig ergreift, wäre tatrichterlich zu entscheiden. Der BGH hat in seinen Entscheidungen zur Sicherungsdienstbarkeit in Einzelfällen die Unwirksamkeit konkreter Sicherungsabreden festgestellt. Damit war aber nicht automatisch und stets die Dienstbarkeit selbst unwirksam. Vielmehr läge es in der Natur der Dienstbarkeit, dass diese trotz Unwirksamkeit der Sicherungsabrede wirksam bleiben könne.

In den anderen Fällen jedoch, in denen durch eine Verschärfung der Anforderungen an die Formvorschriften beide Mietvertragsparteien (unverschuldet) mit einem ungewollten Ergebnis konfrontiert werden, gibt es keinen Grund die Sicherungsabrede für unzulässig zu erklären. Daher und aufgrund der bereits wiederholt vorgetragenen Begründung, wonach es dem Mieter freigestellt ist, seine schuldrechtliche Position durch dingliche Absicherung zu stärken, ist auch ein Sicherungszweck, der sich gegen eine frühzeitige Beendigung der Festlaufzeit wegen eines Formverstoßes richtet, zulässig. Ein Verstoß gegen den Schutzzweck des § 550 BGB, den späteren Erwerber umfassend über die ihn treffenden Pflichten und Rechte aufzuklären, wird gerade durch die Eintragung der Mietsicherungsdienstbarkeit verhindert.

7. Weitere Sicherungsrechte

Neben den oben aufgeführten Motiven des Mieters zur Sicherung des Mietvertrages gibt es in der Praxis Versuche, weitere Bedrohungen des Mietvertrages mit Hilfe der Mietsicherungsdienstbarkeit zu verhindern. Allerdings darf von ihr nicht die Lösung aller Probleme erwartet werden. Nicht jede Beeinträchtigung des Mietvertrages kann in der erforderlichen Qualität für eine Sicherungsabrede dienen. Damit der Mieter gegen die Beeinträchtigungen von Seiten Dritter, beispielsweise gegen Besitzstörungen, aufgrund der Sicherungsabrede vorgehen kann, müssen sie in ihr auch entsprechend vereinbart sein.[1]

Eine weitere Absicherung kraft Gesetzes erhält der Mieter mit der Eintragung in das Grundbuch, ohne dass dies in der Sicherungsabrede ausdrücklich niedergelegt worden sein muss. Wenn es dem Mieter nicht gelingen sollte, eine Eintragung an erster Rangstelle zu erhalten, wird er gleichwohl bemüht sein, die vorrangigen Belastungen so gering wie möglich zu halten. Sollte ihm dies gelingen und sollten im Verlauf der Mietzeit die vorrangigen Grundpfandrechte durch regelmäßige Zins- und Tilgungsleistungen des Vermieters geringer werden, liegt es im Krisenfall nahe, dass er sich bemüht, die vorgehenden Belastungen selbst abzulösen, um auf diese Weise den Erhalt seiner Sicherungsdienstbarkeit sicher zu stellen.[2] Gemäß §§ 268, 1150 BGB kann der durch Mietsicherungsdienstbarkeit gesicherte Mieter die Ablösung der vorrangigen Grundpfandrechte in der Zwangsversteigerung betreiben und sichert so seine Dienstbarkeit.

Eine weitere Folge der Mietsicherungsdienstbarkeit könnte sich im Öffentlichen Recht ergeben, und zwar im Bereich des Baurechts. Es wäre daran zu denken, dass die Mietsicherungsdienstbarkeit ein Abwehrrecht gegen Bauvorhaben auf Nachbargrundstücken begründet. Abwehrrechte stehen grundsätzlich nur den Eigentümern und nicht den nur schuldrechtlich Berechtigten zu, da das Baurecht grundstücksbezogen ist. Neben den Eigentümern kommen als Abwehrberechtigte auch dinglich Berechtigte mit eigentümerähnlicher Stellung in Frage, also Inhaber eines Erbbau- oder Nießbrauchsrechts.[3] Dies folgt daraus, dass der planungsrechtliche Drittschutz auf dem wechselseitigen Austauschverhältnis beruht und Abwehrrechte nur demjenigen zustehen, der das betreffende Grundstück auch baulich nutzen kann. Neben den vorgenannten Berechtigten gelten diese Überlegungen gleichermaßen für die bereits mit Auflassungsvormerkung gesicherten Käufer und die Wohnungseigentümer. Das Wohnungsrecht des § 1093 BGB wird nicht als Grundlage für ein Nachbarabwehrrecht anerkannt.[4] Es begründet kein umfassendes eigentumsähnliches Nutzungsrecht am Grundstück und ist nicht verkehrsfähig. Es berechtigt nur zur Nutzung des Grundstücks in einzelnen Beziehungen, wohingegen der Nießbrauch nach § 1030 Abs. 1 BGB dem Eigentümer

---

1 Stiegele, Die Mietsicherungsdienstbarkeit, S. 134, 135.
2 Stiegele, Die Mietsicherungsdienstbarkeit, S. 135.
3 BVerwG, in: NJW 1989, S. 2766.
4 BVerwG, in: BRS 55, Nr. 163; OVG Saarbrücken, in: BauR 2004, S. 821.

das Nutzungsrecht an der belasteten Sache entzieht.[1] Bei dem Wohnungsrecht des § 1093 BGB handelt es sich um eine Unterform der beschränkten persönlichen Dienstbarkeit.[2] Für die Mietsicherungsdienstbarkeit wird im Ergebnis wohl nichts anderes gelten können als für das Wohnungsrecht, da sie ähnlichen Einschränkungen unterliegt. Entscheidend ist jedoch, dass, solange der Sicherungsfall (noch) nicht eingetreten ist, der Mieter sein Recht ausschließlich aus dem schuldrechtlichen Mietvertrag herleitet und das dingliche Nutzungsrecht den Ausübungsbeschränkungen der Sicherungsabrede unterfällt.

1 OVG Lüneburg, in: BRS 62, Nr. 179.
2 Weber, Sachenrecht II, Baden Baden 2005, § 19, Rdn. 11.

VII. Die Sicherungsabrede

1. Vorbemerkung

Die Sicherungsabrede stellt den Kausalvertrag für das dingliche Rechtsgeschäft dar; es handelt sich um die „causa" für die Bestellung der Dienstbarkeit. Der auch Sicherungsvertrag genannte zweiseitige, entgeltliche Vertrag regelt die Rechte und Pflichten zwischen dem Vermieter und dem Mieter. Die Sicherungsabrede ist gesetzlich nicht geregelt, insoweit ist ein Zurückgreifen auf das dispositive Recht nur begrenzt möglich. Die noch von Stiegele bemerkte gewisse Vernachlässigung in der Praxis, zu deren Feststellung eine Notarumfrage hinzugezogen werden konnte, lässt sich heute nicht mehr feststellen.[1] Allerdings gibt es auch keine Bestrebungen, alle Einzelheiten des Mietvertrages in die Sicherungsabrede einfließen zu lassen. Dies mag damit zusammenhängen, dass ansonsten das dingliche Ersatznutzungsrecht von dem schuldrechtlichen Ersatznutzungsrecht überlagert werden könnte und damit die gesamte Sicherungskonstruktion gefährdet werden könnte.[2]

2. Sicherungsabrede und Sicherungszweck

Mit der Sicherungsabrede wird der Sicherungszweck festgelegt. Die Parteien bestimmen hiermit, welches Recht vor welchen Risiken geschützt werden soll. Wie in Kapitel VI dargestellt, dienen die Sicherungszwecke bei der Mietsicherungsdienstbarkeit zuvorderst dem Schutz vor den Sonderkündigungen der §§ 57a ZVG und 111 InsO. Weiterhin verfolgen sie den Schutz vor einer Doppelvermietung des Mietgegenstandes durch einen bösgläubigen Vermieter. Ein weiterer Sicherungszweck liegt in dem Schutz des Mieters vor einer Veräußerung des Mietgegenstandes bereits vor dessen Überlassung ohne Sicherstellung, dass der Mietvertrag auf den Erwerber übergeht. Neben den sonstigen hier nicht näher betrachteten spezifischen Sicherungszwecken hat in jüngster Zeit verstärkt der Schutz des Mieters vor einer Kündigung aufgrund der Verletzung von Formvorschriften an Bedeutung zugenommen. Das zu schützende Recht der Mietsicherungsdienstbarkeit ist stets das durch den Mietvertrag entstandene Nutzungsrecht.[3]

---

1 Stiegele, Die Mietsicherungsdienstbarkeit, S. 143.
2 Stiegele, a.a.O., S. 154.
3 Stapenhorst/Voß, Mieterdienstbarkeit als dingliche Absicherung gewerbliche Mietverträge, S. 874; Lindner-Figura/*Oprée*/Stellmann, Kap. 21, Rdn. 34; Stiegele, a.a.O., S. 146.

3. Bestellungsvergütung und Nutzungsentschädigung

a) Bestellungsvergütung

Im Zuge der Mietvertragsverhandlungen war oftmals die vom Mieter geforderte Mietsicherungsdienstbarkeit und damit auch der Abschluss der Sicherungsabrede einer von mehreren Punkten, über die sich die Parteien mit Unterschrift des Mietvertrages abschließend verständigt haben. Wenn die Sicherungsabrede, was die Regel sein dürfte, mit abgeschlossen wird und zumindest körperlich Bestandteil des Mietvertrages wird, ist der spätere Nachweis, welcher Preis letztlich für die Bestellung der Dienstbarkeit zu zahlen war, nicht mehr leicht zu führen. Lediglich in den seltenen Fällen, in denen sich die Parteien nach dem bereits erfolgten Mietvertragsabschluss über die Mietsicherungsdienstbarkeit verständigen, fällt der Nachweis leicht. Dann wird in der Regel nachzuweisen sein, dass ein Vermieter die Belastung des Grundstückes und die für ihn damit zusammenhängenden Erschwernisse nicht ohne Gegenleistung zu erbringen bereit ist. Es ist daher in den Fällen, in denen die Sicherungsabrede und der Mietvertrag wenigstens körperlich eine Einheit darstellen, davon auszugehen, dass die Sicherungsabrede und die mit ihr verbundene Verpflichtung zur Bestellung der Mietsicherungsdienstbarkeit immer auch vom Berechtigten bezahlt werden muss. Hierdurch erhält die Sicherungsabrede regelmäßig auch den Inhalt eines Rechtskaufes.[1]

b) Nutzungsentschädigung

Die Nutzungsentschädigung (auch Nutzungsvergütung oder Nutzungsentgelt) wird als Vergütung für die Ausübung der Mietsicherungsdienstbarkeit verstanden, die zu zahlen ist, wenn der Sicherungsfall eingetreten ist. Auf die entsprechend werthaltige Gegenleistung für die Ausübungsbefugnis im Zuge des Abschlusses der Sicherungsabrede wird der Dienstbarkeitsverpflichtete im eigenen Interesse großen Wert legen. Eine unentgeltliche Ausübung der Dienstbarkeit, von der noch Stiegele als einer häufig anzutreffenden Variante auszugehen scheint[2], dürfte heutzutage eher selten anzutreffen sein. Hierfür sorgt nicht nur der Vermieter, der im Gespräch mit den Banken, aber auch mit potentiellen Erwerbern für das Thema zunehmend sensibilisiert wurde und keine Veranlassung hat, die Werthaltigkeit des Mietgegenstandes aus der Sicht des Rechtsverkehrs ohne Gegenleistung zu schmälern. Auch wenn ihn persönlich die Zahlung einer regelmäßigen mietähnlichen Nutzungsentschädigung im Sicherungsfall nicht mehr direkt betreffen würde. Schmidt-Futterer/*Blank* gehen wie selbstverständlich davon aus, dass dem Ersteher ein Ausübungsentgelt zustehe.[3]

---

1 Stiegele, Die Mietsicherungsdienstbarkeit, S. 148, 149.
2 Stiegele, a.a.O., S. 153.
3 Mietrecht, vor § 535 Rdn. 147.

Auch der Mieter ist gut beraten, wenn er sich nicht auf eine Mietsicherungsdienstbarkeit ohne Ausübungsvergütung einlässt. Durch eine solche vordergründig für ihn vorteilhafte Regelung geht er das Risiko ein, dass eine entsprechende Sicherungsabrede wenigstens in Teilen unwirksam sein dürfte. Zumindest im Sicherungsfall der Vermieterinsolvenz ist eine faktische Ausschaltung des § 119 InsO ohne angemessene Gegenleistung mit der Rechtsfolge der (Teil-)Unwirksamkeit belegt. Auch im Falle der Zwangsversteigerung ist zumindest das Risiko der Unwirksamkeit einer entsprechenden Ausschaltung des Sonderkündigungsrechts nach § 57a ZVG zu befürchten. Diese teilunwirksamen Sicherungsvereinbarungen ergreifen zwar nicht das gesamte Vertragswerk[1], was bedeutet, dass die anderen vom Mieter beabsichtigten Sicherungszwecke bestehen bleiben können. Diese Sicherungszwecke sind jedoch häufig der entscheidende Anlass, die Mietsicherungsdienstbarkeit zu verfolgen. Soweit Stiegele auf die im Bereich der Tankstellendienstbarkeit und der im Bierbezugsrecht üblichen anderen Handhabung verweist, nämlich der vergütungsfreien Sicherungsdienstbarkeitsbestellung[2], sollte dies und auch die hierzu ergangene Rechtsprechung nicht darüber hinwegtäuschen, dass die genannten Wirtschaftsbereiche ganz andere Sicherungszwecke verfolgen und eine § 119 InsO entsprechende Regelung fehlt. Oprée und Stapenhorst/Voß[3] empfehlen bei Fehlen einer entsprechenden Regelung in der Sicherungsabrede die Zahlung eines Nutzungsentgelts, die Prüfung eines ortsüblichen Entgelts gemäß § 546a BGB oder die Vertragsauslegung. Ergebe dies allerdings keinen entsprechenden Parteiwillen, sei nicht ohne Weiteres eine Zahlungspflicht anzunehmen. Die Höhe des Nutzungsentgelts müsse im Übrigen nicht zwingend der Höhe der Miete entsprechen; so sei ein deutlich niedrigeres Entgelt vorstellbar, um auf den Vermieter einzuwirken, alsbald wieder den mietvertragsgemäßen Zustand herzustellen. Gegen die letztgenannte Überlegung gibt es keine Bedenken. Namentlich wenn der Vermieter beabsichtigen sollte, den Mietvertrag wegen angeblicher Verletzung von Formvorschriften zu kündigen, würde ein Versuch auf Vermieterseite ohne Sanktionen eher dazu ermuntern. Sollten allerdings weder die Ortsüblichkeit noch die Auslegung eine Zahlungspflicht ergeben, begegnet eine entsprechende Sicherungsabrede gleichwohl Bedenken. Eine Sicherungsabrede, die versuchen sollte, das Sonderkündigungsrecht des § 111 InsO komplett auszuschalten, würde wegen § 119 InsO einen unzulässigen Sicherungszweck verfolgen; sie wäre gleichfalls (teil-)unwirksam.

Eine Sicherungsabrede ohne Nutzungsentschädigung könnte noch zusätzlich gegen § 307 BGB verstoßen. Zunächst wäre die Frage zu klären, ob es sich bei dem zu prüfenden Vertrag um einen Fall der Allgemeinen Geschäftsbedingungen handelt (§ 305 Abs. 1 BGB). In den Fällen, in denen der Vertragsentwurf von den Filialbetrieben und Tankstellenketten gestellt wird, ist dies nicht auszuschließen. Sollten große Teile des Vertrages individuell ausgehandelt werden, aber die Sicherungsab-

---

1 Stiegele, Die Mietsicherungsdienstbarkeit, S. 132.

2 Stiegele, a.a.O., S. 153.

3 Lindner-Figura/*Oprée*/Stellmann, Kap. 21, Rdn. 46, 47; Stapenhorst/Voß, Mieterdienstbarkeit als dingliche Absicherung gewerbliche Mietverträge, in: NZM 6 (2003), 22, S. 880.

rede aus einem Formulartext übernommen worden sein, dürfte es sich eher um eine Individualvereinbarung gemäß § 305 Abs. 1 S. 3 BGB handeln.[1] In anderen Fällen ist aber genauso gut vorstellbar, dass § 305 BGB zur Anwendung kommt. Dann lautet die sich aus § 307 Abs. 2 Nr. 1 BGB ergebende, entscheidende Frage, ob eine Bestimmung, nach der der Eigentümer die Nutzung eines Mietgegenstandes über einen Zeitraum von mehr als zehn Jahren zu dulden hätte, ohne eine Nutzungsentschädigung zu erhalten, gegen wesentliche (kardinale) Pflichten aus dem Vertrag verstößt.[2] Im Bereich der Geschäftsraummiete zählt die Zahlung der Miete durch den Mieter hierzu.[3] Auch eine Sicherungsabrede, die die Bestellung einer Mietsicherungsdienstbarkeit zum Gegenstand hat und für die ein den Mietverträgen entsprechendes dispositives Recht nicht besteht, setzt als Kardinalpflicht der Parteien zweierlei voraus: die Nutzungsgewährung als Pflicht des Vermieters und die Zahlung einer Nutzungsentschädigung als Pflicht des Mieters. Eine Sicherungsabrede muss daher eine Nutzungsentschädigung enthalten, um der Gefahr der zumindest teilweisen Unwirksamkeit aufgrund der §§ 305 BGB ff. zu entgehen.

4. Pflicht zur Bestellung der Dienstbarkeit

Ein wesentlicher Bestandteil der Sicherungsabrede sieht die Pflicht des Verpflichteten vor, die Mietsicherungsdienstbarkeit auch zu bestellen.[4] Hierdurch erhält der Mieter erst den gegen den Vermieter gerichteten schuldrechtlichen Anspruch, dass dieser auch die Mietsicherungsdienstbarkeit bestellt. Die Sicherungsabrede verlangt ein Minimum an Festlegungen über die zu bestellende Dienstbarkeit, nämlich den genauen Inhalt der Dienstbarkeit und den Umfang der Nutzung.[5] In der Praxis ist die Sicherungsabrede in der Tat insoweit recht knapp gehalten. Es gibt aber keine Bedenken, wenn sich der vom Vermieter abverlangte Inhalt der Mietsicherungsdienstbarkeit dem dinglichen Rechtsgeschäft entnehmen lässt.[6] Diese Handhabung hat sich aus verständlichen Gründen in der Praxis eingebürgert, um zu verhindern, dass dem Grundbuchamt mit der Bestellung der vollständige Mietvertrag eingereicht werden muss.

Verstößt nun der Vermieter gegen die ihm obliegende Verpflichtung zur Bestellung der Mietsicherungsdienstbarkeit, stellt sich dem Mieter die Frage, ob er den ihm zustehenden schuldrechtlichen Anspruch auf rechtlichem Weg durchsetzen soll. Zu Anfang eines Dauerschuldverhältnisses von (vereinzelt) mehr als zwanzig Jahren Laufzeit will ein solcher Schritt wohlüberlegt sein. Oftmals ist es nicht Böswilligkeit, die den Vermieter von der Eintragung abhält. Neben dem Vermieter

---

1 *Lindner-Figura*/Oprée/Stellmann, Geschäftsraummiete, Kap. 7, Rdn. 30; Fritz, Gewerberaummietrecht, Rdn. 146.
2 Palandt/Heinrichs, § 307, Rdn. 35.
3 Palandt/Weidenkaff, § 535, Rdn. 79; *Lindner-Figura*/Oprée/Stellmann, a.a.O., Kap. 7, Rdn. 125.
4 Lindner-Figura/*Oprée*/Stellmann, Geschäftsraummiete, Kap. 21, Rdn. 39.
5 Stapenhorst/Voß, a.a.O., S. 879.
6 Stiegele, Die Mietsicherungsdienstbarkeit, S. 148.

haben die Banken oft großen Einfluss auf die Ausgestaltung der Mietsicherungsdienstbarkeit. Wenn sich dann der Vermieter zwar der grundsätzlichen Zustimmung seiner Bank versichert hat, im Detail aber die Ausformulierung, wie sie in dem Mietvertrag Aufnahme gefunden hat, nicht stattgefunden hat oder die Bank eine in diesen Fragen empfindlichere weitere Bank im Zuge einer Konsortialfinanzierung hinzuzieht, ist der Vermieter oft ohne großes Verschulden in eine missliche Lage gekommen, für die der Mieter bei Offenlegung auch ein gewisses Verständnis aufbringen mag. Zur Vermeidung einer von beiden Vertragsparteien nicht gewollten Verschärfung der Situation bietet sich eine mietvertragliche Vereinbarung über die Stundung der Miete an. Auf diese Weise hat der Mieter ein empfindliches Druckmittel auf den Vermieter, die schuldrechtliche Verpflichtung zur Bestellung der Dienstbarkeit nicht zu ignorieren. Aber auch die Bank, die oft in Absicherung ihres Darlehens über den Eingang der Miete wacht, wird zu einer konstruktiven Lösung angehalten. In der Praxis wirkt eine Stundungsvereinbarung bereits vor der Überlassung des Mietgegenstandes als Druckmittel. Der Vermieter wird gezwungen, der Bestellungspflicht nachzukommen, wenn er verhindern möchte, dass ihm die Miete nicht (vorläufig) vorenthalten wird.

5. Ausübungsverbot und Übertragbarkeit

Eine weitere Abrede in der Sicherungsvereinbarung sieht vor, dass die Mietsicherungsdienstbarkeit erst ausgeübt werden darf, wenn der Sicherungsfall eintritt. Zuvor gilt ein Ausübungsverbot. Üblicherweise ist dieses als aufschiebende und auflösende Bedingung formuliert. Hiernach ist der Mieter berechtigt, die Dienstbarkeit auszuüben, „sobald der Sicherungsfall eintritt und solange er andauert".

Häufig hat der Mieter in Anlehnung an den Mietvertrag das Bedürfnis, die Nutzung einem anderen Nutzer zu übertragen, der zwar häufig auch zum Unternehmensbereich gehören mag, aber eben formal nicht mit dem Mieter identisch ist. Gemäß § 1092 Abs. 1 S. 1 BGB ist eine beschränkte persönliche Dienstbarkeit zwar nicht übertragbar. § 1092 Abs. 1 S. 2 BGB lässt aber zu, zumindest die Ausübung auf einen Dritten zu übertragen, wenn dies gestattet wird. In der Sicherungsabrede sollte daher die Gestattung ausdrücklich erwähnt werden; häufig wird sie sogar über die Dienstbarkeit in das Grundbuch eingetragen. Unabhängig hiervon erwirbt der Dritte lediglich schuldrechtliche Ansprüche gegen seinen Vertragspartner, jedoch kein dingliches Recht.[1]

1 Lindner-Figura/*Oprée*/Stellmann, Geschäftsraummiete, Kap. 21, Rdn. 48; Palandt/Bassenge, § 1092, Rdn. 9.

6. Rangvereinbarung

Aus der Sicht des Mieters enthält die Sicherungsabrede idealerweise die Festlegung, dass die Mietsicherungsdienstbarkeit an erster Rangstelle einzutragen ist. Sollte ihm dies nicht gelungen sein, werden sich dort die alternativen Lösungen niederschlagen. Sollten sich die Parteien auf eine Festbewertungsklausel oder eine Liegenbelassungsvereinbarung verständigt haben, gehört diese Verständigung in die Sicherungsabrede.

7. Sicherungsfall und Ausübung der Mietsicherungsdienstbarkeit

Tritt einer der vertraglich bestimmten Sicherungszwecke ein, ist der Mieter berechtigt, die Dienstbarkeit auszuüben, solange bis der Sicherungsfall wieder entfällt. Nach § 242 BGB ist der Mieter gegenüber dem Vermieter verpflichtet, bei der Beendigung des Sicherungsfalls in zumutbarer Weise mitzuwirken.[1] Neben der Nutzungsentschädigung ist bei der Ausübung der Dienstbarkeit insbesondere auf die in der Sicherungsabrede enthaltene schuldrechtliche Modifizierung der dinglichen, unbegrenzten Dienstbarkeit abzustellen. Es heißt dann regelmäßig, dass der Mieter verpflichtet sei, Art und Umfang der Ausübung der Dienstbarkeit an den entsprechenden Bestimmungen des Mietvertrages, die entsprechend anzuwenden seien, auszurichten.

8. Beurkundungsbedürftigkeit und Formvorschrift

Vereinzelt wird in der Praxis die Forderung nach der Beurkundung der Dienstbarkeit erhoben; diese solle dann gleich den kompletten Mietvertrag erfassen. Aus § 311b BGB ergibt sich zur Dienstbarkeit keine besondere Form. § 311b BGB regelt die Beurkundungsbedürftigkeit der Grundstückskaufverträge. Wenn die Sicherungsabrede derart im Zusammenhang mit einem beurkundungsbedürftigen Rechtsgeschäft steht, beispielsweise mit einer Vorkaufsrechtsvereinbarung, dass die beiden Rechtsgeschäfte miteinander stehen und fallen sollen, könnte sich die Beurkundungsbedürftigkeit im Einzelfall auch auf die Sicherungsabrede erstrecken.[2]

Schließlich käme die Schriftform des § 550 BGB in Frage. Wenn der Mietvertrag und die Sicherungsabrede zusammen einen einheitlichen Vertrag bilden, ist auch die Sicherungsabrede entsprechend § 550 BGB schriftlich zu vereinbaren. In der Praxis wird sie regelmäßig mit dem wesentlichen Inhalt zum Bestandteil des Vertrages gemacht. Damit dürfte sie auch mit diesem ein einheitliches Vertragswerk bilden. Insbesondere in den Fällen, in denen die Sicherungsabrede unter anderem

---

1 Stapenhorst/Voß, a. a. O., S. 880.
2 Stapenhorst/Voß, a. a. O., S. 879; Stiegele, Die Mietsicherungsdienstbarkeit, S. 164.

bei den Vertragsverhandlungen verhandelt wird und es zu einem einheitlichen Vertragswerk kommt, ist hiervon auszugehen. Ausgenommen von der Schriftform sind nur solche Abreden, die einen potenziellen Grundstückserwerber nicht verpflichten können; alle vertraglichen Vereinbarungen unterliegen der Formvorschrift des § 550 BGB, wobei zwischen wesentlichen und unwesentlichen Vereinbarungen nicht zu unterscheiden ist.[1] Damit unterliegen die Sicherungsabreden auch dem Schriftformerfordernis des Mietvertrages selbst.[2] Anders wäre möglicherweise die isolierte Sicherungsabrede einzustufen, die außerhalb des Mietvertragswerks und womöglich zeitlich anschließend abgeschlossen wird.

Ob es sich dann um einen einheitlichen Gesamtvertrag handelt, lässt sich mit guten Gründen verneinen.

Wegen der bekannten Risiken, die diese Fragen im Hinblick auf die Befristung des Mietvertrages aufwerfen, sollten die Parteien im Zweifel die Formbedürftigkeit annehmen und entsprechend verfahren. Hinsichtlich der Problematik des Übergangs der Sicherungsabrede auf einen Erwerber oder Ersteher soll unten eingegangen werden. Im Ergebnis ist festzuhalten, dass die Sicherungsabrede mit dem Mietvertrag ein einheitliches Vertragswerk darstellt und damit auch die Anforderungen an die Form des Mietvertrages insbesondere nach § 550 BGB zu Grunde zu legen sind. Die Vertragsverwaltungen der Parteien müssen sich daher bei künftigen Nachträgen des einen wie des anderen Vertragsteils über die gesteigerten Anforderungen im Klaren sein, wollen sie nicht riskieren, dass der befristete Mietvertrag vor der fest vereinbarten Laufzeit gekündigt wird. Sollten die Parteien hingegen die Sicherungsabrede als eigenständige vertragliche Vereinbarung wollen und dies durch die urkundliche Trennung der beiden Verträge dokumentieren, spricht viel gegen ein einheitliches Vertragswerk.[3] Dies dürfte aber eher die Ausnahme sein. Weitere Anforderungen an die Form der Sicherungsabrede bestehen nicht. Die notarielle Unterschriftsbeglaubigung erfolgt nur wegen der Formvorschriften des Grundbuchamts (§ 29 GBO).

9. Rückgewähr der Dienstbarkeit

a) Vorbemerkung

Mit Erledigung des Sicherungsfalls ist der Vermieter berechtigt, die Rückgewähr der Mietsicherungsdienstbarkeit, das heißt regelmäßig die Aufhebung gemäß § 875 BGB zu verlangen.[4] Dies kann er auch in den Fällen, in denen der Mietvertrag nicht umgesetzt wurde, beispielsweise weil die Baugenehmigung nicht erteilt

---

1 Schmidt-Futterer/*Lammel*, Mietrecht, Mietrecht, § 550, Rdn. 33.

2 Lindner-Figura/*Oprée*/Stellmann, Geschäftsraummiete, Kap. 21, Rdn. 37; Stapenhorst/Voß, a.a.O., S. 879; Stiegele, Die Mietsicherungsdienstbarkeit, S. 161 f.

3 Palandt/Heinrichs, Überbl. v. § 311, Rdn. 16; Lichtenberger, Zum Umfang des Formzwangs und zur Belehrungspflicht, in: DNotZ 1988, S. 531–544, hier S. 1988, 531, 533.

4 Stapenhorst/Voß, a.a.O., S. 881.

wurde.[1] Regelmäßig ergibt sich die Verpflichtung zur Rückgewähr aus der Sicherungsabrede selbst, wenn es dort heißt, dass die Dienstbarkeit bei Beendigung des Mietverhältnisses unverzüglich zu löschen ist.

Sollte weder eine ausdrückliche Rückgewährsklausel noch eine Rückfallklausel vorhanden sein, ist an eine stillschweigende Regelung zu denken, bei der sich aus dem konkreten Sicherungszweck ergibt, ob und wann dieser erledigt ist. Mit der Erledigung dieses durch Auslegung zu ermittelnden Sicherungszwecks hat der Vermieter den Anspruch auf Rückgewähr.[2] Selbst wenn sich auch dies nicht feststellen ließe, hat der Vermieter einen Rückgewährsanspruch, da die Sicherung als fiduziarisches Sicherungsrecht dem Mieter nur vorübergehend bis zur Erledigung des Sicherungszwecks eingeräumt wurde.[3]

Der Sicherungszweck ist erledigt bei vertragsgemäßer Beendigung des Mietvertrages oder Ablauf der Sicherungszeit nach Eintritt des Sicherungsfalls. Aber auch wenn das Mietverhältnis aus wichtigem Grund gekündigt wurde und kein Sicherungsfall vorliegt, für die Fälle der Nichterreichung des Sicherungszwecks, da beispielsweise der Mietvertrag nicht wirksam zustande gekommen ist, wäre der Sicherungszwecks erledigt.

b) Rückgewährsklauseln

Die in der Praxis üblichen Rückgewährsklauseln nehmen zunächst Bezug auf das angenommene Ende der Mietzeit. Ausgenommen hiervon werden jedoch die Sicherungsfälle, in denen die Sicherung ihren Zweck erfüllen soll. Die sich in diesen Fällen ergebende Sicherungszeit errechnet sich regelmäßig an Hand der vertraglichen Festlaufzeit des Mietvertrages zuzüglich der mietvertraglichen Verlängerungsoptionen. Der Bestand der Mietsicherungsdienstbarkeit ist zwar dann noch von dem Mietvertrag abhängig, wird aber in den Sicherungsfällen durchbrochen. Manches Mal werden die Fälle, in denen die Sicherungsdienstbarkeit zurückzugewähren sein soll, auch konkret bezeichnet. Neben der Beendigung des Mietvertrages (nur) aufgrund des Zeitablaufs könnte dies die mieterseitige Kündigung sein oder die vom Mieter zu vertretende vermieterseitige Kündigung. Zu vertreten hätte der Mieter nicht die so genannten Sicherungsfälle.

Vereinzelt wird auch auf Drängen des Vermieters ein Termin, zu dem die Dienstbarkeit zurückzugewähren ist, festgelegt. Entgegen der angenommenen Verbesserung der Position des Vermieters führt dieser feste Termin eher zu einer Verschlechterung. Der Mieter kann hiernach gegenüber jeder Kündigung, gleich aus welchem Rechtsgrund, die Sicherungsdienstbarkeit entgegenhalten. Auch die Festlegung einer Mindestlaufzeit, wonach eine Mietsicherungsdienstbarkeit erst nach Beendigung des Mietvertrages, nicht jedoch vor einem festen Termin ver-

1 Stiegele, a.a.O., S. 156.
2 Stiegele, Die Mietsicherungsdienstbarkeit, S. 157.
3 BGH, 2.10.1980, in: NJW-RR 1991, S. 305; 11.10.1995, in: NJW-RR 96, S. 234, 235; Palandt/Bassenge, § 1191, Rdn. 19; Stiegele, Die Mietsicherungsdienstbarkeit, S. 172.

langt werden kann, kommt in der Praxis vor. In diesen Fällen ist zu unterscheiden zwischen der Zeit vor und nach dem Termin. Vor dem Termin ist der Schutz sehr weitgehend; danach jedoch löst eine Beendigung des Mietvertrages auch die Forderung nach Rückgewähr der Sicherungsdienstbarkeit aus. In allen Fällen mit Bestimmung eines Termins (End- oder Mindesttermin) gilt, dass diejenigen Kündigungen nicht abgewehrt werden können, vor denen eine Sicherungsdienstbarkeit nicht zulässig schützen kann.[1]

c) Rückfallklauseln

Neben den schuldrechtlichen Rückgewährsklauseln verlangen die Banken zunehmend, dingliche Rückfallklauseln in den Vertrag aufzunehmen. Durch eine Nebenbestimmung zum dinglichen Rechtsgeschäft soll die Mietsicherungsdienstbarkeit automatisch erlöschen. Dies geschieht durch einzelne auflösende Bedingungen, die der dinglichen Einigung nach § 873 BGB beigefügt werden sollen.[2] Sollte der dingliche Rückfall versagen, weil ein festgelegter Rückgewährsfall nicht einschlägig ist, müsste die Rückgewähr nach den Regeln der Rückgewährsklauseln erfolgen.[3] Eine erweiternde Auslegung ist bei den dinglichen Rechten nicht ohne weiteres möglich; insbesondere ist die Entstehungsgeschichte und das Grundgeschäft ohne Bedeutung.[4] Rechtstechnisch wäre eine Rückfallklausel als auflösende Bedingung zu formulieren, wonach die Dienstbarkeit erlöschen solle, wenn die Beendigung des Mietverhältnisses eintritt.[5] Ausgenommen von der Beendigung des Mietverhältnisses wären lediglich bestimmte, abschließend aufgezählte Kündigungsgründe wie die Sonderkündigungen gemäß §§ 57a ZVG, 111 InsO und die Kündigung wegen der Verletzung der Formvorschrift. Da bei Vorliegen eines der besonderen Kündigungsgründe das unbedingte Recht (weiter) bestehen würde und somit die Sicherungsfunktion zum Tragen käme, wäre erst bei regulärem Ablauf der Mietzeit eine Rückgewähr entweder durch eine gleichfalls mit der Eintragung bestellte Befristung[6] zu bewirken oder es wäre auf die allgemeinen Rückgewährregeln zurückzugreifen.

Eine rechtstechnische Alternative könnte dergestalt erfolgen, dass die vom Mieter zu vertretenden Kündigungsgründe, die mietvertragsgerechte Beendigung oder eine einvernehmliche Aufhebung als auflösende Bedingung aufgezählt würden.[7] Das Vertretenmüssen des Mieters wäre aber exakt zu beschreiben, denn die Bedin-

1 Stiegele, Die Mietsicherungsdienstbarkeit, S. 178, 179.
2 Lindner-Figura/*Oprée*/Stellmann, Geschäftsraummiete, Kap. 21, Rdn. 50; Stapenhorst/Voß, a. a. O., S. 881.
3 Stiegele, a. a. O., S. 179.
4 Palandt-Bassenge, § 873, Rdn. 14.
5 Baur/Stürner, Sachenrecht, § 33, Rdn. 42; Schellhammer, Sachenrecht nach Anspruchsgrundlagen, Rd. 531; Schöner/Stöber, Grundbuchrecht, Bd. 4, 13. Aufl., Rdn. 1278.
6 So die Empfehlung Stiegeles, Die Mietsicherungsdienstbarkeit, S. 182.
7 So: Lindner-Figura/*Oprée*/Stellmann, Geschäftsraummiete, Kap. 21, 51; Stapenhorst/Voß, a. a. O., S. 881.

gungen müssen hinreichend bestimmt sein.[1] Zudem ist der Nachweis des Eintritts der auflösenden Bedingung gemäß § 29 Abs. 1 GBO mittels öffentlich beglaubigter Urkunden zu erbringen. In der Praxis werden entsprechende Verlangen seitens der Vermieter auf wenig Bereitschaft der Mieter stoßen. Gleichwohl wird es immer wieder besondere Situationen geben, in denen der Mieter im Interesse der Absicherung doch auf derartige dingliche Einschränkungen der Mietsicherungsdienstbarkeit eingehen wird.

d) Beendigung aus wichtigem Grund

Nach Stiegele, Stapenhorst und Oprée[2] ist die Sicherungsabrede als Dauerschuldverhältnis aus wichtigem Grund kündbar. Als Kündigungsgründe kämen die Missachtung der Ausübungsregelung oder auch Vollstreckungsmaßnahmen in die Dienstbarkeit in Frage. Durch das zwischenzeitlich in Kraft getretene Schuldrechtsmodernisierungsgesetz ist mit § 314 BGB eine entsprechende Bestimmung entstanden, die in diesen Fällen zu prüfen wäre. Hiernach kann jeder Vertragspartner ein Dauerschuldverhältnis aus wichtigem Grund ohne Einhaltung einer Kündigungsfrist kündigen. Zwar enthalten die §§ 543, 569 BGB abschließende Regelungen für die Miet- und Pachtverhältnisse[3], sie dürften jedoch nicht auf die Sicherungsabrede anwendbar sein. Nach dem BGH[4] ist allerdings der Vertrag über die Bestellung eines dinglichen Wohnrechts kein kündbares Dauerschuldverhältnis. Die beschränkte persönliche Dienstbarkeit unterliege im wesentlichen denselben Beendigungsgründen wie die „sonstigen Rechte", ohne dass dies Klarheit verschafft.[5]

10. Überleitung der Sicherungsabrede auf den Ersteher/Erwerber

Geht man in der Regel davon aus, dass der Mietvertrag und die Sicherungsabrede einen Gesamtvertrag darstellen, so bedarf das Schicksal der Sicherungsabrede der näheren Betrachtung, wenn der Sicherungsfall eintritt. Gemäß § 566 BGB entsteht bei der Veräußerung der Mietsache ein neues Mietverhältnis zwischen dem Erwerber und dem Mieter. Der Erwerber hat ein Interesse daran, dass er nicht nur das mit der Mietsicherungsdienstbarkeit belastete Grundstück erhält, sondern auch die Rechte aus der Sicherungsabrede. Besondere Bedeutung hat der Übergang der Sicherungsabrede in den Fällen, in denen der Sicherungsfall eingetreten ist und der Erwerber auch die Nutzungsentschädigung erhalten möchte, da andernfalls

---

1 Lindner-Figura/*Oprée*/Stellmann, Geschäftsraummiete, Kap. 21, Rdn. 52.
2 Stiegele, a.a.O., S. 164; Stapenhorst/Voß, a.a.O., S. 881; Lindner-Figura/*Oprée*/Stellmann, Geschäftsraummiete, Kap. 21, Rdn. 54.
3 Palandt/Grüneberg, § 314, Rdn. 6; § 543 BGB ist gegenüber § 314 BGB Abs. 1 und 2 BGB lex spezialis, Schmidt-Futterer/*Blank*, § 543, Rdn. 5.
4 13. 11. 1998, NJW-RR 1999, S. 376.
5 Ahrens, Dingliche Nutzungsrechte, S. 160, 267.

das Grundstück vollends entwertet wäre. Lässt sich der Übergang bei freihändigem Verkauf noch durch eine entsprechende Abtretung im Kaufvertrag absichern, gelingt dies in den Fällen des Zuschlags im Rahmen der Zwangsversteigerung schon nicht mehr. Fraglich ist daher, ob in diesen Fällen mit dem Mietvertrag auch die Sicherungsabrede auf den Erwerber/Ersteher übergeht. Zumindest bei dem gleichzeitig neben einem Mietvertrag bestehenden dinglichen Wohnungsrecht gehen rein schuldrechtliche Nebenvereinbarungen nicht automatisch auf den Erwerber über. Nach Kroll scheitert eine unmittelbare Anwendung der §§ 566, 578 BGB an der fehlenden mietrechtlichen Struktur der Vertragsabsprache; eine mittelbare an der Schutzfunktion des § 566 BGB, die lediglich im Interesse des Mieters liege.[1] Es bedürfe zusätzlich einer Abtretungsvereinbarung zwischen altem und neuem Eigentümer, damit die Zahlungsansprüche nicht ins Leere gingen. Aber auch bei der Frage, ob § 571 (a.F.) BGB analog auf die isolierte Sicherungsabrede erstreckt werden könne, geht die herrschende Meinung davon aus, dass dies nicht zulässig sei.[2] Anderes könne vielleicht gelten, wenn die Sicherungsabrede und der Mietvertrag eine Einheit, ein einheitliches Rechtsgeschäft[3], darstellen. Der Erwerber trete aber nur in die Rechte und Pflichten ein, die typisch für den Mietvertrag sind und als dessen Inhalt angesehen werden müssten.[4] Die Sicherungsabrede könne dagegen kaum als typische Mietvertragsklausel betrachtet werden.[5] Vielmehr sei die Sicherungsabrede als unselbständige Nebenabrede zum Mietvertrag zu verstehen, die eine eigenständige Funktion erst im Sicherungsfall entfalte. Auf Grund dieser bloßen Hilfskonstruktion sei eine Einbeziehung in die §§ 571 (a.F.), 578 BGB doch gerechtfertigt.[6] Entscheidend für diese Auffassung sei aber, dass die Sicherungsabrede die Ausübung der Mietsicherungsdienstbarkeit vor dem Eintritt des Sicherungsfalls verhindere. Ohne dieses Ausübungsverbot entstünde neben dem schuldrechtlichen Mietvertrag das dingliche Nutzungsverhältnis. Erst mit dem Übergang der Sicherungsabrede und der Rückgewährsklausel auf den Erwerber sei die Abwicklung des Mietvertrages möglich.[7] Zwar ist Stiegele im Ergebnis zuzustimmen, denn ohne Überleitung der Sicherungsabrede nach § 566 BGB entstünde ein Zustand, der weder vom Vermieter noch dem Mieter gewollt werde. Für eine entsprechende Anwendung des § 566 BGB fehlt es aber, wie im Falle des dinglichen Wohnrechts, an der gemeinsamen Schutzfunktion. Anzusetzen ist vielmehr bereits bei der Sicherungsabrede. Bei Abschluss der Sicherungsvereinbarung sollte

---

1 Kroll, Das dingliche Wohnungsrecht im Verhältnis zum Mietrecht, S. 135.

2 MünchKommBGB/Häublein, Bd. 3, § 566, Rdn. 2; Stiegele, Die Mietsicherungsdienstbarkeit, S. 204.

3 Zu den Anforderungen an einen einheitlichen Vertrag in der Form des gemischten Vertrages vgl.: Lichtenberger, Zum Umfang des Formzwangs und zur Belehrungspflicht, in: DNotZ 1988 S. 531, 533.

4 Heile, in: Bub/Treier, Handbuch, II., Rdn. 875; Schmidt-Futterer/*Gather*, Mietrecht, § 566, Rdn. 18; Tischler, in: Lindner-Figura/Oprée/Stellmann, Geschäftsraummiete, Kap. 2, Rdn. 115; Emmerich/Sonnenschein, Miete, § 566, Rdn. 24.

5 Stiegele, Die Mietsicherungsdienstbarkeit, S. 204 ff.

6 Stiegele, a.a.O., S. 205.

7 Stiegele, a.a.O., S. 206.

eine weitere Entgeltregelung für diesen Fall aufgenommen werden. Sie könnte folgendermaßen lauten:

„Für die Nutzung hat der Berechtigte dem jeweiligen Eigentümer ein Entgelt entsprechend der mietvertraglichen Regelung in der zuletzt gültigen Miethöhe zu zahlen. Die Zahlung hat auch zu erfolgen, wenn eine Kündigung des Mietvertrages aufgrund der §§ 57a ZVG oder 111 InsO erfolgt sein sollte."

Diese Entgeltregelung wäre in die Dienstbarkeitsbestellung aufzunehmen und mit im Grundbuch einzutragen. Hierdurch würde vermieden, dass der Ersteher oder der Erwerber in den genannten Fällen zwar erfolgreich den Mietvertrag kündigen kann, aber die Nutzung des Mietgegenstandes anschließend unentgeltlich erfolgen würde.

Fehlt es hingegen an einer solchen Entgeltregelung, wird der Ersteher/Erwerber wegen des Risikos, dass die Sicherungsabrede entgegen der Auffassung Stiegeles doch nicht auf ihn übergeht, gut beraten sein, von der Ausübung des Sonderkündigungsrechts keinen Gebrauch zu machen. Sollte die Auffassung Stiegeles aber zutreffend sein, wäre für den Erwerber/Ersteher nichts gewonnen. Statt des Mietvertrages müsste er das durch die Sicherungsabrede und die Mietsicherungsdienstbarkeit gesicherte Nutzungsverhältnis akzeptieren.

11. Teilunwirksamkeit der Sicherungsabrede

Auch wenn die Nichtigkeit der Sicherungsabrede festgestellt werden muss, hat dies nicht automatisch zur Folge, dass der Mietvertrag gleichfalls unwirksam wird. Stiegele[1] nimmt in diesen Fällen an, dass die Parteien in der Regel ein ohne Mietsicherungsdienstbarkeit abgeschlossenes, das heißt ein ungesichertes Mietverhältnis, einem unwirksamen Gesamtvertrag, und damit auch einem unwirksamen Mietvertrag vorziehen würden. Bei einem Großteil der Fälle dürfte dieser Sichtweise zuzustimmen sein. Nur in wenigen Ausnahmefällen wird eine andere Sichtweise gerechtfertigt sein.[2] Aus der Sicht des Vermieters wird die Mietsicherungsdienstbarkeit keine besondere Bedeutung haben, also wird auch der Wegfall der Sicherungsabrede aus dem Gesamtvertragswerk keine entscheidende Änderung bedeuten. Allein aus der Sicht des Mieters, auf dessen Verlangen die Sicherung erfolgte, könnte die Unwirksamkeit der Sicherungsabrede von derart großer Bedeutung sein, dass ein Entfall durch Unwirksamkeit die Nichtigkeit des Gesamtwerkes nach sich ziehen müsste. Wenn ihm erkennbar an der Sicherungsabrede mehr lag als „nur" den Mietvertrag zu sichern und ihm der Mietvertrag ohne die Sicherungsabrede nichts Wert sein sollte, wäre hieran zu denken. Sollte der Vermieter nicht der Eigentümer sein und keinesfalls die Realisierung des Mietgegenstandes, vielmehr den Verkauf des „Projektes" beabsichtigen, wäre der Mieter (nur) mit der Mietsicherungsdienstbarkeit gesichert. Allein durch den Mietvertrag für den § 566

1 Stiegele, Die Mietsicherungsdienstbarkeit, S. 159.
2 S. oben VI 1.

BGB nur in den (seltenen) Fällen des § 567a BGB vor der Überlassung Schutz entfalten kann, wäre dem Mieter nicht geholfen. Dem Erwerber stünde es bei einer entsprechenden Vertragsgestaltung frei, ob er diesen Mietvertrag erfüllt oder ein besseres Angebot eines Wettbewerbers einholt, das er sodann sanktionslos annehmen könnte. Dem Mieter hingegen wären faktisch die Handlungsmöglichkeiten genommen. Solange der Mietvertrag noch in der Schwebe hängt, wäre es ihm nicht möglich, aktiv die Realisierung eines Alternativstandortes zu verfolgen.

VIII. Ergebnis

In der Praxis der Nutzung von gewerblichen Flächen hat sich das Gewerberaummietrecht bewährt. Andere Formen der Vertragsgestaltung werden den Interessen der Parteien regelmäßig nicht gerecht (S. 15); weder der Verkauf noch ein sonstiger Austausch auf Vermieterseite gefährden den Mietvertrag. Sowohl der Vermieter, als auch der Mieter werden auf einen formgültigen Mietvertrag Wert legen. Häufig wird der Mieter besonderes Gewicht auf die maximale Laufzeit (gemäß § 544 BGB: 30 Jahre einschließlich Optionen) legen. Aber auch der Vermieter wird an einer Mindestfestlaufzeit interessiert sein, um bei einem Neubauvorhaben die Finanzierung zu sichern und den Verkaufswert zu erhöhen (S. 18). Namentlich in dem Bemühen, die spezifischen Schwächen des Mietvertrags zu überwinden und um eine vorzeitige Beendigung des Mietvertrages in den Fällen der Vermieterinsolvenz, der Zwangsversteigerung oder des Formverstoßes zu verhindern, suchen die Parteien nach Lösungen. Sowohl das Vorkaufsrecht (S. 20) als auch das Ankaufsrecht (S. 21) könnten den Mieter in der Insolvenz zwar gegen den Verlust des Standortes sichern. Sie treffen jedoch in der Regel nicht die wirtschaftlichen Interessen der Parteien des Mietvertrages. Dem Dauernutzungsrecht nach § 31 WEG hätte eine größere Verbreitung beschieden sein können; insbesondere in der von Maaß/Oprée empfohlenen Ausgestaltung (S. 23) mit Vorschaltung eines auflösend bedingten Vertrages bis zur Eintragung des Dauernutzungsrechts und eventuell verknüpft mit einem aufschiebend bedingten Mietvertrag, für den Fall, dass das Dauernutzungsrecht aus irgendeinem Grund entfallen sollte. Neben konkreten wirtschaftlichen Nachteilen hinsichtlich der Finanzierung haben aber auch das Bemühen um Vertraulichkeit der ausgehandelten Vertragsbedingungen und das Bedürfnis um eine einfache Handhabung von Mietvertragsnachträgen eine stärkere Durchsetzung im Rechtsverkehr verhindert. Da auch der (verlorene) Baukostenzuschuss und die Mietvorauszahlung aus wirtschaftlichen Gründen, oder wegen ihrer zeitlichen Begrenzung auf maximal 12 Jahre abgelehnt werden (S. 25), greifen die Mietvertragsparteien zur Absicherung gegen insolvenzbedingte Kündigungen nach § 111 InsO, bzw. gegen Sonderkündigungen nach § 57 a ZVG zur Mietsicherungsdienstbarkeit.

In den Fällen der geplanten, aber noch nicht realisierten Mietgegenstände, welche dem Mieter zum Zeitpunkt der Eröffnung des Insolvenzverfahrens noch nicht übergeben worden sind, ist zu unterscheiden: Die „Reißbrettverträge", die zunächst die Errichtung des Mietgegenstandes erforderlich machen, gewähren dem Insolvenzverwalter nach hier vertretener Auffassung in analoger Anwendung des § 103 InsO das Wahlrecht, sich vom Mietvertrag zu lösen (S. 38). Voraussetzung dafür ist die Verfahrenseröffnung. Bei der Ausübung ist der Verwalter nur den Interessen der Insolvenzgläubiger verpflichtet; auf diejenigen des Mieters hat er keine Rücksicht zu nehmen. Genauso wie er aber auch die Erfüllung des Vertrages verweigern kann, kann er aber in diesen Fällen von dem Mieter nach Fertigstellung des Mietgegenstandes die Abnahme der Mietsache verlangen. Ist der Mietgegenstand allerdings fertig gestellt und nur noch nicht übergeben, ist der Insolvenzverwalter zur Erfüllung des Vertrages gemäß § 108 InsO verpflichtet (S. 38).

Gemäß § 111 InsO ist der Erwerber des Mietgegenstandes zur Sonderkündigung des Mietvertrages berechtigt; § 566 BGB fordert, dass der Mietgegenstand dem Mieter überlassen worden ist (S. 41). Sollte mit dem Bau des Mietgegenstandes weder begonnen, bzw. der Bau noch nicht beendet worden sein, kommt § 103 Abs. 1 InsO zur Anwendung; eine Anwendung des § 111 InsO scheidet aus. Bei der Fallgestaltung, in der der Bau zwar fertig gestellt, aber der Mietgegenstand dem Mieter noch nicht übergeben wurde, gelangt § 111 InsO zur Anwendung und der Ersteher ist zur (Sonder-)kündigung berechtigt. Dem Mieter steht im Fall der Kündigung nach § 111 InsO in analoger Anwendung von § 109 Abs. 1 S. 3 InsO lediglich die Anspruch auf Schadensersatz als Insolvenzgläubiger gemäß § 38 InsO zu (S. 48). Der Schadensersatzanspruch umfasst neben dem Vertragswert, d.h. der Differenz zwischen dem Marktwert und der vereinbarten Miete auch die Folgeschäden, d.h. auch Maklerkosten und den entgangenen Gewinn.

Nach § 57a ZVG ist der Ersteher berechtigt, das Sonderkündigungsrecht auch gegen einen sich vertragstreu verhaltenden Mieter auszuüben, dem der Mietgegenstand überlassen worden sein muss (S. 49). Schadensersatzansprüche stehen dem Mieter (nur) gegen den bisherigen Vermieter zu (S. 50). Das Kündigungsrecht wird durch § 242 BGB begrenzt, wenn der Vermieter und der Ersteher gemeinsam und planvoll den Weg der Zwangsversteigerung beschreiten, um einen lästigen Mieter loszuwerden (S. 51).

Dienstbarkeiten zur Sicherung schuldrechtlicher Regelungen des Mietvertrags sind von der Rechtsprechung und Literatur anerkannt (S. 57–63). Rechtsprechung speziell zu den Mietsicherungsdienstbarkeiten liegt noch nicht vor. Dem Abstraktionsprinzip folgend handelt es sich um ein dreigeteiltes Rechtsgeschäft. Neben dem schuldrechtlichen Mietvertrag vereinbaren die Parteien eine schuldrechtliche Sicherungsabrede und schließlich das dingliche Rechtsgeschäft, die beschränkte persönliche Dienstbarkeit. Im Außenverhältnis steht dem Berechtigten die volle Rechtsmacht zu, im Innenverhältnis werden die Rechte durch die Sicherungsabrede eingeschränkt, es handelt sich um ein sog. fiduziarisches Sicherungsrecht.

Das Sonderkündigungsrecht des § 111 InsO lässt sich trotz § 119 InsO durch die Vereinbarung einer Mietsicherungsdienstbarkeit und deren Eintragung im Grundbuch verhindern. Der Gesetzgeber hat sowohl dem Gläubigerschutz als auch dem Insolvenzverwalter gegenüber den dinglichen Rechten nur vereinzelt den Vorrang eingeräumt (S. 92). Die Mietsicherungsdienstbarkeit berechtigt den Mieter zur abgesonderten Befriedigung und dient gleichzeitig auch dem Schutz vor einer Sonderkündigung nach § 57a ZVG (S. 87). Weder dem Ersteher im Falle des § 111 InsO, noch dem Ersteigerer im Falle des § 57a ZVG bleibt verborgen, dass im Grundbuch eine Mietsicherungsdienstbarkeit eingetragen ist (S. 93). Daneben bezweckt die Mietsicherungsdienstbarkeit den Schutz vor Doppelvermietung bevor der Mietgegenstand übergeben wird (S. 95), Veräußerung des Mietgegenstandes ohne Überleitung des Mietvertrages (S. 97) und Kündigung wegen Verletzung von Formvorschriften (S. 98).

Sollte die Mietsicherungsdienstbarkeit nicht an der ersten und damit sichersten Rangstelle im Grundbuch eingetragen werden können, gibt es mit den Festbewertungsklauseln (mit oder ohne Beteiligung des Mieters sowie der Bank) dennoch bewährte Instrumente, die sowohl die Interessen der Mietvertragsparteien, als auch der beteiligten Kreditwirtschaft wahren (S. 68–70). In besonderen Situationen können sich die Mietvertragsparteien mit einer Liegenbelassungsvereinbarung gemäß § 91 Abs. 2 ZVG behelfen (S. 71).

Wichtiger Bestandteil der Sicherungsabrede (S. 105) ist neben der Festlegung der Nutzungsentschädigung die Rückgewähr der Dienstbarkeit. Die in der Praxis gebräuchlichen Mietsicherungsdienstbarkeiten sind in ihrer rechtlichen Zulässigkeit wegen § 119 InsO und § 307 BGB entscheidend davon abhängig, ob der Mieter zur Zahlung einer Nutzungsentschädigung verpflichtet ist; andernfalls könnte eine entsprechende Regelung (teil-)unwirksam sein (S. 108).

Literaturverzeichnis

Andres, Dirk/Rolf Leithaus/Michael Dahl, Insolvenzordnung, 1. Aufl., München 2006.
Ahrens, Claus, Dingliche Nutzungsrechte. Nießbrauch – Dienstbarkeiten – Wohnungsrechte, Berlin 2004.
Albert, Rainer, Das dingliche Wohnungsrecht. Unterhaltungspflicht und Aufwendungsersatz, Berlin 1996.
Amann, Hermann, Steuerung des Bierabsatzes durch Dienstbarkeiten, in: DNotZ 1986, S. 578–595.
Arbeitskreis für Insolvenz- und Schiedsgerichtswesen e.V. (Hrsg.), Kölner Schrift zur Insolvenzordnung: das neue Insolvenzrecht in der Praxis, hrsg. vom Arbeitskreis für Insolvenz- und Schiedsgerichtswesen e.V., 2. Aufl., Herne/Berlin 2000, (zitiert: Kölner Schrift).

Bamberger, Heinz Georg/Herbert Roth (Hrsg.), Kommentar zum Bürgerlichen Gesetzbuch, Bd. 2, München 2003.
Bauer, Hans-Joachim/Helmut Freiherr von Oefele, Grundbuchordnung, 2. Aufl., München 2006.
Baur, Jürgen F./Rolf Stürner, Sachenrecht, 17. Aufl., München 1999.
Beck, Siegfried/Peter Depré, Praxis der Insolvenz, Ein Handbuch für die Beteiligten und ihre Berater, München 2003.
Blank, Hubert/Ulf P. Börstinghaus, Miete, 2., völlig neu bearbeitete Aufl., München 2004.
Böttcher, Roland, Gesetz über die Zwangsversteigerung und die Zwangsverwaltung (ZVG), 4. Aufl., München 2005.
Braun, Eberhard (Hrsg.), Insolvenzordnung (InsO). Kommentar, 2. Aufl., München 2004.
Bub, Wolf R./Gerhard Treier (Hrsg.), Handbuch der Geschäfts- und Wohnraummiete, 3. Aufl., München 1999.

Canaris, Claus Wilhelm, in: Festschrift für Werner Flume zum 70. Geburtstag, 12. Sept. 1978, hrsg. von Horst Heinrich Jakobs, Köln 1978, S. 371, 392.

Dassler, Gerhard, Gesetz über die Zwangsversteigerung und Zwangsverwaltung (ZVG), neu bearb. von Horst Schiffhauer, 12. Aufl., Stuttgart u.a. 1991.
Demharter, Johann, Grundbuchordnung, Becksche Kurz-Kommentare, Bd. 8, 25. Aufl., München 2005.
Ders., Sonderprobleme der Vermietung vom Reißbrett, in: ZInsO 9 (2005), 22, S. 789–799.
Ders., Miete, Pacht und Leasing im neuen Insolvenzrecht, in: ZIP 17 (1996), 21, S. 897–909.

Emmerich, Volker/Jürgen Sonnenschein, Miete, Handkommentar §§ 535 bis 580a des Bürgerlichen Gesetzbuches, 8., neu bearbeitete und erweiterte Auflage, Berlin 2003
Erman/Westermann, Harm Peter (Hrsg.), Bürgerliches Gesetzbuch, Bd. II, 11. Aufl., Köln 2004.
Eickmann, Dieter u.a., Heidelberger Kommentar zur Insolvenzordnung, 4. neu bearb. Aufl., Heidelberg 2006.

Fehl, Norbert, Finanzierungsleasing und Bauherrenmodell, Heidelberg 1986.
Ders., Leasing in der Insolvenz, in: DZWiR 9 (1999), S. 89–94.
Flume, Werner, Allgemeiner Teil des bürgerlichen Rechts, Bd. 2, 3. erg. Aufl., Berlin u.a. 1979.
Frank, Johann, Anmerkungen zum Urteil des BGH vom 13. 11. 1998, in: DNotZ 1999, S. 500–507.

Franken, Thomas, Mietverhältnisse in der Insolvenz, München 2002.
Fritz, Jürgen, Gewerberaummietrecht, 4. Aufl., München 2005.

Gabele, Eduard/Jan Dannenberg/Michael Kroll, Immobilienleasing, 4. Aufl., Lichtenfels 2001.
Gablenz, Klaus, Die dingliche Sicherung von gewerblichen Mietverträgen, in: NZM 1998, S. 99–101.
Graf-Schlicker, Marie Luise, InsO – Kommentar zur Insolvenzordnung, Köln 2007.
Gottwald, Peter (Hrsg.), Insolvenzrechts-Handbuch, 3., völlig neu bearb. Aufl., München 2006.

Haarmeyer, Hans/Wolfgang Wutzke, Karsten Förster, Handbuch der Insolvenzordnung. InsO/EG InsO, 3. Aufl., München 2001.
Häsemeyer, Ludwig, Insolvenzrecht, Köln u. a. 1992.
Ders., Insolvenzrecht, 3. vollst. überarb. Aufl., Köln u. a. 2003.
Hess, Harald, Kommentar zur Konkursordnung, 6. Aufl., Neuwied u. a. 1998.
Hess, Harald, Kommentar zur Insolvenzordnung, Bd. 1, 2. Aufl., Heidelberg 2001.
Hintzen, Udo/Hans-Joachim Wolf, Zwangsvollstreckung, Zwangsversteigerung und Zwangsverwaltung, Bielefeld 2006.
Holzer, Johannes/Aksel Kramer, Grundbuchrecht, München 2004.
Horst, Hans Reinold, Praxis des Mietrechts. Wohnraum- und Geschäftsraummiete (Schriftenreihe der Neuen juristischen Wochenschrift, 19), München 2003.

Jaeger, Ernst, Konkursordnung. Großkommentar, §§ 1–42, bearb. von Wolfgang Henckel, 9., völlig neu bearb. Aufl., Berlin u. a. 1997.
Jaeger, Ernst/Wolfgang Henckel, Insolvenzordnung. Großkommentar, Bd. 1, Berlin 2004.

Kaufhold, Sylvia, „Zu Wolfsteiner, Dingliche Sicherung des Mieters? Und Maaß/Oprée, Dingliche Sicherung des Mieters!, ZNotP 1997, 88“, in: ZNotP 2 (1998), S. 87–88.
Kirchhof, Hans-Peter (Hrsg.), MünchenerKommentar zur Insolvenzordnung, Bd. 1 §§ 1–102 InsO, München 2001; Bd. 2, §§ 103–269, München, 2002, (zitiert: MünchKommInsO/Bearbeiter).
Kroll, Heike, Das dingliche Wohnungsrecht im Verhältnis zum Mietrecht, Köln 2004.
Krull, Helge, Zur Abwicklung schwebender Vertragsverhältnisse im künftigen Insolvenzverfahren, in: ZInsO 7 (1998), S. 291–297.
Kübler, Bruno/Hanns Prütting, InsO Kommentar zur InsO, Köln 2004.
Kuntze, Joachim/Rudolf Ertl/Hans Hermann/Dieter Eickmann (Hrsg.), Grundbuchrecht, Kommentar zur Grundbuchordnung und Grundbuchverfügung einschließlich Wohnungseigentumsgrundbuchverfügung, 6. Aufl., Berlin 2005.

Larenz, Karl (Bearb. Canaris, Claus-Wilhelm), Methodenlehre der Rechtswissenschaft, 3. Aufl., Berlin 1995.
Lichtenberger, Peter, Zum Umfang des Formzwangs und zur Belehrungspflicht, in: DNotZ 1988, S. 531–544.
Lindner-Figura, Jan/Frank Oprée, Frank Stellmann (Hrsg.), Geschäftsraummiete, München 2006.

Maaß, Eike/Frank Oprée, Die dingliche Sicherung des Mieters, in: ZNotP 1 (1997), S. 8–16.
Ders., Erwiderung zu Wolfsteiner, in: ZNotP 1 (1997), S. 89–91.
Marotzke, Wolfgang, Gegenseitige Verträge im neuen Insolvenzrecht, 3. völlig neu bearb. Aufl., Neuwied u. a. 2001.
Ders., Gegenseitige Verträge in Konkurs und Vergleich, München 1985.
Martinek, Michael/Maximilian Herberger u. a. (Hrsg.) BGB Bd. 3 Sachenrecht, jurisPraxis Kommentar, 2. Aufl., Saarbrücken 2005.
Mayer, Jörg, Kurzkommentar zum Urteil des BGH vom 13. 11. 1998, in: EWiR 1 (2000), S. 17, 18.

Meikel, Georg/Horst Bestelmeyer/Walter Böhringer/Roland Böttcher/Günter Brambring/Kurt Ebeling/Harro Kraiß/Theodor Morvilius/Herbert Roth/Edgar Streck, Grundbuchrecht, Bd. 2, §§ 20–55 b GBO, 9. Aufl., München/Unterschleißheim 2003.

Nerlich, Jörg/Volker Römermann (Hrsg.), Insolvenzordnung (InsO). Kommentar, München 1999.
Niedenführ, Werner/Hans-Jürgen Schulze, WEG. Handbuch und Kommentar zum Wohnungseigentumsgesetz [...], 6. neu bearb. Aufl., Heidelberg 2002.

Obermüller, Manfred/Harald Hess, InsO, 4. Aufl., Heidelberg 2003.
Ostermann, Christian E., Standortsicherung ertragreicher Märkte. Beschränkte persönliche Dienstbarkeit. Rechtswirkung und Kosten, in: GuT 2 (2002), 5, S. 99–102.

Palandt, Otto, Bürgerliches Gesetzbuch. Mit Einführungsgesetz, bearb. von Peter Bassenge, 66. neu bearb. Aufl., München 2007.
Pape, Gerhard/Wilhelm Uhlenbruck, Insolvenzrecht (Schriftenreihe der Neuen juristischen Wochenschrift, 67), 2. Aufl., München 2006.
Pawlowski, Hans-Martin, Methodenlehre für Juristen, 3. Aufl. Heidelberg 1999.
Peters, Bernd, Refinanzierung beim Mobilienleasing und Insolvenz des Leasinggebers, in: ZIP 40 (2000), S. 1759–1769.
Pick, Eckhart, Wohnungseigentumsgesetz [...], 16. Aufl., München 2005.
Prütting, Hanns/Wegen, Gerhard/Weinreich, Gerd (Hrsg.), BGB Kommentar, 2. Aufl., Neuwied 2007.

Rademacher, Ulf, Vertragsgestaltung im Gewerberaummietrecht, in: MDR 2, 1981/99 (2000), S. 57–62.
Rebmann, Kurt/Peter Westermann/Eberhard Rinne (Hrsg.), Münchner Kommentar zum Bürgerlichen Gesetzbuch, Bd. 1. Allgemeiner Teil: §§ 1–240, 4. Aufl. 2001, Bd. 3, Schuldrecht, Besonderer Teil: §§ 433–606, Bd. 6, Sachenrecht: §§ 854–1296, 4. Aufl., 2004, München (zitiert: MünchKommBGB/Bearbeiter).
Reismann, Jutta, Die Insolvenz des Vermieters, in: WM 54 (2001), 6, S. 267–270.

Schellhammer, Kurt, Sachenrecht nach Anspruchsgrundlagen, 2., neu bearbeitete Aufl., Heidelberg 2005.
Schmidt-Futterer, Wolfgang/Hubert Blank (Hrsg.) Mietrecht. Großkommentar des Wohn- und Gewerberaummietrechts, 9. völlig neu bearb. Aufl., München 2007.
Schöner, Hartmut/Kurt Stöber, Grundbuchrecht, Bd. 4, 13. Aufl., München 2004.
Schmoeckel, Mathias/Joachim Rückert/Reinhard Zimmermann(Hrsg.) Historisch-kritischer Kommentar zum BGB, Bd. I, Allg. Teil, Tübingen 2003.
Schwemer, Rolf-Oliver, Leasing in der Insolvenz, in: ZMR 2000, S. 348–357.
Siebert, Wolfgang (Hrsg.), Bürgerliches Gesetzbuch, begr. von Hs. Th. Soergel, Sachenrecht, Bd. 16, §§ 1018–1296, 13., völlig überarb. und erw. Aufl., Stuttgart/Berlin 2001; Bd. 14, §§ 854–984, 13., neu bearbeitete Aufl. 2002 (zitiert: Soergel/Bearbeiter).
Smid, Stefan, Insolvenzordnung (InsO). Kommentar, 2. völlig neu bearb. Aufl., Stuttgart u. a. 2001.
Ders., Praxishandbuch Insolvenzrecht, 5., völlig neu bearbeitete und stark erweiterte Neuauflage, Berlin 2007.
Smid, Stefan/Katrin Lindenberg, Die insolvenzrechtliche Sicherung von Wertguthaben aus der Altersteilzeit durch Verwaltungs-, Treuhand- und Sicherungsvertrag, in: DZWIR 2006/4, S. 133–140.
Stapenhorst, Hermann/Stefan Voß, Mieterdienstbarkeit als dingliche Absicherung gewerblicher Mietverträge, in: NZM 6 (2003), 22, S. 873-881.
Staudingers Kommentar zum Bürgerlichen Gesetzbuch. Mit Einführungsgesetz und Nebengesetzen. Jagmann, Rainer (Bearb.) Buch 2, Recht der Schuldverhältnisse, §§ 328–361 b, Berlin 201;

Emmerich, Volker (Bearb.) Buch 2: Recht der Schuldverhältnisse, §§ 563–580a (Mietrecht 2), Berlin 2003. (Bearb.) Buch 3: Sachenrecht, Mader, Peter (Bearb.) §§ 1018–1112, Wolfsteiner, Hans (Bearb.) §§ 1113–1203, Berlin 2002.

Steiner, Anton/Dieter Eickmann, Zwangsversteigerung und Zwangsverwaltung, Kommentar, 9. Aufl. München,1984.

Stiegele, Andreas, Die Mietsicherungsdienstbarkeit. Ein fiduziarisches Sicherungsrecht zur dinglichen Sicherung von Mietverhältnissen (Europäische Hochschulschriften, R. 2: Rechtswissenschaft, 1725), Frankfurt/M. u.a. 1995.

Stöber, Kurt, Zwangsversteigerungsgesetz. Kommentar zum ZVG, 18., neu bearbeitete Auflage des von Dr. Friedrich Zeller von der 6. bis 10. Auflage bearbeiteten Werkes, München 2006.

Stöber, Kurt/Friedrich Zeller, Zwangsvollstreckung in das unbewegliche Vermögen, ZVG-Handbuch, Bd. 2, 7. Aufl., München 1999.

Tintelnot, Albrecht, Die gegenseitigen Verträge im neuen Insolvenzverfahren, in: ZIP 8 (1995), S. 616-623.

Trube, Claus Moritz, Sicherungsdienstbarkeit und sichernde Dienstbarkeit. Die Rechtsprechung des Bundesgerichtshofes zu wettbewerbsbeschränkenden Dienstbarkeiten und systematische Folgerungen (Arbeiten zum Sachenrecht, 1), Frankfurt/M. u.a. 2001.

Uhlenbruck, Wilhelm, Das neue Insolvenzrecht. Text und Dokumentationsband, Herne/Berlin 1994.

Uhlenbruck, Wilhelm (Hrsg.), Insolvenzordnung. Kommentar, 12. Aufl., München 2003.

Walter, Gerhard/Axel Maier, Die Sicherung von Bezugs- und Abnahmeverpflichtungen durch Dienstbarkeiten, NJW 1988, S. 377–388.

Weber, Ralf, Sachenrecht II, Grundstücksrecht, Baden-Baden 2005.

Wilhelm, Jan, Sachenrecht, 2. Aufl., Passau 2001.

Wimmer, Klaus (Hrsg.)/Burghard Wegener, (Bearb.) in: Frankfurter Kommentar zur Insolvenzordnung, 4. Aufl., Neuwied 2006.

Weinbörner, Udo, Das neue Insolvenzrecht mit EU-Übereinkommen. Gesetzestexte, Materialien und umfassende Erläuterungen zur Reform, Freiburg/Br. 1997.

Weirich, Hans-Armin, Grundstücksrecht, Systematik und Praxis des materiellen und formellen Grundstücksrechts, 3. neu bearbeitete Aufl., München 2006.

Weitnauer, Hermann/Heinz-Peter Mansel u.a., Wohnungseigentumsgesetz, 9. Aufl., München 2005.

Wolf, Eckard/Hans Georg Eckert, Wolfgang Ball, Handbuch des gewerblichen Miet-, Pacht- und Leasingrechts, 9. Aufl., Köln 2004.

Wolf, Manfred, Sachenrecht, 22., ergänzte und überarbeitete Auflage, München 2006.

Wolfsteiner, Hans, Dingliche Sicherung des Mieters?, in: ZNotP 1997, S. 88–89.

Zahn, Herbert, Der Leasingvertrag über Mobilien in der Insolvenz des Leasinggebers nach der Novellierung der InsO, in: DB 1996, S. 1393–1397.

Anlagen:

Musterformulierungen aus der Praxis:

a) Standardformulierung:

„Sicherungsabrede über die Bestellung einer Mietsicherungsdienstbarkeit:

1.

a) Der Vermieter verpflichtet sich, zur Sicherung des Mietvertrags zu Lasten des Mietgrundstücks und zugunsten des Mieters eine beschränkte persönliche Dienstbarkeit des Inhalts eintragen zu lassen, dass der Mieter das Mietgrundstück in einem der Mietnutzung entsprechenden Umfang (...) nutzen darf.

b) Die Ausübung der Dienstbarkeit kann auch Dritten überlassen werden

c) Die Eintragungsbewilligung wird in gesonderter Urkunde gemäß dem beigefügten Bewilligungstext erklärt.

2. Die Dienstbarkeit ist an erster Rangstelle einzutragen.

3.

a) Der Mieter verpflichtet sich, die Dienstbarkeit bei Beendigung des Mietverhältnisses unverzüglich löschen zu lassen.

b) Die Löschung kann jedoch nicht verlangt werden, wenn
- *im Zusammenhang mit einem Insolvenzverfahren über das Vermögen des Vermieters infolge einer Sonderkündigung gemäß § 111 InsO,*
- *oder einer Zwangsversteigerung des Mietgrundstücks infolge Sonderkündigung gemäß § 57 a ZVG das Mietverhältnis vorzeitig endet,*
- *oder wenn aus Gründen, die der Vermieter oder Dritte zu vertreten haben, das Mietverhältnis vorzeitig beendet oder die Gebrauchsüberlassung oder -gewährung beeinträchtigt wird infolge einer Veräußerung oder einer Zweitvermietung vor der Überlassung,*
- *oder in Fällen, in denen eine Beendigung des Vertrages bzw. des Mietverhältnisses durch Verletzung von Formvorschriften bedingt ist, zu deren Einhaltung die Parteien kraft Gesetzes vertraglich verpflichtet sind, oder sich vertraglich verpflichtet haben.*

c) In den vorgenannten Sicherungsfällen kann die Löschung der Dienstbarkeit erst nach Erreichen des Termins verlangt werden, bis zu welchem das Mietverhältnis ohne die vorzeitige Beendigung oder Beeinträchtigung vertragsgemäß bestanden hätte. Dieser Termin ergibt sich unter Berücksichtigung des Endes der fest vereinbarten Mietlaufzeit sowie der dem Mieter eingeräumten Optionsrechte.

d) Der Mieter ist berechtigt, die Dienstbarkeit vorzeitig aufzugeben.

4.

a) Der Mieter ist berechtigt, die Dienstbarkeit auszuüben, sobald die in Abs. 3 genannten Sicherungsfälle eintreten und solange sie andauern.

b) Er ist verpflichtet, Art und Umfang der Ausübung an den entsprechend anwendbaren Bestimmungen des Mietvertrags auszurichten, selbst wenn diese Dienstbarkeit einen weitergehenden dinglichen Inhalt hat.

c) Er ist ferner verpflichtet, für die Dauer der vertragsgemäßen Ausübung anstelle des Mietzinses eine Nutzungsentschädigung an den Grundstückseigentümer zu zahlen. Die Nutzungsentschädigung entspricht der Höhe des Mietzinses, die er ohne Beendigung des Mietverhältnisses zu entrichten hätte.

5. *Die Kosten der Bestellung und Eintragung sowie der Aufhebung und Löschung der Dienstbarkeit trägt der Mieter.*

ANLAGE zum Mietvertrag

Bestellung einer beschränkten persönlichen Dienstbarkeit

Im Grundbuch von .... Heft Nr. .... ist

....

als Eigentümer des im Bestandsverzeichnis Nr. .... gebuchten Grundstücks

Flst.Nr. .... qm eingetragen.

Der Eigentümer hat dieses Grundstück dem/der .... zur mietvertraglichen Nutzung überlassen. Im Rahmen dieses Nutzungsverhältnisses hat sich der Eigentümer in der Sicherungsabrede verpflichtet, dem Nutzer eine rechtlich eigenständige beschränkte persönliche Dienstbarkeit zu Lasten des vorgenannten Grundstücks einzuräumen.

Dies vorausgeschickt, wird Folgendes erklärt:

1. *Dienstbarkeitsbestellung*

a) In Erfüllung der vorgenannten Verpflichtung bestellt der Eigentümer hiermit zugunsten des Dienstbarkeitsberechtigten und zu Lasten seines oben genannten Grundstücks eine beschränkte persönliche Dienstbarkeit mit dem Inhalt, dass der Dienstbarkeitsberechtigte das Grundstück zur Errichtung, Erhaltung und zum Betrieb eines .... einschließlich der erforderlichen Nebenflächen, Lagerflächen sowie Zu- und Abfahrten benutzen darf. Vorhandene bauliche Anlagen dürfen beseitigt werden, soweit dies zur vorgenannten Benutzung erforderlich ist.

b) Die Dienstbarkeit ist an erster Rangstelle einzutragen.

c) Die Ausübung der Dienstbarkeit kann Dritten überlassen werden.

2. *Bewilligung und Antrag*

   a) *Der Eigentümer bewilligt und der Dienstbarkeitsberechtigte beantragt hiermit die Eintragung der vorstehend unter Ziffer 1 näher bezeichneten beschränkten persönlichen Dienstbarkeit in das Grundbuch.*

   b) *Vollzugsnachricht wird an den beglaubigenden Notar erbeten.*

3. *Sonstiges*

   a) *Die Kosten dieser Dienstbarkeitsbestellung und der Eintragung im Grundbuch trägt der Dienstbarkeitsberechtigte.*

   b) *Der Wert der Dienstbarkeit wird zu Kostenzwecken mit 25.000,– (fünfundzwanzigtausend) EUR angegeben.*

   c) *Von dieser Urkunde sind dem Eigentümer, dem Dienstbarkeitsberechtigten und dem Grundbuchamt je eine beglaubigte Abschrift zu erteilen.*

.........., den ....

....

(Grundstückseigentümer)

Notarielle Unterschriftsbeglaubigung: “

b) Mietsicherungsdienstbarkeitsbestellung mit Festbewertungsklausel

Sie entspricht weitgehend Ziffer a) bis auf folgende Abänderung: Ziffer 1, 2 Abs. wird wie folgt verändert:

„Die Eintragungsbewilligung wird in gesonderter Urkunde gemäß dem als Anlage beigefügten Bewilligungstext erklärt, sobald dem Vermieter eine Festbewertungserklärung des Mieters mit dem Inhalt gemäß nachstehender Anlage vorliegt.

Anlage .... zum Mietvertrag

Festbewertungserklärung (des Mieters)

Im Grundbuch von .... Heft Nr. .... ist

....

als Eigentümer des im Bestandsverzeichnis Nr. .... gebuchten Grundstücks

Flst.Nr. .... qm eingetragen.

Der Eigentümer hat dieses Grundstück dem Mieter zur Nutzung überlassen. Im Rahmen dieses Nutzungsverhältnisses soll zu Gunsten des Nutzers eine beschränket persönliche Dienstbarkeit zu Lasten des vorgenannten Grundstücks an erster Rangstelle eingetragen werden.

Zu Gunsten der

– im folgenden „Bank" genannt –

sollen in Abteilung III im Rang nach der o.g. Dienstbarkeit Grundschulden eingetragen werden.

Wir verpflichten uns der Bank gegenüber, unsere beschränkte persönliche Dienstbarkeit in Zwangsversteigerungsfällen, sofern sie nicht Kraft Gesetzes in das geringste Gebot fällt, nur mit einem Wert von 25.000 (fünfundzwanzigtausend) EUR anzumelden.

Sollte in Folge einer höheren Bewertung der Dienstbarkeit in Zwangsversteigerungsfällen, die Bank einen Ausfall bezüglich der o.g. Grundschulden erleiden, sind wir verpflichtet, den über 25.000 (fünfundzwanzigtausend) EUR hinausgehenden Betrag, den wir aufgrund der Höherbewertung der Dienstbarkeit erhalten, an die Bank abzuführen.

Haben wir diese oder eine ähnliche Bewertungserklärung gegenüber mehreren Grundpfandgläubigern abgegeben, so ist, unabhängig von ihrem Ausstellungsdatum, für die Verteilung des über 25.000 (fünfundzwanzigtausend) EUR hinausgehenden Versteigerungserlöses allein die grundbuchliche Rangfolge der Rechte der vorerwähnten Gläubiger maßgebend.

Ort, Datum

Unterschrift"

c) Mietsicherungsdienstbarkeit mit Festbewertungsklausel und Beitritt des Mieters

„Die beschränkte persönliche Dienstbarkeit soll gemäß Vereinbarung zwischen Bank und Eigentümer im Rang vor dem Grundpfandrecht eingetragen werden. Dies vorausgeschickt, schließen die Vertragsparteien folgende Vereinbarung:

1. Festlegung eines Höchstbetrags gemäß § 882 BGB

a) Der Dienstbarkeitsberechtigte vereinbart mit dem Eigentümer für den Fall, dass die Dienstbarkeit in der Zwangsversteigerung durch Zuschlag erlischt, gemäß § 882 BGB einen Höchstbetrag des Wertersatzes in Höhe von 25.000 (fünfundzwanzigtausend) EUR.

Der Grundstückseigentümer verpflichtet sich, die Eintragung des Höchstbetrages im Grundbuch unverzüglich zu veranlassen und trägt hierfür die Kosten.

b) Eine Erhöhung des Höchstbetrages oder dessen Löschung im Grundbuch darf nur mit schriftlicher Zustimmung der Bank erfolgen.

c) Der Dienstbarkeitsberechtigte ist gegenüber der Bank verpflichtet, unverzüglich mit seiner Dienstbarkeit im Rang hinter die vorgenannte Grundschuld der Bank zurückzutreten, wenn der Höchstbetrag entgegen lit. b) erhöht oder im Grundbuch gelöscht wird, ohne dass die Bank zugestimmt hat.

Weitergehende Ansprüche, insbesondere Schadensersatzansprüche, stehen der Bank gegenüber dem Dienstbarkeitsberechtigten nicht zu.

Der noch nicht erfüllte Anspruch auf Rangrücktritt entfällt, sobald der Höchstbetrag (wieder) vertragsgemäß im Grundbuch eingetragen oder zur Eintragung bewilligt und beantragt ist.

2. Wegfall der Verpflichtung des Dienstbarkeitsberechtigten:

Die Verpflichtungen des Dienstbarkeitsberechtigten aus dieser Vereinbarung entfallen, sobald

a) die vorgenannte Grundschuld der Bank erlischt oder sich in ein Eigentümerrecht umgewandelt hat oder

b) die Dienstbarkeit aufgehoben wird oder erlischt oder im Rang hinter die vorgenannte Grundschuld der Bank zurücktritt oder

c) die vorgenannte Grundschuld nicht mehr für ein Darlehen, welches die Bank dem Eigentümer für den Erwerb des o.g. Grundstückes oder für Baumaßnahmen auf dem o.g. Grundstück gewährt hat, valutiert ist.

3. Rechtsnachfolger:

a) Jede Vertragspartei ist berechtigt und verpflichtet, die Rechte und Pflichten aus diesem Vertrag ihrem jeweiligen Rechtsnachfolger zu übertragen und diesen entsprechend zur Weiterübertragung zu verpflichten. Rechtsnachfolger ist insbesondere der neue Gläubiger, an den die Grundschuld der Bank abgetreten wird. In allen Fällen der Rechtsnachfolge auf Seiten der Bank haftet diese gegenüber dem Dienstbarkeitsberechtigten für ihre Verpflichtungen aus dieser Vereinbarung weiterhin gesamtschuldnerisch neben ihrem Rechtsnachfolger.

b) Ein Rechtsnachfolger der Bank, insbesondere ein neuer Grundpfandgläubiger, kann aus dieser Vereinbarung nur dann Rechte und Ansprüche ableiten, wenn er neben der Bank in diesen Vertrag wirksam eingetreten ist oder wenn er – etwa bei bloßer Abtretung der Rechte der Bank – gegenüber dem Dienstbarkeitsberechtigten die die Bank treffenden Verpflichtungen ausdrücklich und in schriftlicher Form übernommen hat".

FSC
www.fsc.org
MIX
Papier | Fördert gute Waldnutzung
FSC® C083411

Kolibri 360 GmbH
Ferdinand-Jühlke-Straße 7
99095 Erfurt, Deutschland
produktsicherheit@kolibri360.de